本书由嘉兴大学中国共同富裕研究院资助

中国共同富裕研究文库·学术研究

共富视域下
非物质文化遗产
国际知识产权保护研究

刘　晓◎著

RESEARCH ON INTERNATIONAL INTELLECTUAL
PROPERTY PROTECTION OF INTANGIBLE CULTURAL
HERITAGE FROM THE PERSPECTIVE OF
COMMON PROSPERITY

ZHEJIANG UNIVERSITY PRESS
浙江大学出版社
·杭州·

图书在版编目（CIP）数据

共富视域下非物质文化遗产国际知识产权保护研究/
刘晓著. -- 杭州：浙江大学出版社，2024.6. -- ISBN
978-7-308-25095-5

Ⅰ. D923.424

中国国家版本馆 CIP 数据核字第 2024S8S025 号

共富视域下非物质文化遗产国际知识产权保护研究

刘　　晓　著

策划编辑	吴伟伟
责任编辑	陈思佳（chensijia_ruc@163.com）
文字编辑	谢艳琴
责任校对	陈逸行
封面设计	雷建军
出版发行	浙江大学出版社
	（杭州市天目山路 148 号　邮政编码 310007）
	（网址：http://www.zjupress.com）
排　　版	浙江大千时代文化传媒有限公司
印　　刷	广东虎彩云印刷有限公司绍兴分公司
开　　本	710mm×1000mm　1/16
印　　张	18
字　　数	236 千
版 印 次	2024 年 6 月第 1 版　2024 年 6 月第 1 次印刷
书　　号	ISBN 978-7-308-25095-5
定　　价	68.00 元

前　言

　　非物质文化遗产是集体智慧的结晶,是特定民族精神和民族情感的重要载体,也是维系现代科学技术发展的重要支撑。非物质文化遗产具有重要的经济价值和文化价值,是助推乡村振兴、助力共同富裕的重要资源。其中,非物质文化遗产国际化是助力实现共同富裕的重要面向,非物质文化遗产"走出去"离不开国际法治的完善。当前,发达国家广泛的"生物剽窃"行为(即无偿使用发展中国家的非物质文化遗产资源并独享其中惠益)引发了发展中国家的强烈不满。由此,非物质文化遗产的保护问题引起了国际社会的广泛讨论与关注。联合国教育、科学及文化组织通过《保护非物质文化遗产公约》,从维护世界文化多样性和确保人类社会可持续发展的战略高度,基于文化保存的视角为非物质文化遗产提供了政府主导型的公法保护。世界知识产权组织(World Intellectual Property Organization,简称WIPO)从非物质文化遗产的经济价值出发,通过设置国际论坛,集中讨论了非物质文化遗产知识产权保护的具体模式和制度选择,并陆续公布了一系列软法文件。世界贸易组织(World Trade Organization,简称WTO)将《与贸易有关的知识产权协定》(Agreement on Trade-Related Aspects of Intellectual Property Rights,简称TRIPS)与《生物多样性公约》(Convention on Biological Diversity,简称 CBD)、传统知识和民间文学艺术保护之间的关系纳入多哈回合谈判优先审议的议题之中,但目前的谈判进展尤为缓慢,几近停滞。虽然当前有些发展中国家已经在其国内开展了非物质文化遗产知识产权保护的相关立法实践,但非物质文化遗产的国际法保护路径仍然以公法保护为主,国际协调中关于非物质文化遗产是否应该采取知识产权保护以及采取何种知识产权保护模式等问题尚未达成一致意见。由此可见,现有的国际制度尚未给非物质文化遗产"走出去"提供充足的法治保障。在此背景下,从国际法的视角深入探究非物质文化遗产知识产权保护的正当性,重新审视并选择其他有效的、适合的国际谈判场所,探究发展中国家在国际层面推行非物质文化遗产知识产权保护的有效路径具有重要的理论意义和现实意义。

　　本书第二章对非物质文化遗产保护的基础理论进行了研究,分别从概念论、认识论和价值论的视角出发,探讨了非物质文化遗产的概念渊源及内涵,厘清了非物质文化遗产与相关概念之间的区别和联系,总结了非物质文化遗产的基本特征,界定了本书的研究范围和研究视角,论证了非物质文化遗产之于共同富裕的价值,从而奠定了本书的研究基础。在此基础上,围绕四个主要研究问题,即为何选择国际法保护、为何选择国际知识产权的保护制度、为何选择自由贸易协定(Free Trade Agreement,简称 FTA)框架作为谈判场所以及如何在FTA 框架内构建非物质文化遗产国际知识产权的保护措施,展开本书的讨论。聚焦以上四个主要研究问题,本书第三章阐释了共同富裕背景下非物质文化遗产国际法保护的重要性。该章基于非物质文化遗产国际化助力共同富裕的表现形态及实践案例论证了非物质文化遗产国际化是助力共同富裕的必然选择,继而从非物质文化遗产国际化面临的法律风险及当前国际法治保障的不足两个角度进行分析,得出非物质文化遗产助力共同富裕的实现需要完善国际法治的结论。在此基础上,本书第四章首先从非物质文化遗产国际知识产权保护正当性的角度回答了为何选择国际知识产权保护制度这一问题。该章首先通过对非物质文化遗产相关保护路径的考察,得出国际知识产权保护路径具有应然性与必要性的结论。在此基础上,分别从法哲学、经济学、人权的视角,结合公平正义、利益平衡、产权激励等理论,系统论证了知识产权保护的有效性;另外,还从知识产权制度本身探讨了非物质文化遗产知识产权保护的制度基础。以此为基础,本书第五章从 FTA 框架内非物质文化遗产国际知识产权保护具有可行性的视角回答了为何选择 FTA 框架作为谈判场所这一问题。该章采取先驳后立的论证思路,提出当前在 WTO 框架内想要通过修改 TRIPS 来保护非物质文化遗产短期内难以实现,而 WIPO 框架内围绕非物质文化遗产国际知识产权保护的讨论也存在诸多分歧,谈判进展缓慢。继而提出在 FTA 框架内采取非物质文化遗产国际知识产权的保护措施是具有理论依据和法律依据的,这既符合 TRIPS 框架内的非歧视原则,也是发展中国家新时期联系权力的体现。最后,本书第六章落脚于非物质文化遗产国际知识产权保护的模式选择与制度构建,在借鉴不同国家立法经验的基础上,提出在 FTA 框架内建构防御性保护措施与积极性赋权保护措施相融合的综合保护模式,并进一步从权利主体、权利客体、权利内容、获得权利的方式等方面作出具体的制度安排。同时,本书分析了目前我国的 FTA 中非物质文化遗产保护条款的不足,并对未来我国如何在"一带一路"倡议下积极推进非物质文化遗产的保护提出了初步建议。

目　录

第一章 绪 论

第一节 选题背景与缘由

一、非物质文化遗产保护在多边体制内的制度构建进展缓慢

非物质文化遗产(简称非遗)具有重要的历史价值、经济价值和文化价值。非物质文化遗产资源作为现代科学技术和文化发展的重要支撑,既是维系未来社会可持续发展的重要资源,也是未来国际竞争的重要目标。在共同富裕背景下,非物质文化遗产成为助推乡村产业振兴和文化振兴、助力共同富裕的重要抓手。为更好地传承发展非物质文化遗产,释放非物质文化遗产的文化价值、传播力量和产业潜力,需要走国际化发展道路。非遗的国际化不仅有利于文化"走出去",也有利于开拓非遗产品国际市场,带动产业高质量发展。与此同时,非遗的国际化离不开法治保障。从全球范围看,广大发展中国家具有丰富的非物质文化遗产资源,而发达国家却是主要的使用者。《与贸易

有关的知识产权协定》(Agreement on Trade-Related Aspects of Intellectual Property Rights,简称 TRIPS)由发达国家主导制定,主要体现了发达国家的利益,发展中国家在谈判中处于被动和弱势地位,未能将自身占据资源优势地位的传统知识纳入保护客体范围。随着发达国家"生物剽窃""文化掠夺"现象愈演愈烈[①],发展中国家的权利意识逐渐觉醒,越来越多的发展中国家开始争取非物质文化遗产资源主权,寻求资源的惠益分享。目前许多国际组织,诸如联合国教育、科学及文化组织(中文简称联合国教科文组织,英文全称为 United Nations Educational, Scientific, and Cultural Organization,英文简称 UNESCO)、联合国环境规划署(United Nations Environment Programme,简称 UNEP)、世界知识产权组织(World Intellectual Property Organization,简称 WIPO)以及世界贸易组织(World Trade Organization,简称 WTO)等均对非物质文化遗产相关客体的保护进行了探索与讨论,并取得了一定的进展。纵观非物质文化遗产的国际法律保护体系及不同国际组织的立法保护现状,国际社会有关非物质文化遗产的立法保护总体呈现出多边体制框架内私权保护制度构建进展缓慢的局面。第一,UNESCO 通过的《保护非物质文化遗产公约》(简称《公约》)作为迄今为止最全面、最权威的非物质文化遗产保护公约,其中的多数条文均指向公法层面的保护,引发了一股强化政府行政保护的浪潮。该公约主要规定了非物质文化遗产保护的行政措施,着重发挥政府的主导作用,但并没有规定非物质文化遗产的私权保护措施及相关的权利义务关系。第二,世界知识产权组织成立的知识产权与遗传资源、传统知识和民间文学艺术政府间委员会(Intergovernmental Committee on Intellectual Property and Genetic

---

① 杨明.非物质文化遗产的法律保护[M].北京:北京大学出版社,2014.

Resources，Traditional Knowledge and Folklore，简称 WIPO-IGC）作为非物质文化遗产知识产权私权保护模式的主要探索者与推动者，其从知识产权保护的视角出发，为遗传资源、传统知识和民间文学艺术的保护做出了积极探索，发布了一系列文件，但这些文件仍停留在对话与讨论阶段，并没有强制性约束力。此外，其目前尚未就知识产权保护模式达成一致意见，总体进展也尤为缓慢。第三，虽然 WTO 多哈回合谈判早已将传统知识和民间文学艺术的保护纳入谈判议题，但因为发达国家和发展中国家之间的利益分歧，多哈回合谈判停滞，针对这一问题的谈判短期内难以取得实质性进展。非物质文化遗产私权保护的缺失导致非物质文化遗产生产性保护中权益分配的不平衡，既影响了非物质文化遗产资源来源国的利益，也影响了非物质文化遗产经济价值的发挥。基于此，笔者认为，发展中国家与其等待多边体制框架内有关非物质文化遗产谈判的转机，不如优先采取其他策略和行动，积极寻求其他有效的国际谈判场所，打破多边体制谈判中的持久僵局，推动构建非物质文化遗产国际保护新秩序。本书的创作初衷在于探究非物质文化遗产国际知识产权保护的路径，寻求非物质文化遗产国际知识产权保护的有效谈判场所，从而推动全球范围内非物质文化遗产保护水平的提高，重构知识产权国际保护新规则，推动构建更加公正、合理的全球知识产权治理体制，维护发展中国家的传统资源主权，充分发挥非物质文化遗产助力实现共同富裕的作用。

二、国际贸易谈判呈现出由多边体制向双边体制转换的趋势

进入 21 世纪以来，多哈回合谈判停滞不前，前景未卜，经济全球化进程搁浅，以美国为首的发达国家开始转向自由贸易协定谈判。从 TRIPS 开始，知识产权谈判已经成为国际贸易谈判的重要内容，当前

国际知识产权保护制度也呈现出由多边 WTO 体制向双边或区域自由贸易协定(Free Trade Agreement,简称 FTA)体制转换的发展趋势①。TRIPS(作为 WTO 一揽子协议的结果)由发达国家主导制定,存在严重的利益失衡,给发展中国家带来了沉重的执法压力,但发达国家并未止步于 TRIPS 所确立的知识产权标准,尤其是以美国为首的发达国家,在其国内利益集团的推动下,试图在 WTO 体制之外的 FTA 中,以市场准入、技术援助为诱饵②,推行更高的知识产权保护与执法标准,即 TRIPS-plus 标准。发达国家在 FTA 体制内推行更高的国际知识产权保护标准一方面使得发展中国家的知识产权执法负担更为沉重;另一方面也对 TRIPS 造成了巨大冲击,增加了国际知识产权保护制度的不稳定性。近年来,随着《全面与进步跨太平洋伙伴关系协定》(Comprehensive and Progressive Agreement for Trans-Pacific Partnership,简称 CPTPP)等文件的通过,越来越多的学者开始担忧区域贸易组织建立的更高标准的国际知识产权保护制度通过交互作用和传导作用,可能会蔓延到全球多边体制的框架内,最终成为全球性的知识产权保护标准。发达国家贸易谈判的体制转换和场所转移给发展中国家带来了更为沉重的负担,随着综合国力的增强,发展中国家虽然在一定程度上提升了自身在贸易谈判中的话语权,但在多边体制谈判中仍然不具备强有力的规则制定主导权。在当前国际贸易体制和国际知识产权保护制度向双边或区域体制转换的国际背景下,发展中国家应当审时度势,根据国际形势谈判格局的变化调整相应的谈判策略。既然发达国家选择避开多边体制框架内发达国家与发展

---

① 孙玉红.南北型自由贸易协定非贸易问题演化趋势和中国的对策[M].北京:中国社会科学出版社,2015.

② 孙玉红.南北型自由贸易协定非贸易问题演化趋势和中国的对策[M].北京:中国社会科学出版社,2015.

中国家之间的利益对抗,转变国际知识产权谈判策略,转向以发挥 FTA 谈判的优势推行 TRIPS-plus 标准,那么发展中国家何不"以其人之道,还治其人之身",借鉴发达国家推行其 TRIPS-plus 标准的策略与路径,在 FTA 体制内解决其于多边体制框架内难以达成一致意见的非物质文化遗产保护问题,构建新型的、符合发展中国家利益的 TRIPS-plus 标准,逐渐实现国际知识产权保护制度的利益平衡。

三、FTA 谈判中有关非物质文化遗产保护条款的兴起

知识产权条款是许多 FTA 中的必备条款,由缔约方在 TRIPS 的基础上对知识产权保护的相关问题作出规定。TRIPS 仅仅确立了知识产权国际保护的最低保护标准,这为后 TRIPS 时代发达国家推行 TRIPS-plus 标准提供了一定的依据。多边体制内有关传统知识及民间文学艺术的保护在不同国家之间难以达成一致意见。当前许多国家与地区已经开始在 FTA 中增加涉及遗传资源、传统知识及民间文学艺术的保护条款,其中包括美国、欧盟、日本、韩国、加拿大、澳大利亚、中国等。就美国而言,虽然其在签订的 FTA 中扩大了知识产权保护的客体,如将气味商标纳入保护客体[①],但仍然主张将非物质文化遗产资源排除在客体保护范围之外。近年来,虽然美国在与一些发展中国家签订的 FTA 中开始提及非物质文化遗产保护的条款,但这些条款继续推行美国在多边体制内难以推行的、以合同的方式保护非物质文化遗产的主张,这实质上是限制或阻碍了相关非物质文化遗产的保护。这不仅是美国在 FTA 体制内强化其对非物质文化遗产保护的固有立场,以及为其国家利益发声的表现,而且会在一定程度上弱化发

---

① 美国是较早承认气味商标的国家,按照《兰哈姆法》的规定,包括气味在内的所有标志在美国均可以受到保护。美国将此规定延伸到了 FTA 中。例如,《美国—新加坡自由贸易协定》中规定缔约方"应尽最大努力使气味商标得以注册",形成了美国 FTA 中有关商标权的 TRIPS-plus 条款。

展中国家关于非物质文化遗产国际保护的主张,不利于非物质文化遗产资源的有效保护。此外,欧盟(作为当今国际社会主要的经济体之一)具有丰富的地理标志资源。因此,欧盟在传统知识的保护问题上采取了较为积极的态度,这也体现在其所签订的 FTA 中。欧盟在其所签订的一些 FTA 中对传统知识的保护作出了较为具体的规定,提出注重以地理标志保护传统知识以及发挥特殊保护模式的作用等积极主张,在 FTA 体制内对非物质文化遗产的保护做出了积极推进。在我国签署的自由贸易协定中,也有一些涉及遗传资源、传统知识及民间文学艺术的保护问题,但仅作出了原则性的规定,对实质性制度一直秉持"保持协商"的基本态度。总而言之,当前国际社会有关非物质文化遗产保护的条款已经开始在 FTA 体制内兴起并呈现出递增的发展趋势。一方面,以美国为首的发达国家在 FTA 体制内继续推行其在多边体制框架内的主张,侵蚀发展中国家集体行动取得的变革成果;另一方面,发展中国家也逐渐开始在 FTA 体制中提及非物质文化遗产的保护条款,但多侧重于原则性规定,对实质性制度未作出具体安排。可以说,当前多数发展中国家尚未重视发挥 FTA 体制在非物质文化遗产保护中的重要作用。

鉴于此,笔者认为发展中国家应当重新审视非物质文化遗产保护的场所选择问题。正如吴汉东所提出的那样,对发展中国家而言,应该在新的多元立法机制和场所中主动出击并赢得优势,以扭转其在知识产权制度国际化进程中的不利局面[①]。美国已经在其签署的 FTA 中推行其以合同方式解决遗传资源事先同意及惠益分享问题的主张。如果发展中国家能够发挥自身在非物质文化遗产资源方面的相对优势,通过双边或区域体制,缔结一种与 TRIPS-plus 规则制度意蕴截然

---

① 吴汉东.国际变革大势与中国发展大局中的知识产权制度[J].法学研究,2009(2):3-18.

不同的新型 TRIPS-plus 规则,以此来确立对非物质文化遗产资源的切实保护,然后通过"有顺序的谈判",将新型 TRIPS-plus 规则纳入 TRIPS 框架,就可以达到重建国际知识产权体制利益平衡的目的[①]。因此,发展中国家不应当被束缚于国际社会多边体制框架内有关非物质文化遗产谈判的僵局,而应当在推进多元体制构建的思想下,寻求非物质文化遗产保护的其他有效体制和谈判场所。结合当前 FTA 体制迅速发展的国际形势,笔者认为发展中国家应当审时度势,充分发挥在非物质文化遗产资源占有方面的优势,加强南南合作,借鉴发达国家体制转换之道,积极构建传统知识及民间文学艺术的国际保护标准,从而逐步推动全球范围内非物质文化遗产保护规则的构建。从长远来看,这既是有效地保护发展中国家非物质文化遗产资源的需要,也是重建发达国家与发展中国家之间的利益平衡,以及实现国际知识产权体制公平正义的需要。

第二节　研究问题的提出

一、为何选择非物质文化遗产国际知识产权保护路径?

非物质文化遗产的保护已经受到国际社会的广泛关注。UNESCO 通过的《保护非物质文化遗产公约》注重发挥政府的主导作用,从文化保存的视角为非物质文化遗产提供了行政公法的保护。WIPO 积极推动非物质文化遗产的知识产权保护,为此成立了专门的

[①]　朱继胜.	"南南联合"构建新型"TRIPS-plus"规则研究——以中国—东盟自由贸易区为例 [J].	环球法律评论,2016(6):170-186.

委员会,为成员方讨论非物质文化遗产的保护问题提供了对话与交流的平台。同时,自 WIPO-IGC 成立以来,陆续通过了一系列报告性文件及草案,但目前尚未就非物质文化遗产知识产权保护达成一致性意见,也未形成有约束力的法律文件。所以,从国际立法层面来看,当前非物质文化遗产的国际保护仍然存在以政府主导的公法保障为主,缺乏私法层面立法保护的特点。非物质文化遗产具有文化价值和经济价值双重属性,而行政公法的保护模式仅关注非物质文化遗产的文化属性及文化保存的目标,却忽视了非物质文化遗产的经济属性。尽管行政公法保护在非物质文化遗产保护中发挥着重要作用,但仅仅依靠行政措施保护是远远不够的。行政公法与私法保护模式应当相辅相成,协调实现非物质文化遗产的有效保护。另外,当前以美国为首的发达国家反对非物质文化遗产知识产权保护也是多边体制框架内迟迟未达成一致意见的原因之一。基于此,本书立足于当前国际社会尚未达成一致意见的非物质文化遗产知识产权保护问题,试图从理论和制度的视角探究利用知识产权制度保护非物质文化遗产的正当性及具体保护路径。这将为未来发展中国家在国际上继续推行非物质文化遗产知识产权保护主张提供坚实的理论基础和依据,从而从容对抗发达国家的不同主张。

二、为何选择在 FTA 框架内构建非物质文化遗产的保护制度?

目前国际贸易谈判出现了谈判场所的转换,发达国家开始由多边 WTO 体制转向双边 FTA 体制,以市场准入和投资机会为诱饵,在双边 FTA 中迫使发展中国家接受 TRIPS-plus 条款,使得发展中国家的知识产权执法负担更为沉重,发达国家与发展中国家之间的知识产权利益更加不平衡。纵观 FTA 体制内推行的 TRIPS-plus 条款,发达国家仍将保护客体限定在现代知识产权领域,继续忽略传统知识的保护。相反,美国甚至在其签署的 FTA 内阻碍、限制传统知识的保护,推行其在多边体制内以合同方式解决非物质文化遗产保护问题的主张,使发展中国家在多边体制内艰难推进的非物质文化遗产资源保护面临逐步被架空的风险。基于此种国际背景,笔者认为,发展中国家应该主动把握自己在国际贸易谈判中的话语权,而不应总被发达国家牵着鼻子走。在当前"逆全球化"态势日益严峻的背景下,FTA 盛行,发展中国家应当适应国际知识产权保护规则演进的基本趋势,借鉴发达国家体制转换的谈判思路,联合具有共同利益诉求的广大发展中国家,在 FTA 中推进非物质文化遗产国际保护新规则的制定。

三、如何在 FTA 框架下构建非物质文化遗产的国际知识产权保护制度?

在 FTA 框架下构建非物质文化遗产国际知识产权的保护制度不能仅仅停留在喊口号和宣示层面,而应该积极探索 FTA 框架下非物质文化遗产国际知识产权保护的具体模式,构建具体的保护机制。本书试图通过对当前代表性国家签署的 FTA 中非物质文化遗产保护条款的研究,总结经验及启示,并结合发展中国家的实际,构建非物质文化遗产的国际保护范本。就保护模式的选择而言,本书试图对比分析当前国际社会有关非物质文化遗产知识产权保护的两种不同模式,从而确定发展中国家在 FTA 中非物质文化遗产知识产权保护的模式选择。在明确具体模式的基础上,进一步从权利主体、权利客体、权利内容、权利获得程序等方面探讨具体制度的构建。同时注重整体考虑 FTA 中非物质文化遗产保护的具体体例结构和内容模式。在体例结构上,设置专门的章节规定非物质文化遗产知识产权保护的相关内容;在内容模式上,可以考虑将非物质文化遗产条款作为 FTA 的核心条款,对非物质文化遗产的概念内涵作出严谨、准确的界定,同时注意明确非物质文化遗产保护制度所调整的利益关系,充分发挥条款之间的协调性。

第三节　国内外研究现状综述

一、有关非物质文化遗产知识产权保护模式的文献综述

近年来,非物质文化遗产知识产权的保护问题受到了国内外学者的广泛关注。郑成思从增强我国自主知识产权竞争力的角度出发,最早提出了我国应当将关注点放在自身具有明显资源优势的传统知识领域,将传统知识纳入知识产权的保护范围之中,推动国际法领域构建传统知识保护制度的进程[①]。目前,我国学界有关非物质文化遗产知识产权保护的研究已经取得了丰硕的成果,但研究内容有限,大量的研究聚焦于从知识产权角度保护非物质文化遗产的模式选择问题。学界关于这一问题长期存在争论,总体可以分为两种不同声音:一是主张在现有的知识产权体制内构建非物质文化遗产的保护模式;二是主张在现有的知识产权体制之外,建立专门的非物质文化遗产特别权利保护模式。

（一）现有的知识产权保护模式

持有此种观点的学者认为非物质文化遗产与知识产权的客体具有同质性,因此,应将其纳入相关的知识产权制度领域内,在现行知识产权制度内给予保护。此类观点的研究主题主要涵盖非物质文化遗

---

① 郑成思.传统知识与两类知识产权的保护[J].知识产权,2002(4):3-5.

产的著作权保护、专利权保护、商标权保护、地理标志保护以及其他形式的知识产权保护等内容。例如,张耕提出,民间文艺可通过多种方式进行保护,包括特别版权、地理标志、反不正当竞争等,并强调了特别版权制度对民间文艺的特殊意义①。齐爱民和赵敏提出,在非物质文化遗产商标权保护视野下,将非物质文化遗产明确纳入商标法保护范围,作为证明商标或者集体商标注册②。郭玉军和唐海清提出,地理标志与非物质文化遗产存在诸多共性,具有突破传统的知识产权对非商品化非物质文化遗产保护障碍的优势③。冯晓青指出,构建非物质文化遗产知识产权保护制度必须围绕权利的主体、权利的内容和财产权的行使方式等基本内容,采用多层次的保护形式进行保护④。

我国学者从现行知识产权制度出发,对非物质文化遗产知识产权保护做出了积极探索,提出了现有知识产权制度所能涵盖的相关非物质文化遗产保护范围,并对纳入保护范围的优势条件进行分析。但是我们应当看到,并非所有的非物质文化遗产均可以纳入现行的知识产权制度进行保护,现行的保护模式能为非物质文化遗产提供的保护有限。另外,非物质文化遗产与传统的知识产权制度的保护客体在性质方面存在诸多不同之处,若把两者强行纳入同一个制度框架内,则很可能动摇原有制度的根基。

(二)特别知识产权保护模式

鉴于利用现行知识产权制度为非物质文化遗产提供保护存在局限性和有限性,我国有些学者开始探索并提出构建非物质文化遗产专

① 张耕.民间文学艺术的知识产权保护研究[M].北京:法律出版社,2007.
② 齐爱民,赵敏.非物质文化遗产的商标权保护模式与著作权保护模式之比较——兼论我国商标法修改的相关问题[J].重庆工商大学学报(社会科学版),2007(1):93-97.
③ 郭玉军,唐海清.论非物质文化遗产知识产权保护制度的新突破——以地理标志为视角[J].海南大学学报(人文社会科学版),2010(3):48-54.
④ 冯晓青.非物质文化遗产与知识产权保护[J].知识产权,2010(3):15-23.

门法保护模式。古祖雪提出将传统知识与现代知识一起纳入知识产权保护范围,建立一种适用于传统知识的知识产权保护制度①。严永和提出:参照著作权法,制定"民间文艺保护条例";参照专利法,制定"传统知识和传统设计保护条例";参照商标法等商业标志法,制定"传统名号保护条例";整合《生物多样性公约》等有关国际条约的相关规定,制定"遗传资源知识产权保护条例"或者按照《生物多样性公约》的思路制定"生物资源综合性保护法"②。管育鹰、黄玉烨从民间文艺保护角度出发,提出建立民间文艺的特殊权利制度③。曹新明提出,我国应对非物质文化遗产采取设立无形文化标志权的特别权利模式进行保护④。周方提出,建立单一性保护模式和多重保护模式相结合的专门保护法律体系,以传统知识保护法为基本法,以其他不同类别的传统知识保护单行法为下位法⑤。华鹰提出,制定关于知识产权的特别法来保护传统知识,同时对不具备知识产权保护条件或不具备知识产权特性的传统知识采取政策性保护措施⑥。此外,有些学者融合以上两种保护模式提出非物质文化遗产综合性的知识产权保护方法。比如,李顺德指出,对非物质文化遗产的保护应该充分利用现有的知识产权保护制度,同时寻求专门立法的思路⑦。齐爱民提出,非物质文化遗产保护应当依赖于专利权保护、著作权保护、商业秘密保护、商标权保护、专门知识产权保护等以整个知识产权制度为基础的综合手段⑧。

---

① 古祖雪.论传统知识的可知识产权性[J].厦门大学学报(哲学社会科学版),2006(2):11-17.

② 严永和.论我国少数民族非物质文化遗产知识产权保护之制度构建[J].文化遗产,2013(4):1-8.

③ 管育鹰.知识产权视野中的民间文艺保护[M].北京:法律出版社,2006;黄玉烨.民间文学艺术的法律保护[M].北京:知识产权出版社,2008.

④ 曹新明.非物质文化遗产保护模式研究[J].法商研究,2009(2):75-84.

⑤ 周方.传统知识法律保护研究[M].北京:知识产权出版社,2011.

⑥ 华鹰.传统知识的法律保护模式选择及立法建议[J].河北法学,2008(8):140-144.

⑦ 李顺德.非物质文化遗产的法律界定及知识产权保护[J].江西社会科学,2006(5):7-12.

⑧ 齐爱民.非物质文化遗产的知识产权综合保护[J].电子知识产权,2007(6):19-22.

杨明提出,非物质文化遗产的保护应该采取以知识产权制度和专门的保护制度为核心,以合同法和习惯法为重要补充的多元化立法模式①。上述学者有关非物质文化遗产知识产权综合性保护模式界定的观点存在差别,但内涵趋向一致,大多强调传统的知识产权制度和特别知识产权制度的综合。

　　针对非物质文化遗产知识产权保护问题,国外学者也做了相关研究,研究内容较多地集中于探讨采用知识产权制度保护非物质文化遗产的可行性。Cottier 明确提出,遗传资源和传统知识的重要性决定了需要将其纳入 WTO 新回合谈判中②。Carpenter 提出利用著作权法保护民间创作艺术和文学作品③。Erstling 提出利用专利法保护传统知识④。Damodaran 提出需要在国家层面研究传统知识保护的法规及特殊保护制度 ⑤。Von Lewinski 就民间文艺提出了综合性的保护模式,提出既需要以知识产权制度来保护民间文学艺术的经济价值,也需要发挥习惯法在保护秘密性客体方面的作用⑥。当然, Karjala 和 Paterson 对利用知识产权制度保护非物质文化遗产提出了疑问,并探

---

①　杨明.非物质文化遗产的法律保护[M].北京:北京大学出版社,2014.

②　Cottier T. The Protection of Genetic Resources and Traditional Knowledge: Towards More Specific Rights and Obligations in World Trade Law[J]. Journal of International Economic Law, 1998(4):555-584.

③　Carpenter M M. Intellectual Property Law and Indigenous Peoples: Adapting Copyright Law to the Needs of a Global Community[J]. Yale Human Rights and Development Law Journal, 2004(7):51-78.

④　Erstling J. Using Patents to Protect Traditional Knowledge[J]. Texas Wesleyan Law Review, 2009(2):295-334.

⑤　Damodaran A. Traditional Knowledge, Intellectual Property Rights and Biodiversity Conservation: Critical Issues and Key Challenges[J]. Journal of Intellectual Property Rights, 2008 (5):509-513.

⑥　Von Lewinski S. The Protection of Folklore[J]. Cardozo Journal of International and Comparative Law, 2003(2):747-768.

究了知识产权之外的保护制度①。同样,美国的波塞和杜特费尔德在其著作《超越知识产权:为原住民和当地社区争取传统资源权利》一书中提出了传统资源权的概念,对知识产权制度的局限性进行反思②。由此可见,国外学者对于非物质文化遗产知识产权保护的可行性尚存争议,并且对于应采取何种保护模式也尚未形成一致性观点。

二、有关非物质文化遗产国际法保护的文献综述

虽然目前我国学者对非物质文化遗产的知识产权保护问题进行了广泛讨论,但从国际法视角研究非物质文化遗产保护的专著及论文并不多,而从国际知识产权法视角探究非物质文化遗产保护的研究则更少。唐海清在其博士学位论文中系统地探究了非物质文化遗产国际法保护的相关问题,将国际知识产权保护与国际人权法保护共同作为非物质文化遗产的国际保护手段,但未就非物质文化遗产国际知识产权保护问题展开深入研究③。李墨丝在其博士学位论文中提出,非物质文化遗产保护法律体系既需要公法为其提供保障,也需要私法为其提供保护,其研究重点在于构建非物质文化遗产公法和私法并行的法律体系,借鉴其他国家的立法经验,探究我国非物质文化遗产立法模式④。杨鸿在其博士学位论文中探究了民间文艺特别知识产权保护的国际立法实践,分析了国际社会为民间文艺提供特别知识产权保护

① Karjala D S, Paterson R K. Looking Beyond Intellectual Property in Resolving Protection of Intangible Cultural Heritage of Indigenous Peoples[J]. Social Science Electronic Publishing, 2003 (2):633-670.

② 波塞,杜特费尔德. 超越知识产权:为原住民和当地社区争取传统资源权利[M]. 许建初,张兰英,钱洁,等译. 昆明:云南科技出版社,2003.

③ 唐海清. 非物质文化遗产的国际法保护问题研究[D]. 武汉:武汉大学,2010.

④ 李墨丝. 非物质文化遗产保护法制研究——以国际条约和国内立法为中心[D]. 上海:华东政法大学,2009.

的模式,为我国民间文艺的保护提出立法建议[①]。古祖雪以 TRIPS 框架为视角,提出在 TRIPS 框架内构建传统知识的保护制度具有正当性[②]。

国外学者关于非物质文化遗产国际法保护的研究的角度不一,各有侧重。Blake[③]、Kuruk[④] 等对《保护非物质文化遗产公约》进行了深入研究,分析了其产生的背景、基本内容和特色以及其与《保护世界文化和自然遗产公约》(简称《世界遗产公约》)之间的关系等。Blake[⑤]、Farah 和 Tremolada[⑥] 等对非物质文化遗产国际人权法保护的依据和保护机制等进行了探讨。Gibson 将与民族知识产权相关的特定文化与法律问题作为研究主题,分析了 TRIPS 与 CBD(《生物多样性公约》)之间的矛盾,承认各民族和传统社区的重要作用,提出在保护生物和文化多样性的国际法律框架内促进社区发展[⑦]。Quinn 分析了传统知识在 TRIPS、CBD、WIPO、联合国人权保护体系中的保护现状,并提出特殊保护制度[⑧]。Gervais 以多哈回合谈判为背景分析了

---

① 杨鸿.民间文艺特别知识产权保护的国际立法实践研究[D].上海:华东政法大学,2010.

② 古祖雪.基于 TRIPS 框架下保护传统知识的正当性[J].现代法学,2006(4):136-141;古祖雪.TRIPS 框架下保护传统知识的制度建构[J].法学研究,2010(1):197-208.

③ Blake J . Commentary on the 2003 UNESCO Convention on the Safeguarding of the Intangible Cultural Heritage[J]. Cultural Heritage,2006(2):671-692.

④ Kuruk P. Cultural Heritage,Traditional Knowledge and Indigenous Rights:An Analysis of the Convention for the Safeguarding of Intangible Cultural Heritage[J]. Macquarie Journal of International and Comparative Environmental Law,2004(1):111-134.

⑤ Blake J . Human Rights Dimensions of Gender and Intangible Cultural Heritage[J]. Human Rights Defender,2015(2):5-7.

⑥ Farah P D,Tremolada R. Conflict between Intellectual Property Rights and Human Rights:A Case Study on Intangible Cultural Heritage[J]. Social Science Electronic Publishing,2016(1):125-177.

⑦ Gibson J. Traditional Knowledge and the International Context for Protection[J]. Journal of Law,Technology and Society,2004(1):58-82.

⑧ Quinn M L. Protection for Indigenous Knowledge:An International Law Analysis[J]. Thomas Law Review,2001(2):287-314.

TRIPS 框架内传统知识保护的合理性①。Forsyth 聚焦于 2002 年太平洋岛国通过的《保护传统知识与文化表达的区域框架》中对传统知识的保护，说明了习惯法在传统知识保护中的重要作用②。Dutfield 分析了传统知识在联合国环境规划署、世界知识产权组织以及世界贸易组织中的保护情况，并探究了发展中国家在 WTO 框架内主张传统知识保护的原因③。Yu 提出将非物质文化遗产分为无形遗产和文化遗产，并提出在构建非物质文化遗产国际保护框架之前需要更好地理解保护手段的内涵④。由此可见，国外学者关于非物质文化遗产国际法保护的研究多围绕相关的国际公约展开，对非物质文化遗产的国际知识产权保护问题的关注不足。

三、FTA 框架内传统知识保护的文献综述

目前国内学术界从 FTA 视角研究非物质文化遗产保护的文献很少。任虎分析了美国、欧盟、拉丁美洲国家签订的 FTA 中关于传统知识保护的不同立场，认为 FTA 框架下保护传统知识有其合理性和可行性，并对中国未来 FTA 中关于传统知识条款的谈判策略提出建议⑤。陈默梳理了 FTA 框架下遗传资源及传统知识保护谈判的现状，举例探讨了美国、欧盟等在 FTA 中对传统知识保护条款的态度，继而

---

① Gervais D. Traditional Knowledge and Intellectual Property: A TRIPS-Compatible Approach[J]. Michigan State Law Review, 2005(1):137-166.

② Forsyth M. Do You Want It Gift Wrapped?: Protecting Traditional Knowledge in the Pacific Island Countries[C]//Drahos P, Frankel S. Indigenous Peoples' Innovation: Intellectual Property Pathways to Development. Canberra: Australian National University E Press, 2012.

③ Dutfield G. TRIPS-Related Aspects of Traditional Knowledge[J]. Case Western Reserve Journal of International Law, 2001(2):233-276.

④ Yu P K. Cultural Relics, Intellectual Property, and Intangible Heritage[J]. Temple Law Review, 2008(2):433-506.

⑤ 任虎.FTA 框架下传统知识保护模式研究[J].上海大学学报（社会科学版），2013(5):109-119.

分析了我国 FTA 中对传统知识保护条款的立场及谈判内容,进而提出 FTA 可以成为推广遗传资源和传统知识保护的合作模式,以及共同打击跨界的"生物海盗"行为的先验性平台①。通过总结国内有关 FTA 框架下传统知识保护的文献可以看出,目前虽已有学者提出在 FTA 框架下保护传统知识的优势,但研究的侧重点在于分析中国 FTA 中关于传统知识保护条款的现状及不足,以及其他国家 FTA 中关于传统知识保护条款的现状及可供借鉴之处,为中国传统知识的保护提出建议和策略。可以看出,中国在 FTA 框架下对非物质文化遗产保护的研究尚处于起步阶段。第一,研究范围仅限于传统知识,尚未涉及非物质文化遗产中与知识产权相关的民间文艺问题。第二,建议和策略浮于表面,并没有提出明确和具体的实施方案。在国外,2003 年 Cartee 探究了美国自由贸易协定中的民间文学艺术表达保护问题,提出越来越多的发展中国家在 FTA 中保护传统知识,美国对此并没有选择无视,而是在 FTA 草案中简短地规定了对民间文学艺术表达的保护②。Boza 基于美国—秘鲁的 FTA,探究该 FTA 有关生物多样性与传统知识的部分,分析了该协定就传统知识保护的相关规定及其如何反映秘鲁先前立场的问题③。Haider 提出了达成双边合作条约的可能性,指出《美国—秘鲁自由贸易协定》中有关传统知识的规定具有重大意义④。

① 陈默.FTA 框架下遗传资源及传统知识保护谈判与我国的应对策略[J].河南大学学报(社会科学版),2014(5):53-61.

② Cartee A. Protecting the Indigenous Past While Securing the Digital Future: The FTAA and the Protection of Expressions of Folklore[J]. International Law Review, 2003(2):203-206.

③ Boza R T. Caveat Arbiter: The U. S.-Peru Trade Promotion Agreement, Peruvian Arbitration Law, and the Extension of the Arbitration Agreement to Non-Signatories-Has Peru Gone Too Far[J]. International Trade Law Journal, 2009(2):65-79.

④ Haider A. Reconciling Patent Law and Traditional Knowledge: Strategies for Countries with Traditional Knowledge to Successfully Protect Their Knowledge from Abuse[J]. Case Western Reserve Journal of International Law, 2016(1-2):366-368.

综上所述,国内外学者均对非物质文化遗产知识产权保护问题进行了广泛探讨,并取得了丰硕的研究成果,但国内研究多聚焦于非物质文化遗产的国内知识产权立法保护问题,缺乏国际法视野。国外学者虽然基于国际法的视角进行了非物质文化遗产保护的相关问题研究,但大多集中于对《保护非物质文化遗产公约》的研究,对国际知识产权法视角下的非物质文化遗产保护的研究有限。基于此,本书选取国际法的研究视域,探究非物质文化遗产的国际知识产权保护问题。继而根据当今国际贸易体制的发展趋势,选取FTA框架作为发展中国家非物质文化遗产谈判的重要场所,以期在现有文献的基础上,就当今发展中国家如何在FTA中掌握国际知识产权规则制定的话语权,构建非物质文化遗产知识产权保护制度的问题进行探究。

第四节　研究意义

一、理论意义

第一,本书厘清了非物质文化遗产与相关概念的联系。与非物质文化遗产相关的概念众多,且范围不够明确。本书对非物质文化遗产、遗传资源、传统知识、民间文学艺术等概念及其之间的关系进行了明确界定。目前,我国学术界尚未就非物质文化遗产的分类达成一致意见,本书从非物质文化遗产知识产权保护的视角出发,将非物质文化遗产分为可知识产权性非物质文化遗产和不可知识产权性非物质文化遗产。基于此,本书将研究范围圈定为具有知识产权意义的非物质文化遗产。

第二,本书系统阐释了非物质文化遗产国际化之于共同富裕的重要性,提出非物质文化遗产国际化是助力实现共同富裕的重要面向,非物质文化遗产"走出去"既有利于提升文化软实力,也有利于开拓非物质文化遗产相关产品的国际市场。

第三,本书基于法哲学、经济学、人权以及非物质文化遗产与知识产权制度本身的契合性等视角,结合公平正义、利益平衡、产权激励、人权保障等理论,详细论证了非物质文化遗产知识产权保护的正当性。在前人研究的基础上,对非物质文化遗产知识产权保护的正当性进行了更为全面的理论溯源。

第四,本书基于多边体制框架内非物质文化遗产知识产权保护的艰难性和未知性,分析了当前发展中国家选择FTA体制推进非物质文化遗产保护的应然性。继而从国际知识产权体制的发展趋势、联系权力理论、非歧视原则等视角探究了FTA框架下构建非物质文化遗产知识产权保护制度的可行性,提出发展中国家在FTA框架下构建非物质文化遗产知识产权保护制度具备理论基础和制度基础,FTA体制是当前发展中国家推进非物质文化遗产知识产权保护的有效场所和可行路径。

二、现实意义

在WTO多边贸易谈判机制有效行使其职能前,发展中国家需要探索可能推进非物质文化遗产知识产权保护的其他谈判策略与路径。本书的最大现实意义在于探究当前国际形势下包括中国在内的发展中国家如何联合起来,选择有效的谈判场所和保护路径,积极推动非物质文化遗产知识产权保护具体规则的制定,使发展中国家占据资源优势地位的传统知识、民间文学艺术等知识产权性非物质文化遗产得到切实有效的保护,从而遏制发达国家"生物海盗""文化掠夺"行为的肆虐,使发展中国家得到公平合理的惠益分享。在多边体制框架陷入谈判僵局的国际形势下,FTA 基于其体制的谈判优势以及顺应当前国际贸易体制发展趋势的特点,将为发展中国家保护非物质文化遗产知识产权提供最为有效、便捷的解决途径。发展中国家转换谈判策略与谈判场所,在 FTA 双边及多边领域内推动自身占资源优势的非物质文化遗产的保护,以期最终逐步实现全球范围内对非物质文化遗产的有力保护。这一研究视角为当前发展中国家有效推进关于非物质文化遗产知识产权保护的谈判提供了新思路,具有重要的现实意义。就我国而言,在推进实现共同富裕的背景下,非物质文化遗产"走出去"急需国际法治的完善,非物质文化遗产国际知识产权保护制度的构建可以更好地激发非物质文化遗产的多元价值和潜在优势,从而助推共同富裕目标的实现。

第五节　研究方法

本书围绕 FTA 框架内非物质文化遗产国际知识产权的保护问题,主要采用了以下研究方法。

一、文献研究法

本书通过对国内外非物质文化遗产保护相关文献的梳理,总结了目前国内外学术界研究的现状与不足,从而确定本书在前人研究的基础上继续开展研究的方向与思路。在文献研究的基础上,笔者认识到目前国内外学者的研究多集中于非物质文化遗产本身及其知识产权保护模式的研究,对非物质文化遗产的研究缺乏国际视角。非物质文化遗产的保护不仅仅是某一国的事情,其更需要广泛的国际协作,探究有效的非物质文化遗产国际法保护路径具有重要意义。基于此,本书将研究视角锁定在国际法视域下非物质文化遗产知识产权的保护。

二、比较研究方法

本书在论证的过程中广泛使用了比较研究的方法。第一,在非物质文化遗产国际法保护的路径选择中,本书采取比较研究的方法,对比分析了非物质文化遗产不同保护路径的特点,得出非物质文化遗产国际知识产权保护路径的应然性。第二,本书借助比较研究的方法对当前世界各国已经签署的FTA中非物质文化遗产保护条款进行了分析,对比总结不同国家FTA中非物质文化遗产保护条款的特点及差异,从中吸取经验,从而为发展中国家于FTA框架内构建非物质文化遗产的具体保护制度提供借鉴。第三,本书在论证非物质文化遗产知识产权保护模式选择的过程中,同样采取比较研究的方法,对比分析了非物质文化遗产不同知识产权保护模式的特点及相互之间的差异,在此基础上提出防御性措施与积极性措施相结合的综合保护模式。

三、历史分析研究方法

本书借助历史分析的方法梳理了非物质文化遗产的概念演进及确立过程,从历史演进的维度加深了对非物质文化遗产这一概念内涵的理解。同时,对于传统知识概念的界定,本书采用历史分析的方法,分析了WIPO在不同历史时期对传统知识概念及范围的界定,进而提出本书采用WIPO对传统知识最新的狭义的技术性知识的界定,并将传统知识列为非物质文化遗产的下位概念。

四、规范分析方法

本书运用规范分析的方法分析了当前有关国际组织及各国国内

非物质文化遗产保护的相关立法，并具体分析了相关立法中有关权利主体、权利客体、权利内容、获得权利的方式等条款内容的设计，从中吸取经验和教训，从而为非物质文化遗产知识产权保护具体制度的构建提供借鉴。

第二章 共富视域下非物质文化遗产的概念论、认识论、价值论

第一节 概念论:非物质文化遗产的概念及基本特征

科学地界定非物质文化遗产的概念内涵是正确认识非物质文化遗产的前提,也是探讨非物质文化遗产国际知识产权保护的逻辑起点。非物质文化遗产概念的抽象性决定了其概念界定的复杂性。实际上,这一概念在用词及术语表达、内涵及外延等方面均经历了一系列选择与变化的过程。因此,有必要从历史发展的维度对非物质文化遗产的概念形成过程进行追溯考察,梳理非物质文化遗产概念形成的渊源及发展历程,厘清非物质文化遗产的范围,明确界定非物质文化遗产和共同富裕的价值关系,从而奠定本书的研究基础。

一、非物质文化遗产的概念渊源

(一)无形"文化财":概念的缘起

从 20 世纪 50 年代开始,世界各国陆续开始关注非物质文化遗产

的法律保护问题。日本是世界上最早关注非物质文化遗产保护的国家,1950 年日本《文化财保护法》中的第 2 条将"文化财"(即文化财富、文化财产)分为有形"文化财"、无形"文化财"、民俗"文化财"、纪念物、传统建筑群。该法首次确立了无形"文化财"的概念,并将无形"文化财"界定为在日本的历史、艺术方面具有较高价值的戏曲、音乐、工艺技术及其他无形的文化载体。日本《文化财保护法》将无形"文化财"单列为"文化财"的类型之一,与有形"文化财"区别对待,突出了无形文化财产保护的重要地位,这在国际社会上具有首创意义。日本无形"文化财"概念的提出为后来非物质文化遗产概念的形成与保护提供了思路,是非物质文化遗产概念的最早形态①。林德尔·普罗特(Lyndel Prott)在《定义"无形遗产"的概念:挑战和前景》一文中提出,无形遗产(即非物质遗产)的概念源于日本具有前瞻性的立法②,无形"文化财"概念的提出成为非物质文化遗产概念的缘起。

(二)文化遗产:概念的开端

为了应对世界范围内文化遗产保护所面临的严峻形势和紧迫需要,1972 年联合国教科文组织大会通过的《保护世界文化和自然遗产公约》中提出了世界遗产的概念,随后启动了建立《世界遗产名录》的保护工程③。根据《世界遗产公约》第 1 条的规定,文化遗产是指:文物,从历史、艺术或科学角度看具有突出的普遍价值的建筑物、碑雕和碑画,以及具有考古性质成分或结构的铭文、窟洞与联合体;建筑群,从历史、艺术或科学角度看,在建筑式样、分布或与环境景色结合方面具有突出的普遍价值的独立或连接的建筑群;遗址,从历史、审美、人

① 唐海清.非物质文化遗产的国际法保护问题研究[D].武汉:武汉大学,2010.
② 普罗特.定义"无形遗产"的概念:挑战和前景[C]//中国民族学学会.民族文化与全球化研讨会资料专辑.教科文组织文化部国际标准司,2003.
③ 根据表现形态,文化遗产可以分为物质文化遗产和非物质文化遗产。1972 年的《世界遗产公约》将保护范围限定为有形的物质文化遗产。

种学或人类学角度看具有突出的普遍价值的人类工程或自然与人联合工程以及考古地址等。可见,《世界遗产公约》规定的文化遗产仅仅涵盖文物、建筑群、遗迹等有形的文化遗产,无形的非物质文化遗产未被纳入其保护范围。实际上,在讨论《世界遗产公约》的过程中,曾有关于非物质文化遗产保护的提案,但该提案未被公约起草机构接受。不可否认的是,《世界遗产公约》对文化遗产概念的确立标志着文化遗产国际保护的重大发展。值得一提的是,附属于《世界遗产公约》的操作指南详细规定了世界遗产具有突出的普遍价值的六项评选标准,其中有些标准(独特的艺术成就、创造性的天才杰作、建筑艺术、与思想信仰或文化艺术有联系)承载了非物质文化遗产的价值评估。从这一角度看,《世界遗产公约》也为后来非物质文化遗产概念的确立奠定了坚实的基础[①]。总而言之,《世界遗产公约》提出了文化遗产的概念,推进了文化遗产国际保护的发展,虽然其没有将非物质文化遗产纳入保护范围,但为非物质文化遗产概念的确立奠定了基础。

(三)民间文学艺术表达概念阶段

1972 年《世界遗产公约》制定时,联合国教科文组织就已经开始关注非物质文化遗产。但非物质文化遗产这一概念确立的过程相当坎坷,在相当长的一段时间内,联合国教科文组织并没有使用"非物质文化遗产"这一术语。1982 年,UNESCO 和 WIPO 联合通过的《保护民间文学艺术表达形式、防止不正当利用和其他侵害行为国内示范条款》(简称《示范条款》)中确立了民间文学艺术表达的概念。根据《示范条款》第 2 条的规定,民间文学艺术表达是指由传统艺术遗产的特有因素构成的、由某国的居民团体或反映该团体的传统艺术发展的个人所发展和保持的产品。此外,《示范条款》还明确列举了四种民间文

---

① 钱永平. 从保护世界遗产到保护非物质文化遗产[J]. 文化遗产,2013(3):23-29.

学艺术表达的形式,具体包括:(1)口头表达形式;(2)音乐表达形式;(3)活动表达形式;(4)有形表达形式。其中,前三种不论是否固定在有形物上均属于民间文学艺术表达形式[①]。从《示范条款》的具体条文规定可以看出,民间文学艺术表达比无形"文化财"的概念外延要狭窄,仅涵盖民间文学艺术的范围,但其细化了民间文学艺术表达的具体表现形式,在内涵上拓展了关于民间文学艺术表达的内容。这一发展阶段的特点是聚焦于非物质文化遗产保护客体的某一方面,即民间文学艺术表达这一范围,并就其颁布相关的示范性条款,明确其定义及保护范围。

(四)民间创作概念阶段

1989 年联合国教科文组织通过的《保护民间创作建议案》中提出了民间创作的概念,其将民间创作定义为来自某一文化社区的全部创作,这些创作以传统为依据,由某一群体或一些个体所表达并被认为是符合社区期望的作为其文化和社会特性的表达形式,其准则和价值观通过模仿或其他方式口头相传。它的形式包括语言、文学、音乐、舞蹈、游戏、神话、礼仪、习惯、手工艺、建筑艺术及其他艺术。《保护民间创作建议案》将语言、礼仪、习惯等无形文化遗产纳入民间创作的保护范围,这在外延上比无形"文化财"概念更广泛。总而言之,《保护民间创作建议案》明确提出民间创作保护的重要性,对民间创作的定义、形式及保护措施作出了具体阐述,并呼吁各国采取必要措施保护传统与民间文化免受破坏。另外,从《保护民间创作建议案》对民间创作概念和形式的界定来看,其保护的范围十分广泛,基本涵盖了非物质文化遗产的多数保护客体,实际上,其正式承认了非物质文化遗产的保护,

---

[①] 王鹤云,高绍安.中国非物质文化遗产保护法律机制研究[M].北京:知识产权出版社,2009.

只是在术语选择上没有直接表述为"非物质文化遗产",而是采用了"民间创作"的表述方式。至此,可以说非物质文化遗产具备了被间接保护的可能。

（五）口头和非物质遗产概念阶段

1998年联合国教科文组织通过的《人类口头和非物质遗产代表作条例》中提出了口头和非物质遗产的概念。该条例将口头和非物质遗产定义为来自某一文化社区的全部创作,这些创作以传统为依据,由某一群体或一些个体所表达并被认为是符合社区期望的作为其文化和社会特性的表达形式,其准则和价值观通过模仿或其他方式口头相传。它的形式包括语言、文学、音乐、舞蹈、游戏、神话、礼仪、习惯、手工艺、建筑艺术及其他艺术。除此之外,还包括传统形式的传播和信息。口头和非物质遗产概念与民间创作概念的内涵界定基本一致,但较民间创作概念更为完善。在概念外延上,增加了传统形式的传播和信息。在术语选择上,以"口头和非物质遗产"代替"民间创作",为"非物质文化遗产"这一术语的确立创造了条件。

二、非物质文化遗产的内涵界定

2003年联合国教科文组织通过的《保护非物质文化遗产公约》中明确使用了非物质文化遗产的概念。实际上,联合国教科文组织在《1984—1989年中期计划》中曾对"非物质文化遗产"术语使用了"non-physical cultural heritage"的英文表述,后来发现该表述不够周延,于是开始使用"intangible cultural heritage"的表述,从而与日本的无形"文化财"相对应。我国于2004年加入《保护非物质文化遗产公约》,正式译本将"intangible cultural heritage"译为"非物质文化遗产"。其中非物质强调的是该类文化遗产本身的信息性,并不意味着其可以完全脱离物质载体。实际上,多数非物质文化遗产依托于物质载体来体现,非物质文化遗产应当是指借助或不借助物质媒介所表现的世代传承的特定民族的文化信息利益①。目前也有学者质疑非物质文化遗产这一翻译,认为这一翻译容易让人产生非物质文化遗产不需要物质载体的歧义和误解。笔者认为,非物质文化遗产目前已经成为一个被广泛使用的概念,并且我国已于 2011 年就非物质文化遗产的保护通过了专门的立法。基于此,没有必要再对其中文译本及术语选择问题进行纠正。另外,我国曾于 1998 年开始着手起草《中华人民共和国民族民间传统文化保护法(草案)》,2004 年我国加入《保护非物质文化遗产公约》后,将草案名称进行了调整。此外,在《保护非物质文化遗产公约》通过之前,我国学术界也长期使用民族民间传统文化的概念。有学者认为,非物质文化遗产就是指我们以往熟悉与研究的民间文化和民俗文化,换汤不换药,贴时髦的标签而已②。目前,关于非物质文化遗产已形成一个相对统一且具有权威性的概念,并被广泛接受。

非物质文化遗产的定义是一个复杂、主观的问题,很难给出一个精确的定义。根据《公约》第 2 条第 1 款的规定,非物质文化遗产是指被各社区、群体,有时是个人,视为其文化遗产组成部分的各种社会实践、观念表述、表现形式、知识、技能以及相关的工具、实物、手工艺品和文化空间。并且《公约》以列举的方式规定非物质文化遗产的五类保护范围:(1)口头传统和表现形式,包括作为非物质文化遗产媒介的语言;(2)表演艺术;(3)社会实践、仪式、节庆活动;(4)有关自然界和宇宙的知识和实践;(5)传统手工艺。

虽然《公约》对非物质文化遗产的概念内涵进行了界定,但这一概

① 费安玲.非物质文化遗产法律保护的基本思考[J].江西社会科学,2006(5):12-16.
② 陶立璠.非物质文化遗产的定义、评价与保护[C]//王文章.中国非物质文化遗产保护论坛论文集.北京:文化艺术出版社,2006.

念规定既抽象又笼统,缺乏准确性和可操作性,且只是一般意义上的定义,不同国家或地区难以准确地把握非物质文化遗产的内涵。基于此,《公约》也明确规定其对非物质文化遗产的定义仅供缔约方参照使用,缔约方可以根据自身的情况和具体实践对非物质文化遗产的内涵作出解释,同时联合国教科文组织也鼓励各国对非物质文化遗产的含义及范围进行探索。

三、非物质文化遗产与相关概念的联系和区别

非物质文化遗产的概念来自联合国教科文组织,我国 2011 年公布的《中华人民共和国非物质文化遗产法》(简称《非物质文化遗产法》)中也采用了这一概念。遗传资源、传统知识、民间文学艺术表达的概念来自世界知识产权组织。目前我国学者基于不同的研究领域及研究视角交叉使用这些概念,导致这些基础性概念在使用上混杂,成为我国学术界探讨非物质文化遗产知识产权保护的障碍之一①。本小节将对容易与非物质文化遗产混淆的其他相关概念进行界定,明确不同概念之间的联系与区别,以及相关概念之间的位阶关系。进而在此基础上,明确提出本书在国际知识产权保护视角下有关非物质文化遗产的研究范畴。

(一)非物质文化遗产与传统知识

1.传统知识的界定

传统知识的内涵丰富,目前国际社会对其尚未形成一个统一、普遍认同的概念。相反,"传统知识"一词常常与"原住民知识""传统资

---

① 朱兵.关于非物质文化遗产法中的民事保护问题[J].中国版权,2011(6):13-16.

源""土著遗产""非物质文化遗产"等替代使用,造成了一定程度的混乱①。有些国际组织曾基于各自的政策目标,从不同的视角对传统知识进行界定。

(1)联合国相关组织对传统知识概念的界定

1992年联合国环境规划署通过的《生物多样性公约》将传统知识定义为与生物多样性的保存与可持续利用相关的,能体现传统生活方式的民族与地方社区的知识、创新和做法。从客体性质来看,CBD将传统知识看作一种与生物资源及遗传资源相关的一种特殊资源②,侧重于与遗传资源相关的传统知识的保护问题。另外,联合国粮食及农业组织(中文简称联合国粮农组织,英文全称 Food and Agriculture Organization of the United Nations,英文简称 FAO)也于20世纪80年代开始关注粮食和农业遗传资源保护关系,并于2001年通过《粮食和农业植物遗传资源国际条约》,其中的第9.2条(a)款规定了保护与粮食和农业植物遗传资源相关的传统知识。不论是联合国粮农组织还是联合国环境规划署,均基于其自身的政策目标,将传统知识的保护范围限定在特定的范围之内,但其为传统知识所能提供的保护是有限的。

(2)世界知识产权组织对传统知识概念的界定

世界知识产权组织主要从知识产权保护的视角关注传统知识的保护问题,其对传统知识的界定最具代表性,同时也经历了一个由广义到狭义的发展变化过程。1999年,WIPO首次从知识产权的视角将传统知识界定为"基于传统的文学艺术或科学作品;表演;发明;科学发现;设计;标志、名称和符号;未公开信息;以及其他一切来源于工

①　张艳梅.知识产权全球治理的现实困境与路径建构——以传统知识保护为研究视角[J].求索,2015(5):76-81.
②　薛达元,郭泺.论传统知识的概念与保护[J].生物多样性,2009(2):135-142.

业、科学、文学或艺术领域的智力活动,基于传统的革新和创造成果"①。所谓基于传统仅仅是指传统知识的创造和利用是某一社区文化传统的一部分,并不意味着传统知识是古老的、一成不变的知识②。从 WIPO 对传统知识的定义来看,WIPO 对传统知识的界定极为广泛,除了"基于传统"几个字,几乎与《成立世界知识产权组织公约》中对知识产权的界定完全一致③,并将传统知识分为:农业知识,科学知识,技术知识,生态学知识,医学(包括药学)知识,与生物多样性有关的知识,以音乐、舞蹈、歌曲、手工艺品、外观设计、故事和艺术品等形式表现的民间文学艺术,名称、地理标记和标志,以及可移动的文化财产④。总而言之,这一时期 WIPO 对传统知识的界定极为广泛。这一广义的传统知识内涵曾经在我国学术界流传甚广。

2002 年,WIPO-IGC 第三次会议文件中曾提出,给出一个无所不包的概念并不能保证产生相应的权利,由此开始反思与探索对传统知识概念的重新界定。2003 年 7 月,WIPO-IGC 第五次会议文件中开始在严格意义上使用传统知识的概念,该文件将传统知识界定为传统的诀窍、技术、习惯性做法和学问的内容或者实质,这些知识与表达这些知识的传统方式及发展、维持、传播这些知识的传统背景不可分割⑤。2004 年 3 月,WIPO-IGC 第六次会议对传统知识和民间文学艺术加以严格区分,提出"传统知识"这个术语有两种习惯性的使用语境:广义上的传统知识包括传统文化表达、传统科技知识以及传统标记;更精

① 李顺德.非物质文化遗产的法律界定及知识产权保护[J].江西社会科学,2006(5):7-12.
② Gervais D. Traditional Knowledge and Intellectual Property:A TRIPS-Compatible Approach[J]. Michigan State Law Review,2005(1):137-166.
③ 宋红松.传统知识与知识产权[J].电子知识产权,2003(3):35-40.
④ 朱雪忠.传统知识的法律保护初探[J].华中师范大学学报(人文社会科学版),2004(3):31-40.
⑤ 严永和,于映波.世界知识产权组织对传统知识内涵界定的不足及其完善[J].贵州师范大学学报(社会科学版),2017(2):145-151.

准意义上的狭义传统知识是指传统部族在长期的生产生活实践中创造出来的知识、技术、诀窍、经验的总和①。可见,传统知识概念的狭义界定大致与专利制度之客体相应。2004 年,WIPO-ICG 提交第七次会议讨论的《传统知识保护的政策目标及核心原则》中同样将传统知识界定为专有技术、技能、革新、实践和学问以及体现传统生活方式的知识②。自此,WIPO-IGC 推出的与传统知识保护相关的会议文件均从狭义和严格意义上使用"传统知识"这一表述,将传统文化表达形式与传统知识两个概念完全区分开来③。2016 年,WIPO-IGC 第三十二届会议通过的《传统知识保护条款草案》中将传统知识定义为原住民和当地社区的诀窍、技能、创新、做法、教导和学问,尤其可以与农业、环境、医疗保健和传统医学知识、生物多样性、传统生活方式、自然资源和遗传资源,以及传统建筑诀窍和施工技术等领域相联系。由此可见,此文件继续沿用狭义传统知识的概念,将传统知识限定在技术性知识的领域。

目前国际社会对传统知识的内涵尚未形成统一的认识。我国学术界对传统知识的界定及其与其他概念之间的关系众说纷纭。有学者使用狭义的传统知识概念,将其定位于技术性知识的层面,与遗传资源、民间文学艺术并列④。有学者从广义的角度使用传统知识的概念,提出传统知识主要包含民间文学艺术、传统科技知识和传统标记⑤。也有学者将传统知识划分为技术性传统知识和非技术性的民间

---

① 郑成思.知识产权文丛[M].北京:中国方正出版社,2006.
② 丁丽瑛.传统知识的权利设计与制度构建——以知识产权为中心[M].北京:法律出版社,2009.
③ 严永和.论我国少数民族传统设计知识产权保护的法律模式[J].民族研究,2016(3):15-28,123.
④ 严永和.论传统知识的知识产权保护[M].北京:法律出版社,2006.
⑤ 刘银良.传统知识保护的法律问题研究[M]//郑成思.知识产权文丛(第 13 卷).北京:中国方正出版社,2006.

文学艺术以及传统识别性标记①。WIPO-IGC 对传统知识的界定经历了一个由广义到狭义的选择过程，目前 WIPO-IGC 继续秉持狭义传统知识的概念界定，并就民间文学艺术与传统知识公布各自相应的保护条款草案。基于此，为了顺应 WIPO-IGC 对传统知识概念界定的最新发展，本书主张在狭义范围内界定传统知识。有的学者认为，从知识产权保护制度的发展来看，《保护工业产权巴黎公约》（简称《巴黎公约》）侧重于思想的保护，而《保护文学和艺术作品伯尔尼公约》（简称《伯尔尼公约》）侧重于表达的保护，于是就有了将工业产权与著作权分开保护的两大体系。对传统知识采取狭义的分类界定，将传统文化表现形式排除在外，有助于在知识产权制度下探究传统知识的保护②。因此，本书所界定的传统知识仅包括作为传统群体所享有的传统自然科学与技术性知识，而不包括传统文化表现形式。

2. 非物质文化遗产与传统知识的关系

基于对传统知识概念的不同界定，有学者认为"传统知识"是用来概括地描述同一主题的许多术语中的一个，除此之外，还有"土著知识""社区知识""土著文化遗产""土著知识产权""无形文化遗产"等③。基于此种观点，传统知识与非物质文化遗产并列，互不隶属。有学者指出非物质文化遗产建立在主体对于保护对象的认知基础之上，而传统知识基于对保护对象的客观存在形式进行概括列举，这种方式比非物质文化遗产主体认知的内容更具体，但同时也具有片面性和不完备性。基于此，提出将非物质文化遗产设定为法学研究的本体，而将相

---

① 丁丽瑛. 传统知识保护的权利设计与制度构建：以知识产权为中心[M]. 北京：法律出版社，2009.

② De Carvalho N P. From the Shaman's Hut to the Patent Office — in Search of Effective Protection for Traditional Knowledge[J]. Washington University Journal of Law and Policy, 2005 (17)：111-186.

③ 朱雪忠. 传统知识的法律保护初探[J]. 华中师范大学学报(人文社会科学版)，2004(3)：31-40；杨明. 传统知识的法律保护：模式选择与制度设计[J]. 法商研究，2006(1)：114-120.

关的概念(传统知识)设定为对照物,两者在法学概念上存在交叉关系①。上述有关非物质文化遗产与传统知识关系的不同界定源于不同学者对传统知识概念的不同认知。本书采取的狭义传统知识的概念将传统知识界定为传统群体享有的传统自然科学与技术性知识,其与《保护非物质文化遗产公约》规定的有关自然界和宇宙的知识与实践及传统的手工艺技能基本等同,只是不同国际组织基于不同的政策目标,在术语选择上存在差别。有学者称,UNESCO 使用的"非物质文化遗产"一词已经基本涵盖了传统文化表现形式,并且包含传统知识的复合体②。基于此,本书界定的传统知识与非物质文化遗产既不是并列关系也不是交叉关系,传统知识作为技术性知识是非物质文化遗产的下位概念,两者之间存在一种隶属关系。

(二)非物质文化遗产与民间文学艺术

关于民间文学艺术的术语表述比较多,常见的还有"民间文艺(folklore)""民间文学艺术表达(expressions of folklore)""传统文化表达(traditional cultural expressions)"等。民间文学艺术的规范性解释最早出现在 1976 年通过的《发展中国家突尼斯版权示范法》(简称《突尼斯示范法》)中,其将民间文学艺术界定为文学、艺术与科学作品,并将民间文学艺术纳入版权法范畴内进行保护。1977 年通过的《班吉协定》中的第 68 条将民间文学艺术定义为由非洲群体所创作的、代代相传的文学、艺术、科学、宗教、技艺和其他传统表现形式与产品;紧接着,该条第 2 款列举了民间文学艺术的范围,包括文学作品、艺术形式及作品、宗教传统与节庆、教育性传统、科学知识及其衍生品、技术知识及其衍生品。由此可见,《班吉协定》对民间文学艺术作

---

① 李顺德.非物质文化遗产的法律界定及知识产权保护[J].江西社会科学,2006(5):7-12.
② 王鹤云,高绍安.中国非物质文化遗产保护法律机制研究[M].北京:知识产权出版社,2008.

了广义的界定,其中包含传统知识。1982 年的《示范条款》中使用了"民间文学艺术表达"的表述,从严格意义上讲,民间文学艺术表达是民间文学艺术的下位概念,但从理论层面上看,两者并无本质区别,WIPO 对两者未进行明确区分①。《示范条款》将民间文学艺术表达定义为由具有传统文化艺术特征的要素构成,并由一个群体或者某些个人创作与维系,反映该群体传统文化艺术期望的全部文艺产品。由此可见,《示范条款》将民间文学艺术表达限定在文艺产品的范畴。在 2006 年 4 月召开的 WIPO-IGC 第九次会议上公布的《保护传统文化/民间文艺表达政策目标和核心原则修订草案》中则交替使用了"传统文化表达"和"民间文学艺术表达"两个术语,并明确表示这两个术语是可以互换的同义词。进而将民间文学艺术表达定义为传统文化和知识表达、表现或表示的任何形式,不论其是有形的还是无形的。具体包括:言语表达;词语、标志、名称和符号;音乐表达;行为表达(如民间舞蹈、宗教仪式、戏剧等);有形表达(如雕塑、陶器、编织、建筑形式等)。与 1982 年的《示范条款》相比,增加了对词语、标志、名称和符号的保护。

综上所述,不同国际组织,抑或是同一国际组织,在不同的时期对民间文学艺术作出了不同的概念界定。这些不同的概念界定将会直接影响民间文学艺术与非物质文化遗产之间的概念位阶关系。本书采用 WIPO-IGC 文件中对民间文学艺术表达的最新界定,将其界定为传统文化表现形式。本书界定的民间文学艺术是指传统文化表现形式,基于《保护非物质文化遗产公约》对非物质文化遗产保护范围的规定,民间文学艺术基本与《保护非物质文化遗产公约》规定的口头传统和表现形式以及表演艺术相吻合。基于此,本书认为民间文学艺术包

---

① 张玉敏.民间文学艺术法律保护模式的选择[J].法商研究,2007(4):3-9.

含在非物质文化遗产的范围之内,属于非物质文化遗产的下位概念。

（三）非物质文化遗产与遗传资源

根据《生物多样性公约》第 2 条的规定,遗传资源是指具有现实或者潜在价值的遗传材料。从遗传资源的定义可以看出,遗传资源具有现实或潜在的价值。随着生物技术的发展,遗传资源现实或潜在的价值日益凸显,但遗传资源价值的实现有赖于遗传信息的认识、掌握和利用。我国也有学者将遗传资源概念界定为具有遗传功能的遗传材料以及地方性社区关于生物多样性保护与持续利用、体现其长期传统生活方式的知识、创新和做法①,即采用"遗传材料＋传统知识"的方式界定遗传资源概念。的确,有些传统知识与遗传资源的利用密切相关,但传统知识的外延极为广泛,不仅仅包括与遗传资源利用相关的传统知识。笔者认为,应将与遗传资源利用相关的传统知识纳入传统知识保护的领域内讨论。基于此,本书采用 CBD 关于遗传资源的狭义界定,将遗传资源限定在遗传材料领域。就遗传资源与非物质文化遗产之间的关系而言:第一,根据 CBD 的规定,无论是生物资源还是遗传资源或遗传材料,都应当是有形的,这与非物质文化遗产的无形性有着本质区别。第二,遗传资源具有自然属性,而非物质文化遗产是各民族或部落集体智慧的成果。因此,笔者将非物质文化遗产与遗传资源界定为两个不同性质的客体,由文化多样性与生物多样性两个相互平行的系统分别进行保护。

四、非物质文化遗产的基本特征

总结研究非物质文化遗产的基本特征是探索非物质文化遗产保护方法和手段的基本前提,正确认识非物质文化遗产的基本特征也是

---

① 钭晓东.遗传资源知识产权法律问题研究[M].北京:法律出版社,2016.

制定有效的非物质文化遗产国际保护规则的重要依据。非物质文化遗产作为文化遗产的类型之一,虽然种类繁多、内容广泛,但不同种类的非物质文化遗产之间也具备一些共同的基本特征。目前,不论是学术界还是国际社会,均未对非物质文化遗产基本特征的内容达成共识。从学理探讨的角度来看,非物质文化遗产的基本特征一般涵盖以下几个方面。

（一）无形性

无形性是非物质文化遗产的本质特征。物质文化遗产通常是由一定的物质材料建造、创造、制作的,物质文化遗产保护侧重于对物本身的保护。非物质文化遗产承载的是一种精神、价值与观念,它依靠人们代代相传的口头传述和行为模仿而传承,具有抽象性和无形性,或许有时其需要通过物质载体来呈现,但其本身与有形物质无关①。此外,需要特别指出的是,非物质文化遗产有时需要以物质载体作为表现形式,比如传统音乐需要使用乐器,传统手工艺需要手工艺品的物质形态来表现。但非物质文化遗产立法所保护的是传统音乐的曲调或者内容形式以及传统手工艺的制作技术。另外,无形性是非物质文化遗产与知识产权法保护客体最大的契合点,知识产权法是私法领域中财产"非物质化革命"的结果②。由此,基于非物质文化遗产与知识产权保护客体的同质性和契合性,利用知识产权制度的基本原理与规则保护非物质文化遗产也变得有据可循。

（二）群体性

非物质文化遗产具有群体性的特征。这种群体性主要体现在三

---

① 李宗辉.非物质文化遗产的法律保护——以知识产权法为中心的思考[J].知识产权,2005(6):54-57.

② 吴汉东.知识产权法[M].北京:中国政法大学出版社,2002.

个方面:第一,非物质文化遗产创造主体的群体性。非物质文化遗产往往不是由单个社会成员独立完成的,而是由各社区、群体在长期共同生产生活实践中,依靠群体智慧和群体经验共同完成的。第二,非物质文化遗产传承主体的群体性。非物质文化遗产通常是由群体世代相传,与特定的地域环境、文化背景密切关联,并在传承的过程中融入了特定群体的思维、情感与价值观,在传承中不断发展。第三,非物质文化遗产权利主体的群体性。《保护非物质文化遗产公约》规定的主要权利主体为各社区和群体,虽然有时个人也可以成为权利主体,但是个人作为权利主体的情况不常见,处于次要地位。总而言之,非物质文化遗产从总体上来说是由群体创造、群体传承、群体享有的,具有明显的群体性特征。另外,非物质文化遗产群体性特征导致的其权利主体的不特定性造成法律关系构成要素的缺失,这在一定程度上增加了保护难度。为此,世界知识产权组织曾建议参照著作权法中的相关制度对非物质文化遗产进行集体管理①。

（三）相对公开性

在传统社区内,非物质文化遗产一般由群体共同掌握、共同拥有,没有专门的保密制度或措施,呈现一种公开的状态。当然,有些非物质文化遗产(如家传秘方等)仅由个人或少数人掌握,处于未公开的保密状态。多数非物质文化遗产的公开只是一种相对的公开,仅限于传统社区内,由传统社区内的成员掌握和运用,并非人人皆知。非物质文化遗产在传统社区内的公开不代表已经进入公有领域以及属于公有知识,这种公开只是一种内部公开②。总而言之,这种在传统社区内

---

① 杨明.非物质文化遗产的法律保护[M].北京:北京大学出版社,2014.

② Longacre E. Advancing Science While Protecting Developing Countries from Exploitation of Their Resources and Knowledge[J]. Fordham Intellectual Property, Media and Entertainment Law Journal, 2003(3):963-1018.

的相对公开不同于传统的知识产权法律制度中的进入公有领域的、广为知晓的公开，因此不能将其排除在知识产权制度的保护范围之外。

（四）传承性和活态性

非物质文化遗产由各社区和群体在适应自然环境和历史发展的过程中不断传承与创造，具有明显的传承性特征。非物质文化遗产随着人类社会的动态发展而世代传承，世代传承对非物质文化遗产具有重要意义，一旦停止了传承，非物质文化遗产将面临消亡。另外，非物质文化遗产不是静止不变的文化，它由各社区和群体在长期的生产生活实践中不断丰富与发展，是世代传承与发展的"活文化"①。非物质文化遗产的保护不是一种固定不变的保护，而是通过人们的行为方式进行的传承性的保护。非物质文化遗产是一种不断发展变化的活态文化，具有活态性。非物质文化遗产的传承性与活态性特征相辅相成、相伴而生，非物质文化遗产在世代传承中不断丰富和发展自身内容，从而焕发出蓬勃的生命力。

（五）地域性和民族性

非物质文化遗产的产生及传播与特定地域独特的地理环境、自然条件、文化传统、宗教信仰、风俗习惯等因素息息相关，具有明显的地域性特征。同时，非物质文化遗产本身蕴藏着特定民族的价值观念和民族情感，沉淀了特定民族的思想精髓。特定的地域孕育了特定的自然和社会环境，特定的地理和人文环境孕育了特定的非物质文化遗产。非物质文化遗产既是特定地域的产物，也是该地域特色的体现，离开了特定地域便失去了其赖以生存的土壤和条件②。另外，非物质

---

① 杨明.非物质文化遗产的法律保护[M].北京:北京大学出版社，2014.
② 李墨丝.非物质文化遗产保护法制研究——以国际条约和国内立法为中心[D].上海:华东政法大学，2009.

文化遗产的发展也同样离不开特定的地域影响。传承者为了适应社会发展,往往会根据自身所处的特定地域自然环境和人文历史背景的需要来对非物质文化遗产加以发展与创新。此外,在地域性的基础上,非物质文化遗产的创造主体往往是特定的民族,其与特定民族的生产生活实践紧密相连,反映了特定民族的思维习惯、宗教信仰、精神价值,体现了特定民族的民族情感、民族习俗、民族心理,不可避免地会被打上特定民族的烙印。因此,非物质文化遗产被喻为"民族精神的博物馆"和"民族文化的基因库"。总而言之,非物质文化遗产往往属于特定地域范围内的特定民族,具有明显的地域性和民族性,其中民族性孕育在地域性特征之中,两者共同构成非物质文化遗产的基本特征。

第二节　认识论:非物质文化遗产的范畴化分类

分类,是指人们把事物、事件以及有关世界的事实分成类和种,使之各有归属,并确定它们的包含关系和排斥关系的过程①。所谓范畴化,是指人类在认知运作下的具体分类过程,非物质文化遗产的分类是一个范畴化问题。认知是通过心智活动对客观世界的经验(直接的或间接的)概念化、结构化的过程,那么随着认知的深化,对事物的分类也将有所变化②。非物质文化遗产种类繁多,其中民俗风情、方言、饮食文化、戏曲民歌与手工艺类的保护方式应当有所区别。因此,对于非物质文化遗产采取类别化保护的方式更加科学。从认识论的角

---

① 涂尔干,莫斯.原始分类[M].汲喆,译.上海:上海人民出版社,2000.
② 刘鹏昱.认知论视域下的非物质文化遗产名录分类与动态调整[J].文化遗产,2022(6):18-26.

度来看,由于不同类型的非遗保护传承需要不同的方法和路径,因此有必要从概念上划分清楚不同类别非遗的形态学、价值论差异,以此为基础分别制定针对不同类型非遗的科学保护措施。基于此,本书秉持对不同类型的非物质文化遗产采取不同保护方法的思路,先明确非物质文化遗产的分类,进而合理圈定研究范围。

一、非物质文化遗产的立法分类研究

2003 年,UNESCO 通过的《保护非物质文化遗产公约》作为当今国际社会保护非物质文化遗产的唯一权威性公约,以非物质文化遗产的表现形式和表现内容为依据,列举了非物质文化遗产的五大类型:(1)口头传统和表现形式;(2)表演艺术;(3)社会风俗、礼仪、节庆;(4)有关自然界和宇宙的知识与实践;(5)传统手工艺。值得注意的是,《公约》对非物质文化遗产的定义中涵盖了文化空间,但没有将其明确列举在非物质文化遗产的五大类型之中,内涵界定与具体类型列举不协调①。由于不同文化背景下的认知经验有所不同,不同国家的分类形制不尽相同。例如,日本将其国家遗产分为有形"文化财"、无形"文化财"、民俗"文化财"、纪念物、文化景观、传统建筑物群六大类别;韩国将其国家遗产分为有形"文化财"、无形"文化财"、纪念物、民俗资料四类。而我国的非遗概念则涵盖了日本无形"文化财"以及民俗"文化财"的一部分。新加坡的非遗分类则是在联合国教科文组织的五大类型的基础上增加了"饮食文化遗产"一类②。2011 年公布的《非物质文化遗产法》中的第二条将非物质文化遗产界定为"各族人民世代相传并视为其文化遗产组成部分的各种传统文化表现形式,以及与传统文化表现

---

① 熊英.非物质文化遗产的界定[J].中国地质大学学报(社会科学版),2008(5):33-38.
② 刘鹏昱.认知论视域下的非物质文化遗产名录分类与动态调整[J].文化遗产,2022(6):18-26.

形式相关的实物和场所"。具体包括:"(一)传统口头文学以及作为其载体的语言;(二)传统美术、书法、音乐、舞蹈、戏剧、曲艺和杂技;(三)传统技艺、医药和历法;(四)传统礼仪、节庆等民俗;(五)传统体育和游艺;(六)其他非物质文化遗产。"与《公约》相比,两者的相似之处在于,均在非物质文化遗产的定义中包含了文化场所,但对于具体范围没作出明确列举。不同之处在于,我国对非物质文化遗产范围的列举采取了兜底条款的模式,没有做封闭式的范围列举,为将来其他非物质文化遗产的纳入提供了空间。另外,按照我国非物质文化遗产名录的设定,其所概括的非物质文化遗产的种类更加细化,具体包括民间文学、民间音乐、民间舞蹈、传统戏剧、曲艺、杂技与竞技、民间艺术、传统手工艺、传统医药和民俗。综上可知,目前不论是国际社会还是我国国内,均未对非物质文化遗产形成统一的分类标准,《公约》列举了非物质文化遗产的五种类型,包括我国在内的缔约方可以依据自身的实践情况对非物质文化遗产的分类进行细化处理,但有关非物质文化遗产的权威性分类尚未达成一致意见。另外,上述立法分类呈现的特点是基于非物质文化遗产的表现形式作出列举,这也在一定程度上反映出不论是国际层面的《公约》还是我国的《非物质文化遗产法》,均侧重为非物质文化遗产提供行政公法的保护措施。

二、非物质文化遗产的学理分类研究

非物质文化遗产与人类学、民族学、社会学、民俗学、法学等多个学科相关联,其文化内涵和知识体系不仅多样、复杂,而且表现形式常出现因交叉而无法明确类别的情况[①]。非物质文化遗产的分类是一个

---

① 宋丽华,董涛,李万社.非物质文化遗产分类的问题解析与体系重构[J].国家图书馆学刊,2014(3):86-92.

十分复杂的问题,采取不同的分类角度,分类的标准也会不同。另外,非物质文化遗产的保护研究尚属于新兴领域,相关的理论研究仍处于起步阶段,比较薄弱。目前,国际社会尚未形成权威性的有关非物质文化遗产的分类方法及分类标准,也未达成科学、统一的分类形制。学术界从不同的学科角度研究非物质文化遗产的分类问题,但相关分类理论研究仍然不够成熟、完善,尚未形成权威、统一的意见。人类学、社会学和文化学领域的学者较早地关注了非物质文化遗产的分类问题,这些学者基本延续《公约》及《非物质文化遗产法》的分类思路,从非物质文化遗产的表现形式出发,将分类进一步细化。比如,有学者将非物质文化遗产分为 13 类[①];也有学者主张将非物质文化遗产分为七大类[②]。但上述分类标准只是对《公约》中的分类标准的进一步细化,其特点在于仍然强调非物质文化遗产的文化特性,并没有对非物质文化遗产保护中涉及的法律关系加以考虑[③]。有学者提出,在非遗类别划分上,要站在非遗学视角,逐步摆脱传统学科和观念的束缚(如国家级非物质文化遗产名录的十大类),应当建立真正属于非遗的分类体系。从非遗的主要内容来看,可以分为知识性非遗(如传统医药、二十四节气等方面的知识)、技艺性非遗(如衣、食、住、行等生产生活技艺、民俗技艺)、精神性非遗(如民间信仰、祖先崇拜等仪式);从非遗传承的方式来看,可以分为口述遗产(如传说、口口相传的故事、民歌)、身传遗产(如舞蹈、传统技艺)、观念遗产(如信仰、民族心理)和综合遗产(如戏剧、节日)[④]。非物质文化遗产保护的首要目标在于文化保存,同时非物质文化遗产经济价值所带来的利益分享问题需要依赖

---

① 王文章.非物质文化遗产概论[M].北京:教育科学出版社,2008.
② 苑利,顾军.非物质文化遗产分类学研究[J].河南社会科学,2013(6):58-62.
③ 李小苹.法律视角下的非物质文化遗产分类标准研究[J].青海社会科学,2012(2):88-92.
④ 李菲,陈平,宋俊华,等.非物质文化遗产保护传承与旅游利用的若干问题探讨——"非物质文化遗产的当代适应与游憩机会"专题学者对话录[J].旅游论坛,2023(3):1-11.

相关法律制度加以调整,惠益分享也是非物质文化遗产保护的重要目标。因此,法学研究者开始从法律的视角探究非物质文化遗产分类,遗憾的是目前尚处于研究的初步阶段,学术观点比较少,尚未达成权威、一致意见。

就非物质文化遗产的法学分类而言,有学者提出了有关非物质文化遗产的三种分类标准,即以非物质文化遗产是否可市场化为标准,分为可市场化的与不可市场化的;以非物质文化遗产是否习俗化为标准,分为习俗化的和非习俗化的;以非物质文化遗产是否宗教化为标准,分为宗教化的和非宗教化的。在此基础上提出由于非物质文化遗产在表现形式和创作方式方面存在差别,根据不同种类非物质文化遗产的各自特点采取有针对性的方法和措施,可以实现非物质文化遗产的有效保护。比如,对于习俗化、宗教化的非物质文化遗产,通过政策手段或者法律措施就能起到很好的保护效果;而对于可市场化的非物质文化遗产,必须利用法律、法规,明确保护主体、确定具体的保护措施才能实现有效保护[①]。有学者指出,并非所有的非物质文化遗产种类都涉及知识产权保护问题,以及具有知识产权意义。例如,传统风俗、礼仪、节庆等均与知识产权保护没有关联,不具有知识产权意义,但具有文化意义,因此应当纳入行政保护的范畴。在此基础上,将非物质文化遗产类型划为民间文艺、传统知识、传统设计、传统名号、遗传资源五种[②]。另外,也有学者将非物质文化遗产的类型归纳为三种:民间文学艺术、传统知识和表现为民俗、礼仪等形式的民间文化[③]。可见,目前学术界对非物质文化遗产的分类尚未形成统一的分类标准,

---

①　李小苹.法律视角下的非物质文化遗产分类标准研究[J].青海社会科学,2012(2):88-92.

②　严永和.论我国少数民族非物质文化遗产知识产权保护之制度构建[J].文化遗产,2013(4):1-8,157.

③　杨明.非物质文化遗产的法律保护[M].北京:北京大学出版社,2014.

仍处于初步探讨阶段。

三、对非物质文化遗产研究范围的界定

非物质文化遗产的保护需要行政公法和知识产权私法的综合保护手段。本书主要探究非物质文化遗产国际知识产权保护的问题,知识产权作为一种财产权,其研究对象应该具有财产意义[①]。因此,本书将研究范围圈定在具有知识产权意义的非物质文化遗产上。对于其他不具有知识产权特性或不具备知识产权意义的非物质文化遗产,采取知识产权保护方式之外的行政手段或政策性措施进行保护[②],但这一部分不属于本书的研究范围。

具体而言,本书有选择地采纳了严永和对非物质文化遗产的法律分类方法,将本书的研究对象圈定为知识产权性非物质文化遗产,同时没有完全接受严永和对于知识产权性非物质文化遗产的五分法。第一,传统设计及其知识产权保护问题目前尚未引起 WIPO-IGC 等国际论坛的注意和重视。严永和率先将其作为独立类型进行了初步的研究,而目前 WIPO-IGC 会议文件主要将知识产权性非物质文化遗产区分为传统知识、民间文学艺术两类[③]。另外,1982 年的《示范条款》将传统设计间接归纳于民间文学艺术表达中的有形表达形式,2014年 WIPO-IGC 发布的《传统文化表现形式保护条款草案》中所使用的"传统文化表现形式"一词继续沿用并涵盖了 1982 年《示范条款》中的"有形表达形式"一词的含义,传统设计仍体现为传统文化表现形式中

---

①　徐家力.原住民与社区传统资源法律保护研究[M].上海:上海交通大学出版社,2012.

②　华鹰.传统知识的法律保护模式选择及立法建议[J].河北法学,2008(8):140-144.

③　严永和.论我国少数民族非物质文化遗产知识产权保护之制度构建[J].文化遗产,2013(4):1-8,157.

的有形表达形式①。基于此,本书没有将传统设计保护的问题单独列出,而是将其纳入传统文化表现形式中进行论述。同时也是为了避免立法分类越细化就越有可能引发不同法律体系之间协调困难的问题。第二,就遗传资源而言,根据 CBD 第 2 条的规定,遗传资源是指具有现实或者潜在价值的遗传材料。从这一内涵界定来看,遗传资源是自然形成和自然存在的,发现者很难对其主张排他性独占权利。虽然基于遗传资源完成的发明创造可以授予专利权,利用遗传资源培育的植物新品种可以授予植物新品种权,但这均属于对遗传资源相关衍生品的保护。就遗传资源本身而言,其并非人为创造,具有自然属性,不是传统的知识产权制度的保护客体②。虽然有些遗传资源与传统知识紧密相关,但传统知识是各民族或部落利用遗传资源的方法,这类与遗传资源利用相关的传统知识在本质上属于传统知识的范畴,可以将其纳入传统知识保护范围加以保护。总之,尽管有些遗传资源与传统知识之间存在紧密联系,但两者是互不包容的两类客体,它们之间的关系应是平行的,对遗传资源应采取独立于传统知识保护的特别法进行保护③。因此,本书将遗传资源排除于非物质文化遗产保护范围之外。第三,就传统名号而言,目前 WIPO-IGC 会议文件和一些地区性国际条约均将传统名号视为民间文学艺术的一种表达形式,在制度设计上把传统名号的保护制度纳入民间文学艺术知识产权保护制度体系④。国内外仅有少数学者提出了传统名号独立知识产权保护制度构建的

---

① 严永和.论我国少数民族传统设计知识产权保护的法律模式[J].民族研究,2016(3):15-28,123.

② 许颢信.环境法视角下的传统知识保护制度研究[D].青岛:中国海洋大学,2015.

③ 刘银良.怎样保护传统知识:客体的排除与选择[C]//国家知识产权局条法司.专利法研究(2005).北京:知识产权出版社,2006.

④ 张耕.民间文学艺术的知识产权保护研究[M].北京:法律出版社,2007;管育鹰.知识产权视野中的民间文艺保护[M].北京:法律出版社,2006.

问题①。此外,同样基于不同保护客体分别立法可能会引发法律体系难以协调的问题,本书未将传统名号单独列出。综上所述,本书将国际知识产权视域下非物质文化遗产的研究对象圈定为具有知识产权意义的传统知识和民间文学艺术。

第三节　价值论:非物质文化遗产赋能共同富裕的价值意蕴及实现机制

非物质文化遗产是中华优秀传统文化的重要组成部分,是实现乡村振兴的重要资源,是满足人民精神文化生活需要、增进民生福祉的重要内容。党的二十大报告指出,要"坚持创造性转化、创新性发展""传承中华优秀传统文化,满足人民日益增长的精神文化需求",尤其要"加大文物和文化遗产保护力度"。新时代,传承好、利用好非物质文化遗产对于延续历史血脉、厚植文化根基,以及建设社会主义文化强国具有重要意义。

一、非物质文化遗产赋能共同富裕的现实背景

非物质文化遗产是中华民族历久弥新的优秀文化基因,是民族智慧的结晶,是民族精神的象征。非物质文化遗产以传承的姿态融入共同富裕的伟大目标之中,两者相辅相成,是一种耦合共生的文化互洽关系。非物质文化遗产以其多重价值和独特优势成为共同富裕的内

---

①　莱万斯基.原住民遗产与知识产权:遗传资源、传统知识和民间文学艺术[M].廖冰冰,刘硕,卢璐,译.北京:中国民主法制出版社,2012;严永和.论商标法的创新与传统名号的知识产权保护[J].法商研究,2006(4):13-20;严永和.论我国少数民族传统名号的知识产权保护[J].民族研究,2014(5):14-26,123.

生动力;同时,新时代共同富裕的目标也为非遗传承与保护增添了新活力,提供了外部引领。

(一)共同富裕与非物质文化遗产的耦合关系

实现共同富裕要保证社会公平正义,并且需要积极促进经济社会发展。非物质文化遗产作为民族传统文化的精髓,历史悠久、内容丰富,是人们智慧的结晶、情感的寄托和精神的归宿。推动非物质文化遗产创造性转化、创新性发展,深挖非物质文化遗产价值的重要内容,既是建设文化强国的必经之路,也是全面推进共同富裕的题中应有之义。一方面,非物质文化遗产是助力共同富裕的重要力量。充分发挥非物质文化遗产在保护、传承与利用过程中所展现的经济价值、文化价值及绿色价值等多重价值,既有利于促进资源整合和经济增长,也有利于铸牢中华民族共同体意识,增强人民群众的文化认同感和获得感,满足人民日益增长的物质和精神需求,这正是共同富裕的内涵要求。乡村振兴是实现共同富裕的必经之路。据统计,截至2022年,中华人民共和国文化和旅游部公布的五批次共计2230项国家级非物质文化遗产项目中的73%都在农村①。具有中华民族特点、体现中华民族底色的非物质文化遗产是推进乡村振兴、缩小城乡差距的重要抓手,也是我国现阶段推进共同富裕的重要举措。另一方面,实现共同富裕是保护好、传承好、利用好非物质文化遗产的助推器。乡村振兴战略是党和政府为实现全体人民共同富裕而作出的符合我国国情的重要战略部署。一直以来,农村非物质文化遗产的传承与发展作为一项系统工程,是地方文化建设的重要组成部分,但仅仅依靠部分非遗传承人的努力是难以实现的,需要政策的扶持和保障,协同推进完善

---

① 吴兴帜,周灵颖.非物质文化遗产村落化保护认知研究[J].云南民族大学学报(哲学社会科学版),2023(6):72-79.

非遗基础设施建设、健全非遗管理机制和非遗代表性传承人保护机制等。在推进共同富裕的背景下,中央及地方均出台了相应的政策、法规,在人力、物力、财力上支持非物质文化遗产的保护、传承及利用,这为非物质文化遗产功能的发挥提供了物质基础、设施条件、资金支持和制度保障。综上所述,非物质文化遗产保护为乡村振兴提供了内容,乡村振兴为非物质文化遗产保护提供了场景。从这个意义上讲,非物质文化遗产保护和乡村振兴是"双向"赋能关系①。非物质文化遗产的保护是推动乡村振兴、实现共同富裕的关键,要在弘扬中华传统文化的基础上,充分认识到非物质文化遗产的多重价值,助力乡村可持续发展,推动实现共同富裕。

(二)国家和地方层面有关非物质文化遗产赋能共同富裕的政策供给

1. 有关非物质文化遗产赋能共同富裕的国家政策

乡村振兴是实现共同富裕的基础。保护、传承、利用好非物质文化遗产,使其为乡村发展聚力赋能,体现当代价值,具有丰富乡村文化生活、激发乡村发展活力、拓宽乡村振兴发展路径的重要作用。然而,在充分利用非物质文化遗产对于乡村振兴和共同富裕的赋能空间的过程中,政策的有机嵌入起着关键作用。近年来,国家层面出台了一系列政策以促进非物质文化遗产的传承、保护和发展。

2018 年出台的《中共中央 国务院关于实施乡村振兴战略的意见》中明确提出要传承发展提升农村优秀传统文化。自《乡村振兴战略规划(2018—2022 年)》发布以来,相继出台了《关于进一步加强非物质文化遗产保护工作的意见》《中华人民共和国乡村振兴促进法》《乡村

---

① 曾博伟,李柏文.非遗赋能乡村振兴的政策选择与措施[J].云南民族大学学报(哲学社会科学版),2023(5):52-54.

建设行动实施方案》《关于推动文化产业赋能乡村振兴的意见》等重要文件,在这些文件中均将非物质文化遗产的传承、发展列为实施乡村振兴战略的重要内容。2022年,《中共中央 国务院关于做好二〇二二年全面推进乡村振兴重点工作的意见》中明确提出,要"推进非物质文化遗产和重要农业文化遗产保护利用"。《中华人民共和国国民经济和社会发展第十四个五年规划和2035年远景目标纲要》中明确,要"深入实施中华优秀传统文化传承发展工程,强化重要文化和自然遗产、非物质文化遗产系统性保护,推动中华优秀传统文化创造性转化、创新性发展"。不论是以乡村振兴为核心的相关政策,还是聚焦非遗保护发展的相关政策,均为非物质文化遗产赋能乡村振兴提供了政策支持,并将非物质文化遗产与多项国家重大战略紧密相连。

2. 有关非物质文化遗产赋能共同富裕的地方政策

各项政策法规的实施为非遗赋能共同富裕指明了方向。各级政府部门积极研究国家相关政策和法规,分别制定本部门、本地区的实施方案,增强非遗保护的科学性,助力实现共同富裕。以浙江省为例,浙江省非物质文化遗产丰富,作为"非遗助力乡村振兴"和"推动传统工艺高质量传承发展"试点省,是最早在全省范围内进行部署并且推进非遗保护的省份,浙江省的非遗保护一直走在全国前列。浙江省在《非物质文化遗产法》颁布之前,已于2007年颁布了《浙江省非物质文化遗产保护条例》,可见,浙江省非遗保护立法走在了全国前列,为浙江省内非遗传承实践的开展提供了坚实的法律保障。近年来,为了进一步加强非遗代表性项目的管理工作,从而有效保护省级非遗代表性项目,2018年浙江省文化和旅游厅印发《浙江省省级非物质文化遗产代表性项目管理办法(试行)》;为了推进浙江省非遗保护工作,2020年浙江省文化和旅游厅研究制定了《浙江省省级非物质文化遗产代表性传承人管理办法》,进一步完善了省级非物质文化遗产代表性传承人认定与管理制度;为进一步规范和加强浙江省非遗的科学化、规范化、制度化保护与管理,2020年浙江省文化和旅游厅制定了《浙江省省级非物质文化遗产代表性项目评估实施细则》和《浙江省省级非物质文化遗产代表性传承人评估实施细则》,提升了非遗保护的工作水平。这些与非遗保护相关的法律法规对开展非遗调查、建立国家级非遗代表性项目名录、推动非遗传承与传播等提出明确要求,为非遗保护政策的长期实施和有效运行提供了坚实保障。

除了注重非遗保护立法,浙江省还积极颁布与非遗保护相关的政策措施,鼓励非遗活态传承发展,形成了一些卓有成效的政策措施。比如,完善对非物质文化遗产传承人的管理、服务,加强对非物质文化遗产的收集、整理、记录和普及教育,以及实施文化生态保护区建设与大力实施传统工艺振兴计划。为了贯彻《国家级文化生态保护区管理办法》,加强非物质文化遗产区域性整体保护,2020年浙江省文化和旅游厅下发了《浙江省省级文化传承生态保护区建设的意见》,积极开展省级文化传承生态保护区创建工作。2021年,浙江省文化和旅游厅制定发布《浙江省非物质文化遗产保护发展"十四五"规划》,分析了"十三五"时期浙江非遗保护的发展现状、面临的机遇与挑战,明确了"十四五"时期浙江非遗保护发展的指导思想、基本原则、发展目标,提出了七大主要任务和四方面保障措施。2022年发布的《关于进一步加强非物质文化遗产保护工作的实施意见》中明确了加快推动浙江省非物质文化遗产保护事业高质量发展,以及建设高水平"非遗强省"的目标和重点任务。除此之外,近年来,浙江省持续锚定"非遗助力共同富裕",深入推进非遗传承创新、传统工艺高质量传承发展,探索非遗助力乡村振兴和共同富裕新路径。《浙江省"非遗助力共同富裕"试点实施方案》制定了"非遗助力共同富裕"工作的目标体系、工作体系、政策体系和评价体系。《浙江省级文化传承生态保护区创建指标》《浙江省传统工艺工作站创建指标》和《浙江省省级非遗工坊评价指标》三份文件强化引导,明确"非遗项目传承发展""赋能产业发展""助力共同富裕"的导向①,全面提升非遗助力乡村振兴和共同富裕的能力与水平。

综上所述,近年来,国家及地方层面均为非遗赋能乡村振兴提供了有力的政策支持,国家的非遗政策导向也从以保护为主转向兼顾利用和保护,以非物质文化遗产促进乡村产业兴旺、乡风文明、生活富裕、乡村发展,让非遗为乡村振兴赋能已成为各界的普遍共识。

二、非物质文化遗产赋能共同富裕的生成逻辑

非物质文化遗产作为中华优秀传统文化的重要组成部分,其自身所具有的文化价值、经济价值、生态价值等多重价值与乡村振兴战略中的产业振兴、人才振兴、文化振兴、生态振兴、组织振兴五大目标紧密相连。在回应共同富裕时代诉求的过程中,非遗的传承发展与乡村振兴战略的全面实施耦合共生。

(一)非物质文化遗产助力乡村产业振兴

乡村振兴和非遗传承的关键在于"聚人气",而"聚人气"的关键在于"产业旺"。增加农民收入是共同富裕目标下乡村振兴的核心任务之一。只有持续增加农民收入,使农民富起来,才能实现共同富裕。非遗产业化发展可以解决当地农民的就业问题,带动农民增收。非遗具有多元价值,应当积极将非遗的内在价值转化为助推乡村振兴的外力资源。要想实现非遗助力共同富裕需要做优非遗经济,将文化资源转化为生产力。深入挖掘和利用非遗所蕴含的创意、创新元素,培育乡村特色产业,提升乡村产业附加值,推动乡村经济的高质量发展和

---

① 浙江:以非遗高质量发展助力共同富裕[N].中国文化报,2023-08-31(2).

转型升级。一是推进传统工艺振兴,让非遗更好地与产业结合,不断丰富非遗的应用场景,将独特的文化资源转化为共同富裕的澎湃动能,增强地区可持续发展活力,让非遗在新时代焕发出新的生机。二是积极建设非遗工坊,壮大非遗特色产业集群,推动经济社会高质量发展,为乡村振兴提供源源不断的动力。非遗工坊是依托非遗代表性项目或传统手工艺来开展非遗保护、传承,带动当地群众就地就近就业的各类经营主体和生产加工点,是各地开展非遗保护、助力乡村振兴的有效载体,在带动当地群众就近、灵活就业方面发挥了积极作用,从而成为非遗助推乡村产业振兴的重要抓手。三是推进非遗与文旅深度融合,将非遗融入乡村旅游中。非遗作为一种特色文化资源,通过"非遗＋旅游"模式,打造独具魅力的乡村旅游胜地,通过文艺演出、亲身体验、多渠道发展等吸引游客与投资者,形成乡村特色文化产业链。这既有助于增强乡村旅游的文化魅力和文化吸引力,也有助于将文化资源转化为文化生产力,带来经济增长,以文旅深度融合带动乡村振兴,实现村民增收致富。总之,非遗的根脉在乡村,发展也在乡村,借助非遗资源,充分挖掘非遗的经济价值,以生产性保护方式发展非遗特色产业可为农村创造更多的就业岗位,从而带动乡村经济的发展,为农民增收致富开拓新路径。

（二）非物质文化遗产助力乡村文化振兴

文化振兴是乡村振兴的灵魂,是激发乡村振兴内生动力的精神基石。乡村振兴不仅要"塑形",也要"铸魂"。非遗作为优秀传统文化资源,具有浓厚的地域和民族特色,有助于乡村文化的活化、文化自信心的提升,同时还为乡村振兴注入了强大的精神动力。一方面,非遗保护、传承、发展符合乡村文化振兴的传统性要求。非遗是宝贵的文化资源和精神财富,是各民族的精神家园,各族人民可以从凝聚了各个时代思想精华的非物质文化遗产中找寻历史文化记忆,构建自我精神寄托,增强民族自豪感。由于当地群众受到传统文化的熏陶,使得非遗具有更易于为人们所接受的特点,从而成为推动乡村文明建设的有效途径①。非遗立足于乡村语境,是世代延续并传承下来的文化实体,其保护和开发利用能够在满足乡村居民主体性需求的基础上展示乡村文化的魅力,为乡村文化赢得与城市文化对话的资本与底气②,坚定文化自信,重拾文化自豪感。另一方面,非遗创新符合乡村文化振兴的现代性取向。非遗具有活态性,这种活态性使其在与现代文化的互动中能够在保留基本特质的前提下实现价值重构与文化再生产,以适应大众需求与时代发展③。深入挖掘非遗的文化精髓、思想信念、人文及道德风尚并赋予新的时代特征,赋予非遗当代价值,让传统文化的魅力以更丰富的形式展现出来,推进中华优秀传统文化不断向前发展,有利于推动群众树立文化意识,不断增强中华文化的认同感、荣誉感,点亮人民群众的精神文化生活,为乡村振兴注入强大的精神动力。总之,挖掘好、研究好、阐释好、展示好非遗蕴含的文化精神、文化胸怀、文化自信等价值内涵有利于推进社会主义文化强国建设,为社会主义先进文化的发展和繁荣提供基础保障,让中华文脉弦歌不辍、永续传承。

(三)非物质文化遗产助力乡村人才振兴

人才振兴是乡村振兴的基础。乡村非遗代表性传承人引领和培养年轻人是解决乡村人口老龄化、乡村"空心化"的有效措施之一,也是乡村非遗传承和可持续发展的重要基础。中共中央办公厅、国务院办公厅印发的《关于加快推进乡村人才振兴的意见》中指出,要"挖掘

---

① 杜颖.非遗助力乡村振兴的多维体系建构[N].中国社会科学报,2023-03-01(8).

② 刘宇青,徐虹.非物质文化遗产原真性保护和旅游开发助推乡村文化振兴[J].社会科学家,2022(10):69-75.

③ 黄永林,任正.非物质文化遗产赋能乡村文化振兴的内在逻辑与实现路径[J].云南师范大学学报(哲学社会科学版),2023(2):115-124.

培养乡村手工业者、传统艺人,通过设立名师工作室、大师传习所等,传承发展传统技艺"。以非遗传承人带动乡村人才振兴,以非遗之美扮靓乡村,不仅能为非遗找到更多传承人,注入新活力,还能为乡村振兴提供工艺技术人才支撑。乡村非遗传承人是乡村社会的杰出人才,在乡村振兴中具有汇聚和培养人才的作用。[①] 非遗传承人作为新乡贤群体中传承中华优秀传统文化的杰出代表,在营造非遗保护氛围、丰富非遗传承主体、促进非遗贴近民众、降低非遗治理成本等方面彰显出新的时代价值。在构建乡贤文化及推进乡村振兴战略的过程中,充分发挥文化新乡贤的领头羊作用,强化本土人才队伍建设,对于激发农民内在动力与主体意识、推进乡村人才振兴来说尤为重要。与普通民众相比,文化新乡贤具有较广泛的人脉基础、较深厚的群众基础、较扎实的文化基础[②]。文化新乡贤作为非遗保护的重要力量,积极鼓励和引导其利用自身所拥有的文化资源参与非遗保护和传承工作不仅可以降低政府投入的非遗治理成本,而且能够有效缓解非遗人才匮乏的困境。非遗传承、乡村振兴归根到底要靠人才,加强非遗传承人保护,培养一批非遗传承人和乡村工匠等专业人才,增强人才凝聚力,可为乡村产业发展注入强劲动力,为乡村人才振兴注入人才"源头活水"。

（四）非物质文化遗产助力乡村生态振兴

生态振兴是乡村振兴的重要组成部分。绿色生态价值的转化是共同富裕建设的支撑点。非遗作为一个记录了地方传统文化和历史变迁的"活化石",蕴含着天人合一、万物并育的生态理念,与建设宜居宜业和美乡村的价值取向是一脉相承的。在推进宜居宜业和美乡村

---

① 宋俊华.非遗传承助力乡村振兴[J].群言,2022(10):21-24.
② 葛佳慧,陶丽萍.文化新乡贤助推非遗传承:价值、限度与实现路径[J].文化软实力研究,2022(3):98-108.

建设过程中,非遗以其独具魅力的传统手工艺生产方式带动村民在
"日用而不知"中涵养生态文明理念。第一,非遗生态农业建设、生态
旅游建设是保护、传承非遗的重要途径。遵循绿色、低碳、环保的原
则,加强对自然资源和生态环境的保护,将非遗与当地自然风光、民俗
风情等相结合,形成独特的非遗产品,既能实现非遗的传承与发展,又
能促进地方经济发展和生态保护,实现人与自然和谐共生。比如,从
茶叶种植加工,到银器、锔瓷、竹编等手工艺,都天然蕴含着亲近自然、
保护自然的理念,传承这些非遗工艺有利于在潜移默化中养成绿色生
活方式。要充分发挥农业文化遗产的生态价值,发展生态高效的绿色
产业,如"青田稻鱼共生系统""庆元林—菇共育系统""缙云茭白—麻
鸭共生系统"等,通过继承和创新传统农业的技术遗产,以重塑农耕文
化的方式为美丽乡村建设"铸魂"。第二,基于文化生态空间的非遗活
态传承有助于乡村生态振兴。自然生态环境是当地非遗传承发展的
基础场域,非遗的活态传承实现了对其所依存的生态环境的保护与修
复,进而推动了乡村的生态文明建设、人居环境整治以及村容村貌的
改善,不仅维持了非遗生存发展的活力,也助推了乡村生态振兴。以
浙江省为例,在《浙江省省级文化传承生态保护区建设的意见》的指导
下,浙江省积极打造文化生态保护区,将非遗与人文自然环境统筹保
护、协调利用,加快形成绿色发展方式。例如,围绕龙泉青瓷文化、衢
州市柯城区立春文化、天台县和合文化等建立文化传承生态保护区,
实施非物质文化遗产整体性保护。

（五）非物质文化遗产助力乡村组织振兴

组织振兴是乡村振兴的重要目标。组织兴则乡村兴,组织强则乡
村强。非遗是长期积淀和传承下来的重要文化遗产,包含着深厚的传
统智慧,具有强大的感召力,在加强乡村组织建设、推进基层治理中具
有突出作用。文化是一个社会治理领域,文化政策在其中起到了重要

作用,文化既是治理的对象,又是治理的手段[①]。一方面,乡村非遗作为乡村文化的重要组成部分,在我国社会治理中具有不可忽视的作用。将乡村非遗所蕴含的人际交流价值和教育规范价值融入乡村治理体系,以文化"软治理"方式为乡村治理提供文化基因,有助于提升乡村治理效能。另一方面,乡村群众是乡村振兴的主体力量。非遗传承人保护工作、非遗生态空间的建立和优化工作以及非遗生产性保护等工作均要求基层党组织要发挥其组织优势、功能和力量,通过制定保护规划、完善法律体系、引导社会参与,以及调整和完善现有政策,将非遗传承发展和美丽乡村建设与新型城镇化建设相结合,同时将乡村群众的思想、行动和智慧凝聚起来,形成政府引导、市场运作、企业参与、人民受益的乡村振兴机制与"以城带乡,城乡互促"的文化治理新格局,进而为非遗的创造性转化与创新性发展保驾护航,最终实现乡村治理能力的提升,推动乡村振兴战略的全面实施。此外,基于不同文化传统的民间社会组织以及群众自发成立的文艺团体在满足人们精神文化需求的同时,也提升了基层组织的凝聚力、向心力,助力乡村组织振兴。

三、非物质文化遗产赋能共同富裕的实践路径

非物质文化遗产赋能共同富裕是一个多维度、多层次的理论和实践课题。非物质文化遗产驱动乡村振兴、共同富裕目标的实现需要通过产业赋能、文化赋能、创新赋能、生态赋能等具体路径。

（一）产业赋能:非遗产业化盘活经济底盘助力共同富裕

产业兴旺是乡村振兴的基础。非遗要想实现活态传承,归根到底

[①] 肖波,宁蓝玉.中国文化治理研究三十年:理论、政策与实践[J].湖北民族大学学报(哲学社会科学版),2023(1):42-52.

还是要靠市场化解决,非遗只有转化为经济效益,才有传承下去的动力与活力。乡村特色优势产业是实现乡村振兴战略的重要支撑,关系着乡村的内生发展和持续发展。若要实现非遗助力共同富裕,就要坚持市场化和产业化发展道路,注重培育非遗产业和推进非遗产业融合发展,逐步将非遗元素融入产业发展中,尤其要深入挖掘农村非遗元素,实现农村三大产业转型升级和深度融合,为农村创造更多的就业岗位,促进群众增收致富。一是依托非遗传承基地化发展的集聚效应。大力开发既有非遗资源,通过生产性保护促进传统工艺振兴、传统行业转型升级,形成地方特色产业,壮大非遗特色产业集群,带动当地经济发展。积极创建非遗工坊,推进非遗资源合理化利用与产业化发展。截至 2020 年底,全国已设立非遗工坊超 2000 家,覆盖非遗项目 2200 余项[①]。二是依托产业化。以非遗为核心进行产业链建设,打造区域特色品牌,以品牌创新激活非遗产业。每个地区都有独特的非遗资源,通过整合区域优势资源、塑造品牌形象,提高非遗的知名度和影响力,促进区域经济发展,使非遗成为代表地方的金名片。让非遗的品牌特性成为营销的最强抓手,进而实现非遗的产业化发展,促进非遗产业可持续发展。三是依托产业体验化。推动非物质文化遗产与旅游业的深度融合,利用好"非遗+旅游"模式,拓展非遗发展空间,将非遗资源优势转化为经济优势。依托非遗生产性保护基地,大力开发非遗旅游商品,推动文旅深度融合,充分发挥非遗的经济价值,让非遗成为当地村民增收致富的重要引擎。丰富旅游线路,在已有旅游线路中有机融入非遗展示体验等内容,培育非遗特色旅游线路。鼓励民宿与非遗资源有效对接,培育集展示、销售、体验、住宿功能于一体的,通过发展能够体现非遗特色的非遗工坊民宿,增强旅客的文化体验

---

① 田野.杨飞:非遗扶贫是巩固脱贫成果、防止返贫的有效措施[J].文化月刊,2020(10):14-15.

感。与此同时,在非遗促进文旅融合的过程中,重视文化空间融合,将非遗融入旅游景区、乡村旅游重点村镇等,在旅游空间范围内传承非遗代表性项目,实现了非遗促进文旅融合高质量发展。非遗传承是助推乡村产业振兴的重要抓手,依托非物质文化遗产资源,充分发挥传统工艺独特优势,积极将"美丽非遗"转化为"美丽经济",为群众搭建创业就业"致富桥",以持续带动农民居家就业致富。

(二)文化赋能:非遗生活化促进精神文明建设助力共同富裕

非遗具有深厚的文化内涵,有效利用非遗代表性项目可以释放精神共富新动能,在共同富裕中实现精神富有,在现代化先行中实现文化先行。将非遗生活化作为精神共富的一部分不仅是促进乡村文化振兴、助力共同富裕的有力举措,也有利于激发文化自信、增强文化认同感,推进精神文明建设。一是传承和发扬非遗,充分挖掘并整合民俗文化、节日文化等优秀文化资源,加大传统文化要素的保护力度,以增强非遗助力共同富裕的可持续性。二是让非遗连接现代生活,让非遗在新时代绽放光彩,提升文化内涵,增强村民的文化自信。不断加强规划布局、整合各类资源、动员各方力量,着力营造有特色、有品位的非遗空间,如通过"非遗＋文物保护""非遗进社区""非遗＋课堂"等,营造非遗同人民生活联系密切的氛围,塑造文化意识,助力推动非遗精神价值外溢和共同富裕。通过开设非遗展馆、参加文博展览会、策划宣传活动、非遗传承人授课等手段实现多元化传承和传播,持续加大公共服务文化供给。以符合潜在非遗需求的生活现实展示非遗的丰富内涵和独特魅力,让群众体验非遗之美,增强广大群众对非遗的认同感和保护传统文化的意识,进一步丰富广大群众的精神文化生活,推动乡村文明建设。最终通过全方位展现非遗优秀传统文化魅力,培养群众对优秀传统文化的兴趣,形成社会广泛参与、人人保护与传承非遗的生动局面,推动传统文化连接现代生活,让群众深刻领略非遗之美,感受中华优秀传统文化的博大精深。

(三)创新赋能:非遗数字化激发创新动力助力共同富裕

保护传承非物质文化遗产不能将其仅仅当成"活"在博物馆里的古董,而应秉持活态传承,让其成为富有生命力的"活化石"。非遗的生命力就在于其是可见、可亲、可参与的现实生活。1992 年,联合国教科文组织发起了世界记忆工程,通过建立数字档案、举办在线展览、发布数字出版物等方式,开启了非遗的数字化建设,促进了非遗的全球传播。当前,将数字技术融入非遗保护传承全过程,通过数字生产力、数字传播力、数字消费力等重塑了保存模式,重构了传播场景,创新了产业形态,拓展了传播渠道。将优秀传统文化资源转化成优质文化资产,为非遗创造性转化和创新性发展提供更多可能,促进共同富裕目标实现。一是数字传承力夯实非遗助力共同富裕基础。将现代高新技术引入非遗传承建设,打造数字化、智慧化平台,通过加强非遗档案数字化建设,健全非遗保护体系,为非遗项目资料的保存和使用开辟了新的路径,重塑了非遗保存模式[①]。二是数字生产力为非遗助力共同富裕添动能。通过数字化技术提升非遗生产力,做大"蛋糕",为共同富裕的实现提供新的可能。随着数字信息技术的发展,可以批量制造符合现代社会大众审美和消费观的产品,创新非遗产业形态。同时,加强大数据、VR、人工智能等现代科技的运用,因地制宜推出独具特色的沉浸式非遗体验新场景,可为提升"非遗＋"多业态发展质量注入新的数字生产力。三是数字传播力、数字消费力为提升消费需求提供新渠道。顺应互联网发展趋势,利用新媒体社交平台拓展宣传营销渠道,提高非遗知名度,拓宽非遗消费市场,提升非遗经济效益。通

---

① 谭志云,李惠芬.数字技术赋能非遗保护传承的逻辑机理与创新路径[J].南京社会科学,2024(1):142-150.

过电商平台和社交媒体等数字渠道,非遗产品可以更广泛地触及消费者,扩大市场影响力,开拓非遗国际市场,增强非遗传承的变现能力。

（四）生态赋能：非遗生态化擦亮生态底色助力共同富裕

生态宜居不仅强调乡村人居环境与生态环境的综合改善,也强调与和美乡村建设及生态环境保护思想的理路相通,是高质量共同富裕的核心要素之一。乡村非遗蕴含着天人合一、万物并育的生态理念,建立非遗生态价值保障机制是实现山区"生态绿"的基础。非遗不仅能够促进产业结构优化、产业兴旺,还能促进生态宜居,从而为实现共同富裕提供支撑。一是提炼非遗的绿色价值与生态价值,从资源潜质出发,树立绿色生态理念,让乡村振兴的生态底色更鲜明。许多非遗项目与农业、手工艺等紧密相关,比如,从白酒的酿造,到竹席的传统制作技艺,其原料及制作工艺都蕴含着源于自然、保护生态的理念,传承这些非遗工艺有利于让村民养成绿色低碳的生活方式。为此,要结合现代生产生活,对非遗项目的价值和内涵进行提炼,重点筛选出符合生态环保、绿色发展的技艺与理念进行推广,绘就乡村振兴的"绿"底色。二是以整体性保护为理念,建立文化生态保护区。生态文化体系是生态文明体系的重要内容,生态文化建设是生态文明建设的灵魂。划分文化生态保护区是实现非物质文化遗产区域性整体保护的基本方法,具体包含"历史文化名镇名村、传统村落和乡村风貌、少数民族特色村寨"等乡村文化生产、传承空间和乡村文化创新活动实践空间[①]。不同的文化生态保护区的自然地理环境存在差异,非遗与当地自然人文地理环境融合,形成了特殊的文化生态系统。文化生态保护区建设取代了碎片化管理方式,视非遗及其依存的人文环境、自然生态、物质存在为统一整体,采取整体性的保护措施,统筹区域内的自

---

① 林继富."空间赋能":融入乡村振兴的文化生态保护区建设[J].西北民族研究,2021(4):97-109.

然、文化、社会、政治和经济要素,维系文化生态系统的稳定平衡,生成文化生态系统,推动文化的可持续发展①。由此可见,通过建设文化生态保护区助推生态文明建设的重要路径应注重发挥非遗传统文化的力量。

四、非物质文化遗产赋能共同富裕的典型实践案例

非物质文化遗产赋能共同富裕除了政策支持,各地也在积极探索非遗赋能共同富裕的实践路径,通过建设非遗工坊,发展"非遗＋旅游""非遗＋文创""非遗＋电商"等形式,如火如荼地开展非遗传承和发展实践,积极走生产性保护道路,助力共同富裕目标实现。

(一)河南省非遗工坊扶贫就业模式赋能共同富裕

产业振兴是乡村全面振兴的基础和关键,非遗工坊是赋能乡村产业振兴的重要抓手。截至 2022 年 6 月,我国各地设立非遗工坊 2500 余家,其中 1400 余家设在脱贫县②。在 2022 年"非遗工坊典型案例"中,河南省淮阳芦苇画、段氏传统布鞋、传统布艺、赛山玉莲茶、潢川贡面等五个项目入选。在"非遗工坊助力乡村振兴"等理念的带动下,河南大力推进非遗工坊项目的建设,探索出推动非遗助力乡村振兴的"河南经验",成为非遗助力乡村振兴试点省份。截至 2023 年 11 月底,河南省有非遗工坊(含非遗扶贫工坊)213 个,其中有 64 个纳入巩固脱贫攻坚成果和乡村振兴项目库③。例如,信阳赛山玉莲茶非遗工坊开创了"公司＋合作社＋基地＋工坊"的乡村振兴新模式,吸纳了 11

① 楚国帅.中国文化生态保护区建设的现状分析与未来走向[J].民俗研究,2021(3):88-98.
② 王彬.非遗保护传承这十年:在新时代绽放迷人光彩[EB/OL].(2022-10-12)[2024-04-03]. http://cul.china.com.cn/2022/10/12/content_42134602.htm.
③ 河南:推动非遗发挥当代功用[EB/OL].(2024-01-05)[2024-02-28].https://baijiahao. baidu.com/s?id=1787211973132625595&wfr=spider&for=pc.

个茶叶专业合作社、2个茶叶家庭农场、36个茶叶加工大户参股经营，累计提供就业劳务10万人次，实现非遗产品年加工4万余斤、年销售2900万元，带动6个村、1528人脱贫致富，带动茶农累计增收2400万元，户年均增收1.6万元①。再如，2019年，河南旺鑫食品有限公司依托省级非遗代表性项目空心贡面制作技艺，设立河南旺鑫食品有限公司非遗工坊。以"工坊＋合作社＋农户"模式开展生产，推动潢川空心贡面销往全国各地，实现年生产3000吨，产值5000多万元，成功带动210户、1269人脱贫致富②。可见，非遗工坊是助推乡村产业振兴的重要抓手。非遗工坊不仅增加了非遗项目的保护、传承与创新发展的动力，同时也广泛吸引当地群众参与其中，带动当地群众就近就业、增收致富。

（二）贵州省"非遗＋旅游"产业融合模式赋能共同富裕

2023年发布的《文化和旅游部关于推动非物质文化遗产与旅游深度融合发展的通知》中提出："坚持以文塑旅、以旅彰文，牢牢把握非物质文化遗产保护传承和旅游发展的规律特点，在有效保护的前提下，推动非物质文化遗产与旅游在更广范围、更深层次、更高水平上融合，让旅游成为弘扬中华优秀传统文化、不断铸牢中华民族共同体意识、促进人的全面发展、服务人民高品质生活的重要载体。"多民族聚居的贵州是"活着的非遗博物馆"。苗族飞歌、侗族大歌、布依族八音坐唱、锦鸡舞、蜡染、银饰等非遗技艺是"多彩贵州"的重要组成部分。近年来，贵州依靠非遗资源优势，融合周边旅游资源，开发非遗与旅游融合新业态，打造非遗深度游、非遗体验游、非遗研学游等旅游业态新

---

① 河南:让非遗"火起来""亮起来""活起来"[EB/OL]. (2023-03-21)[2024-02-28]. https://whgdlyj. shangqiu. gov. cn/zwdt/gzdt/content_163941.

② 致富路上添新彩! 河南省5个非遗工坊典型案例入选国家级名单[EB/OL]. (2023-02-13)[2024-02-28]. http://m. henan. gov. cn/2023/02-13/2688199. html.

模式。依托苗绣、银饰、蜡染等非遗代表性项目,打造了贵阳市青岩古镇、黔西市化屋村等一批非遗古镇、村寨;依托苗族独木龙舟节、苗族姊妹节等民俗节庆,塑造了一批非遗旅游项目、活动品牌。比如,素有"男声侗族大歌之乡"美誉的黔东南苗族侗族自治州(简称黔东南州)黎平县黄岗侗寨迄今已有800多年的历史。2020年,以黄岗侗寨为中心的黔东南州侗族非遗深度体验游入选全国首批12条非遗主题旅游线路,当地特有的侗族大歌、侗戏、侗族牛腿琴、琵琶琴等非遗元素是这条线路最吸引人的地方。又如,拥有8项国家级、22项省级非遗的丹寨县,在"以文促旅,以旅兴文"的发展思路下,持续深耕"非遗+旅游"模式,促进民族文化产业转型升级、振兴发展。全力办好"中国丹寨非遗周""祭尤节"等活动,持续推出非遗研学、温泉康养等旅游主题,持续打响"度假到丹寨"品牌①。其中,作为精准扶贫帮扶下打造出的中国乡村文旅样板级项目,丹寨万达小镇以民族手工艺、苗侗美食、苗医苗药等相关非遗为文化内核,同时每年举办高规格的"中国丹寨非遗周"。2017年至2023年间,接待游客超过3000万人次,带动丹寨全县实现旅游综合收入247.44亿元②。依托国家级非遗代表性项目皮纸制作技艺,丹寨县石桥黔山古法造纸专业合作社大力开发非遗研学的潜在市场,在不到十年的时间里,到石桥村旅游、体验古法造纸的国内外游客已达80万人次。非遗与旅游的融合不仅为非遗"活"起来开辟了新路径,更为文旅融合注入了强劲动力。另外,2023年,围绕非遗与旅游融合,贵州省在遵义市乌江寨旅游度假区举办了非遗嘉年华活动,引入29个非遗代表性项目常态入驻景区,在提升景区文化内

---

① 民族文化资源富集县文旅融合发展流量密码探析[EB/OL]. (2023-08-09)[2024-04-09]. http://www.guizhou.gov.cn/ztzl/lycyh/zxdt/202308/t20230809_81600281.html.

② 曾博伟,李柏文.非遗赋能乡村振兴的政策选择与措施[J].云南民族大学学报(哲学社会科学版),2023(5):52-54.

涵的同时,增强了旅游项目的发展后劲。围绕旅游景区、城市商业综合体等资源,贵州深入挖掘传统表演、手工技艺、民俗节会等文化资源,梳理出可体验的非遗项目287个,打造了一批集非遗技艺体验、产品展示、互动社交于一体的非遗旅游体验空间,进一步推动非遗与旅游宽领域、深层次、高质量融合发展。

(三)湖南省"非遗＋文创"模式赋能共同富裕

文创通过将非遗元素与现代艺术、设计和商业相结合,让非遗焕发出新的魅力,既能拉近非遗与受众的距离,也能为乡村振兴注入强大的经济动力与精神支撑。非遗作为文化传承之脉、文艺创作之源、文创设计之魂,为文创行业的迅猛发展注入了灵魂。以湖南省为例,为促进非遗传承,激活非遗文创产品市场,湖南省文创企业立足非遗特色,独辟蹊径,让非遗密切融入现代生活,开发出别具一格的非遗文创产品。例如,"不到潇湘岂有诗"系列产品融合醴陵瓷以及影青瓷工艺制成,在光影之下融诗于景、融景于瓷,展现了湖南的文化和自然风光,让非遗走出橱窗、融入现代生活①。另外,在湖南师范大学国家非遗湘绣文创基地内,与十八洞村联合设计创作的苗绣文创产品、长沙三景水晶绣系列、齐白石水晶绣系列、湘绣背景墙系列定制等创新创意"绣"产品也令人赞叹。2023年中国国际旅游文创交流展上,湖南众多非遗文创产品亮相,如长沙湘绣双面绣《爱晚亭》、双面绣笔筒《迎春》、故宫联名系列、敦煌联名系列棉花娃娃、湖南博物院绘梦系列和恽寿平花鸟系列书签丝等六套特色文创产品,还有常德桃花源的活字红茶、岳阳张谷英古风文具袋等精美文创。非遗文创以非遗为基础,通过文化提炼和创意转化,将非遗融入现代文化产业发展,使古老的

---

① 湖南:让非遗融入现代生活[EB/OL].(2022-11-28)[2024-04-09]. http://whhlyt. hunan. gov. cn/news/mtjj/202211/t20221128_29139229. html?sid_for_share＝80217_3.

非遗传统技艺迸发出蓬勃朝气。非遗文创产业的发展不仅为设计师、手工艺人等提供了大量的就业机会，也带动了相关产业链的发展，提升了非遗的商业价值。

（四）浙江省"非遗＋电商"模式赋能共同富裕

当前，借力数字经济、网络电商等新发展手段，为非遗助力共同富裕提供了新机遇。"非遗＋电商"模式不仅在渠道上拓展了非遗的传播路径，也促使非遗传承实现规模经济和商业变现价值，继而扩大其影响力，获得更多年轻人的青睐。《2023 抖音电商助力非遗发展数据报告》显示平台上非遗传承人带货成交额同比增长 194％，成交额超过百万元的非遗传承人数量同比增长 57％。数字化的加持拉近了非遗产品与消费者之间的距离，为乡村振兴注入更多内生动力。浙江省大力推进"数字非遗"工程，通过推出"非遗购物节·浙江消费季"商品推介平台，以此作为浙江省非遗助力共同富裕示范区建设工作的重要抓手，对全省非遗商品信息进行集中推荐。全省 511 家已开设网店的非遗企业、62279 件非遗商品在阿里巴巴、京东等电商平台开展线上销售活动。2020 年"非遗购物节·浙江消费季"启动当天，非遗商品的线上销售额达 932.6 万元①。2021 年举办的"非遗购物节·浙江消费季"活动中，参与商品 82749 种，实现销售额 11.8 亿元。其中，线上销售额 10.6 亿元，线下实体店销售额 1.2 亿元。2022 年的"非遗购物节·浙江消费季"销售非遗产品及相关衍生品（文创产品）981 万余件，销售额达 3.56 亿元，其中非遗老字号店铺网络直播 531 场，销售近 40 万件产品，销售额达 2336 万余元，共有 1228 万人次观看直播②。

---

① 玩转"云上购物节"浙江非遗 2 个月线上销售额近 9 亿元[EB/OL]．(2020-07-09)［2024-02-29］．https://www.ihchina.cn/Article/Index/detail?id=21335.

② 浙江非遗奏响城乡"共富曲"[EB/OL]．(2022-06-24)［2024-02-29］．https://m.gmw.cn/baijia/2022-06/24/35833447.html.

另外,浙江省还通过直播带货、拼团秒杀、线上拍卖、发放优惠券等多种形式培育非遗经济新模式。显然,"非遗＋电商"模式已成为助力乡村振兴的经典样本。

本章小结

近年来,非物质文化遗产的保护问题受到了国际社会的广泛关注,围绕非物质文化遗产展开的利益争夺也愈演愈烈。从概念论的角度来看,国际社会从文化遗产延伸出非物质文化遗产,极大地拓展了遗产的范围,表明了人类对非物质文化遗产保护的重视。虽然1972年《世界遗产公约》制定时,联合国教科文组织已经收到有关非物质文化遗产保护的提案,但非物质文化遗产这一概念确立的过程举步维艰。联合国教科文组织对"非物质文化遗产"这一术语的确立经历了"民间文学艺术表达—民间创作—口头和非物质遗产—非物质文化遗产"等一系列不同概念漫长演化的过程,同时非物质文化遗产的内涵与外延也不断发展和完善。《保护非物质文化遗产公约》仅仅对其作出了一般性的内涵界定,既抽象又笼统,缺乏准确性和可操作性,同时留给了缔约方自由解释适用的空间,并且鼓励缔约方就非物质文化遗产的定义进行积极探索。因此,目前关于非物质文化遗产的内涵只是在国际层面初步形成了一个比较权威的认识,至于准确、具体的内涵界定还有待未来进一步探讨。另外,《保护非物质文化遗产公约》没有明确规定非物质文化遗产的基本特征,但基于公约对非物质文化遗产定义的界定及相关的学理分析,一般认为非物质文化遗产具有无形性、群体性、相对公开性、传承性与活态性、地域性与民族性等基本特征。法律需要基于不同客体的特征设置适宜的保护制度,通过对非物质文化遗产基本特征的梳理,明确了本书研究对象的性质特点,为下文讨论有关非物质文化遗产具体保护制度的构建奠定了理论基础。正是非物质文化遗产作为智力成果以及无形性的特征决定了对其采取知识产权保护模式的可行性;而非物质文化遗产的群体性特征决定了在构建非物质文化遗产知识产权保护制度时需要认真考虑权利主体的设置。

有关非物质文化遗产与其他相关概念之间的关系,本章在 WIPO-IGC 最新文件的基础上,将传统知识界定为技术性知识,认为其属于非物质文化遗产的下位概念。另外,不同国际组织抑或是同一国际组织在不同时期均对民间文学艺术的概念作出了不同界定,除了 1977 年《班吉协定》将传统知识纳入民间文学艺术范围,其他国际组织均将民间文学艺术界定为传统文化表现形式,与口头传统和表现形式以及表演艺术类同。由此,本书将民间文学艺术也界定为非物质文化遗产的下位概念。最后,基于遗传资源具有有形性的特点,其与非物质文化遗产的无形性特征有着本质区别。因此,本书未将遗传资源纳入非物质文化遗产保护范围,但与遗传资源相关的传统知识,即生物多样性保护及持续利用等具有直接或间接促进作用的知识、创新和实践,属于传统知识的保护范畴,因此其属于非物质文化遗产保护范畴。

从范畴化分类的角度看,联合国教科文组织及有些国家已经对非物质文化遗产的立法分类进行了探索,但行政公法保护注重文化保存的特点决定了这些分类往往仅关注非物质文化遗产本身的表现形式,而对非物质文化遗产保护中涉及的法律关系缺少考虑。目前一些法学学者开始就非物质文化遗产的法学分类进行初步探索,但尚未形成权威、统一的分类标准。本书以知识产权的国际保护为视角探究非物质文化遗产的保护问题,科学界定本书的研究范围具有基础作用,毕竟并非所有的非物质文化遗产均具有知识产权意义。因此,本书将研究范围圈定为具有知识产权意义的非物质文化遗产,并进一步将具有知识产权意义的非物质文化遗产圈定在传统知识和民间文学艺术的范围内。

从价值论来的角度看,非物质文化遗产的活态传承是助推乡村振兴、助力共同富裕的有力抓手。非遗传承将推动乡村文化、产业、人才共同发展,为助力共同富裕添动能。一方面,非物质文化遗产是宝贵的文化资源和精神财富,是各民族的精神家园,各族人民可以从凝聚了各个时代思想精华的非物质文化遗产中找寻历史文化记忆,构建自我精神寄托,推动群众树立文化意识,不断增强中华优秀传统文化的认同感、荣誉感,点亮人民群众的精神文化生活,为乡村振兴注入强大的精神动力。另一方面,转化非遗经济价值可为乡村产业振兴添动能。全面挖掘、保护和传承非遗,盘活乡村特色文化资源,并将其发展和转化为产业优势,是推动乡村产业振兴的重要路径。其中,非遗工坊是持续激发乡村发展活力和内生动力的"金钥匙",带动了农村经济繁荣,为农民增收致富开拓了新路径。总而言之,加强非遗活态保护与传承不仅能为乡村振兴注入强劲动能,更能为传承中华优秀传统文化、推进文化自信自强提供不竭源泉。非遗传承助力乡村振兴有利于乡村产业的高质量发展,让乡村成为物质文明和精神文明共生的诗意之地。

综上所述,本章从概念论、认识论、价值论三重视角出发,梳理了非物质文化遗产的概念、基本特征,厘清了非物质文化遗产与相关概念之间的概念位阶关系,并在法学学理分类的基础上,结合国际知识产权保护的研究视角科学划定了本书的研究范围,明确了非物质文化遗产之于共同富裕的价值,为下文非物质文化遗产国际知识产权保护的制度研究奠定了理论基础和研究起点。

第三章 共富视域下非物质文化遗产
国际法保护的重要性阐释

　　同生物多样性一样,文化多样性对人类命运共同体的构建来说也极为重要。非物质文化遗产隐藏着不同民族和群体的文化基因,是各民族、各群体独特性和文化多样性的当代表达,对于展现世界文化的多样性具有独特作用,是人类共同的文化财富。保护非物质文化遗产就是保护人类文化的多样性。然而,受经济全球化的影响,非物质文化遗产面临严重威胁,强势文化不断入侵,导致文化多样性受到严重影响。因此,非物质文化遗产的国际法保护成为国际社会关注的焦点。虽然目前联合国教科文组织、世界知识产权组织等为国际社会保护文化多样性提供了相互关联的保护机制,但现有的国际保护制度存在局限。共同富裕时代背景下,非物质文化遗产助力共同富裕作用的发挥离不开国际化发展道路,并且非物质文化遗产"走出去"需要国际法治护航。

第一节　非物质文化遗产国际化是助力
实现共同富裕的重要面向

非物质文化遗产国际化是传统文化可持续发展的现实向度。在世界文明交流互鉴中如何讲好中国故事、扩大中华文化的国际影响力已经成为非遗传承发展所面临的重要问题。我国的非物质文化遗产是中华优秀传统文化的重要组成部分,是中华文明绵延传承的生动见证,是联结民族情感、维系国家统一的重要基础。非遗的国际传播、讲好中国故事、传播好中国声音可以促进我国同各国的人文交流,促使民心相通。充分挖掘非遗的现代价值对于非遗的保护与传承及中国文化产业的繁荣发展和国家文化软实力的提升均具有重要意义。

一、非物质文化遗产国际化之于共同富裕的重要性

(一)加强非物质文化遗产国际文化传播,助力精神共富

非物质文化遗产承载了中国悠久的历史文化,是中国传统文化的集中体现。文化只有在交流中才有持久的生命力,中华文化是世界文化的重要组成部分,若要使其活跃在世界文化之林,就要走出国门。非遗是中华文化"走出去"的战略突破口与重要抓手。非遗国际化传播工作既有利于文化"走出去",也有利于非物质文化遗产的传承与保护。让中国非物质文化遗产走出国门,扩大对外文化交流,加强国际传播能力和对外话语体系建设,对于推动中华文化走向世界具有重要作用。新媒体和数字化时代为文化传播提供了更为高效的路径,也为非物质文化遗产的国际传播提供了新的传播渠道和更多的可能性。

总而言之,非物质文化遗产作为我国优秀传统文化的重要组成部分,将非遗推向国际可以向世界展现中华优秀传统文化,增强文化自信和文化认同,扩大中华文化影响力,从而推动文化振兴,从精神层面富裕起来,推动实现共同富裕。

（二）开拓非物质文化遗产国际市场,助力物质共富

非遗不仅是文化载体,也具有重要的经济价值,是经济发展的重要战略资源。要让非遗"走出去"就要充分发挥市场机制对文化"走出去"的重要作用,将非物质文化遗产的传承推向更高层次,提升国际化传播的水平。非遗"走出去"要在挖掘非遗资源的经济价值、实施生产性保护的基础上进行,将具有良好经济优势的非遗项目转化为文化产品和服务,通过生产性保护示范基地和文化生态保护实验区等集聚化发展模式,促进非遗资源与旅游业等其他相关行业的深度融合、良性互动,实现非遗保护、传承及其国际化发展。当前,在生产性保护理念的指导下,一批批非遗项目发展为地方的支柱性产业并开始迈出国门走向世界,从单纯的文化资源逐步成为一种重要的经济资源,在实现活态传承与可持续发展的同时,成为中华文化"走出去"的重要力量。非遗通过技艺的继承、文创产品的制作等形式,将无形的文化转化为有形的载体,形成产业链,并面向国际,使中国精品"走出去",塑造中国品牌,增强中国的国际影响力,扩大了非遗产业的国际市场,带动了非遗经济,将非遗的文化软实力转化为经济的硬支撑,促进产业振兴,最终实现共同富裕。

除此之外,在将非物质文化遗产推向国际的过程中,必不可少的就是培养国际传播的专业人才队伍,作为代表中国向外宣传的国际人才,他们不仅要具备国际传播能力,更重要的是要继承非物质文化遗产并具备非物质文化遗产的跨文化传播能力,因此培养国际传播人才的过程也是培养非遗优秀传承人的过程,传承人要积极促进非遗"走

出去",使非遗文化得到延续并历久弥新。总而言之,非物质文化遗产国际化促使文化 DNA 转化为经济 GDP,文化和经济相得益彰,助力实现物质生活和精神生活的共同富裕。

二、非物质文化遗产国际化助力共同富裕的表现形态

近年来,承载着传统文化的非物质文化遗产在全球化和信息化的浪潮中愈加焕发出巨大的传播价值和产业潜力,在文化科技融合、文化"走出去"和文旅产业等服务贸易领域表现得尤为抢眼。

（一）非遗文化旅游国际化

非遗文化旅游是非遗产业化的重要载体,通过游客对非遗的感悟,实现精神境界的升华,从而激发其对文化产品和服务的需求,提升非遗产业化的开发效益[①]。非遗文化旅游将非遗作为重要的旅游资源,通过旅游路线设计,实现非遗经济价值转化,以旅游拉动经济增长和非遗传承。非遗旅游拓展了非遗传播渠道,丰富了非遗传播手段,扩大了宣传范围,使国内外游客领略非遗的文化魅力,增进非遗技艺的传播和交流。非遗文化旅游的国际化对于助力共同富裕实现的重要性不可忽视。首先,通过提高非遗的宣传水平,并结合现代科技手段,进行全方位、多渠道的宣传推广,打造非遗文旅品牌,提升非遗旅游的知名度和影响力,吸引更多国内外游客前来体验与消费。其次,非遗文化旅游的国际化对专业文化旅游人才的需求愈发迫切。引进具备专业知识和经验的人才不仅有助于提升非遗旅游的服务品质,为游客带来优质的非遗旅游体验,同时还能帮助培育本地文化旅游服务人员,提升其专业素养,创造就业机会,促进地方经济发展,实现共同富裕的目标。例如,素有"世界瓷都"之称的江西景德镇致力于打造世

---

① 林航.中国非遗国际贸易促进体系构建研究[J].兰州财经大学学报,2018(6):87-98.

界著名的陶瓷文化旅游目的地。景德镇瓷器是世界认识中国、中国走向世界的重要文化符号和传承中华优秀传统文化的重要载体。在文旅融合的大背景下,景德镇围绕打造世界著名陶瓷文化旅游目的地,以景德镇手工制瓷技艺为核心,深入实施"国际瓷都·优质旅游"文旅融合计划,开展文化大挖掘、促进文旅大融合、塑造地域大特色、创建统一大品牌等行动。坚持以文化城、以瓷为媒、以旅彰文,讲好中国故事、传播好中国声音,在面向国内外推广和深化陶瓷文化的过程中,促进地方文化"走出去",在文化交流与共享中实现共同繁荣,形成共建"一带一路"国家文化交流重要载体和展示中华古老陶瓷文化魅力的独特名片。

再如,风筝文化是中国传统文化的重要组成部分。2006年5月,潍坊风筝被列入第一批国家级非物质文化遗产名录。素有"世界风筝之都"之称的潍坊每年4月举办国际风筝节,借助风筝这一独特文化载体开发特色民俗旅游业,塑造潍坊的旅游城市形象,吸引大批国际游客,顺势打入国际市场,加强国际风筝文化交流与合作,提高中国传统文化的国际影响力,迅速走上国际化发展道路[①]。潍坊风筝现已成为潍坊对外开放、招商引资、进行国际文化交流的重要载体。

(二)非遗文化产品国际贸易

非遗的国际化发展必须有相应的发展载体。消费拉动贸易,贸易拉动生产,生产促进传承,非遗贸易也会成为促进非遗传承的重要途径。在非遗"走出去"的过程中,只有充分发挥市场与产业机制,引导非遗走向产业化,形成市场机制,并不断完善自身,才能实现可持续发展。我国非遗要走国际化道路,就要主动迎接市场的挑战,积极地走

---

① 蒋多.我国非遗的国际化路径探析——基于生产性保护理论与实践的视角[J].遗产与保护研究,2016(1):84-89.

入市场,走生产性保护道路。非遗贸易可以扩大非遗产品的生产,而生产的扩大会吸引更多的人和社会力量、社会资金投入非遗行业,文化的传承和非遗的国际化自然就水到渠成。在全球化背景下,我国非遗文化产业的"走出去"显得尤为重要。其中,优质的文化衍生产品不仅是我国非遗保护与传承的重要方式,也是助推非遗文化产业"走出去"、提升我国非遗国际影响力的关键要素。其中,非遗文创产品是非遗走向世界的重要途径,充分发挥非遗文创产业在国际文化贸易中的重要作用,通过文创产品的设计和开发,将非遗推向更广阔的国际舞台,让古老的非遗技艺走入千家万户。开发非遗文化衍生产品,使非遗资源的经济价值充分发挥,让非遗传承与国际化发展走上可持续的道路。例如,昌南官窑瓷业对世界陶瓷业的发展有着深远影响,欧洲、日本、韩国等国家的众多陶瓷品牌的制瓷工艺均由昌南官窑古法制瓷工艺衍生而成。昌南官窑瓷业正继续努力借助平台力量,进一步创新陶瓷工艺、打造品牌故事、开拓国际市场,引领世界重新审视中国陶瓷之美。综上所述,非遗文化产品贸易的国际化客观上为非遗产品开辟了更广阔的国际市场,对我国非遗资源的保护与传承、国家文化软实力的提升均具有重要意义。

(三)非遗数字化国际传播

数字化时代,非遗技艺与现代科技和数字技术相融合,赋能非遗更广泛地"走出去"。非遗数字化传播推动中华文化国际传播形式新升级,对于增强我国文化软实力和文化自信、打开海外传播市场、实现文化产业高质量发展有着重要的战略意义。近年来,我国在借助数字化平台进行国际传播以及提升中华文化影响力的进程中做出了许多有益的探索,比如鼓励民间主体与主流媒体共同参与短视频制作和发布,举办传统文物海外数字特展,搭建非物质文化遗产虚拟典藏数据库等均取得了不错的传播效果①。首先,打造"非遗出海"平台与账号,在鼓励非遗传承人等主体利用国际社交媒体和渠道分享非遗的同时,还鼓励抖音海外版等国内自有媒体平台积极进军国际,将非遗技艺呈现给海内外观众,将区域文化及文化产业推送至国际市场。数字时代下的国际传播会超越传统的实践模式②。其次,依托艺术创作和创意转化的方式,建构出以影视综艺、游戏动漫、数字藏品等为代表的文化数字化传播新业态,如4K全景声粤剧电影《白蛇传情》、电视剧《梦华录》中的茶百戏、《芝麻胡同》中的酱菜制作技艺以及《大河儿女》中的制瓷技艺等都凸显了非遗背后的文化记忆与文化传承③。《天工苏作》"奇妙游"系列等综艺节目也实现了宏大非遗艺术的微观表达,着眼于工艺细节,向世界展示中华优秀传统文化的魅力与内涵,实现了"文化出海"。除此之外,以云看展、数字文旅、虚拟博物馆等为代表的非遗传播及体验场景成为海外受众感受中华数字文化的重要途径,VR、全息显示等数字化技术的巧妙运用缩短了海外受众与中华文化间的时空距离。以中国大运河博物馆数字展、中摩(摩洛哥)非遗数字展等为代表的非遗特展均实现了"无界传播",通过拟像化的全息场景建构起虚拟的"共在空间",让世界各地的人同域共触,形成对外传播过程中的日常"信任场景"④,真正实现中华文化在国际传播中的活态传承,以及文化产业的高质量发展。

(四)非遗国际交流展览

在世界文化开放的大环境下,推进非遗创造性转化、创新性发展,

---

① 王若瑄.数字化生存:非遗的国际传播新形态[EB/OL].(2022-12-16)[2024-01-31]. https://mp.weixin.qq.com/s/5vyjZgU5SLzsZC7YQtuTEQ.

② 常江,张毓强.从边界重构到理念重建:数字文化视野下的国际传播[J].对外传播,2022(1):54-58.

③ 温雯,赵梦笛.中国非物质文化遗产的数字化场景与构建路径[J].理论月刊,2022(10):89-99.

④ 杨禧羮,喻国明.数字化"天下"版图:元宇宙视阈下的国际传播新范式[J].对外传播,2022(4):8-11.

促进中华优秀传统文化的跨文化交流互鉴,推动非遗"走出去"显得尤为重要。非遗在传承与创新的基础上融合发展,通过不同国家和地区之间的文化交流与合作吸收不同元素,激发自身"造血功能"与共赢价值。我国积极开展与联合国教科文组织等国际组织在非遗领域的合作,加强与共建"一带一路"国家和地区的非遗交流,积极拓展国际市场,促进非遗产品和服务出口。为了让非遗更好地"走出去",成立了亚太地区非物质文化遗产国际培训中心,并通过举办国际非物质文化遗产节、合作交流论坛、北京国际非遗周及重大宣传展示活动等传播非遗,取得了良好效果①。其中,2007 年创办的中国成都国际非物质文化遗产节已成为《保护非物质文化遗产公约》缔约方交流互鉴履约实践的国际盛会,也成为中华文明与世界各国文明友好对话,增强中华文化影响力的重要平台。再如,2023 年,首届北京国际非遗周开幕,来自国内 18 个省市和来自亚洲、欧洲、美洲、非洲的约 40 个国家的近千名代表、近 500 个非遗项目、3000 余件展品与作品以多种形式齐聚非遗周,非遗周也因此成为各国文化交流与合作的重要平台,推动全球非遗事业的共同发展。除此之外,我国还充分利用海外文化节展、博览会等品牌活动,开阔非遗保护传承的国际视野,为非遗文创产品等创造更多产品销售、品牌建设、文化交流等商业合作机会,拓宽市场空间。以川北大木偶为例,四川省的川北大木偶是世界上唯一的大木偶艺术,被誉为"世界罕见的木偶艺术""中国民间艺术的冠冕"。2018 年,川北大木偶化身熊猫队长在平昌冬奥会闭幕式"北京 8 分钟"上闪亮登场,在世界各国人民面前绽放光彩。近年来,川北大木偶团受邀参加国际木偶艺术展,开拓海外演艺市场,多次赴美国、智利、马来西亚、西班牙等国家进行演出,拓宽了国际影响力。这些非遗国际

---

① 讲好非遗故事 建设文化强国[N].经济日报,2023-09-06(11).

交流合作促使独具中国特色、中国风韵的传统文化在国际舞台上大放异彩,为非遗文化产业提供了更为广阔的全球市场,促进了文化繁荣,助推了文化强国与中华民族现代文明建设。

三、非物质文化遗产国际化助力共同富裕的典型实践

作为全人类共同财富的非物质文化遗产承载着历史的记忆,延续着文化的血脉,是全人类的共同财富,是"对外讲好中国故事,传递中国声音"的绝佳媒介。近年来,越来越多的中国非遗项目受到世界的关注,昆曲、京剧、书法、皮影、珠算等项目先后被列入人类非物质文化遗产代表作名录。越来越多的非遗传承人走到国外,展示非遗技艺,传播中国文化,中国非遗国际化的呼声日益高涨。

(一)传统中药"走出去"

白云山小柴胡是广东省省级非物质文化遗产,白云山小柴胡传承自东汉医圣张仲景的《伤寒杂病论》,至今已有 1800 多年的历史,被誉为世界上活态传承历史最悠久的古法制药工艺。广州白云山光华制药股份有限公司(简称光华制药)在传承人汪宗仁的带领下,在岭南医派经方研究和应用的基础上,结合多年的制药经验,将小柴胡原来的人参方、党参方进行改进,并传承古法将药物浓缩研制出"工业方"——小柴胡颗粒。如今,光华制药的产品小柴胡颗粒单品销售持续增长已超 5 亿元,规模巨大。2018 年底已经启动中药国际化,光华制药将小柴胡等中药品种推向国际市场。

(二)民间文艺"走出去"

民间文学、音乐、舞蹈、戏剧、曲艺、游艺、杂技、体育竞技以及民俗等非遗项目可以与影视音像、舞台表演、会展节庆、创意设计等相结合,塑造非遗类文化服务"走出去"品牌。2005 年 11 月,大型少数民族

原生态歌舞集《云南映象》受美国戏剧演出季的邀请在辛辛那提公演，首场演出便震撼美国观众，获得巨大成功，成为少数民族民间非遗登上世界舞台的典范①。再如，作为我国的经典民俗歌曲以及非遗，《茉莉花》为我国其他非遗的传承与出海传播提供了良好的范本。另外，以国家京剧院为代表的中国戏曲院团坚定文化自信，推动京剧在对外传播进程中积极参与国家文化贸易活动，探索出一条"面向国际市场，走上文化贸易"的新路子。例如，河南豫剧院精心打造的原创历史剧《程婴救孤》走出国门、走向世界，已成功出访了法国、美国、意大利等多个国家与地区。2016 年，浙江小百花越剧团携新创越剧《寇流兰与杜丽娘》在英国、法国、德国、奥地利等四国进行为期 22 天的巡演，让更多海外观众有机会了解中国传统戏曲文化。

（三）传统技艺"走出去"

以具有浓郁中华文化特色的非遗项目风筝和年画为例，山东潍坊杨家埠的风筝和年画已经以"姊妹艺术"的形象定位走出了一条"传统＋产业＋创意"的发展道路②。杨家埠 240 多家风筝、年画制作销售户每年以新产品占总数 60％的创作速度开发上市，每年所产年画达到 2000 余万张、风筝 1000 多万只，出口占比达到 70％，产品远销几十个国家和地区③。再如，在共建"一带一路"倡议、"国际茶日"设立以及"中国传统制茶技艺及其相关习俗"申遗成功等国际背景下，八马茶叶以茶为媒，利用传统茶文化与自身茶叶品牌优势，使其茶产品在国际市场上建立了较高的认知度和声誉，成为中国文化创意产品在国际市场上的亮点。除此之外，山西榫卯匠人刘文辉把古建筑中的榫卯智慧

---

① 柏桦:弘扬云南民族文化,促进对外交流[EB/OL].(2023-07-26)[2024-02-01].http://www.sky.yn.gov.cn/xsyj/zgsd/1479324527696315541.

② 赵秋丽.让"非遗"产品漂洋过海[N].光明日报,2013-01-22(9).

③ 非遗艺术品国外成抢手货 杨家埠风筝出口额达 70％[EB/OL].(2013-01-21)[2024-02-01].http://sd.dzwww.com/weifang/201301/t20130121_7931584.htm.

浓缩到玩具积木当中,开发出具有中国特色的积木——榫卯积木,其以极快的速度从国内火到国外(2021 年阿里国际站平台上榫卯积木的订单数同比增长 500%)①,让人们感受属于中国的建筑拼接方式的魅力,并对《榫卯的魅力》一书进行宣传,引领读者感受凝结着数千年华夏文明的榫卯技术经久不衰的魅力,为中国传统木结构营造技艺带来可期的国际市场。又如,温岭草编将非遗项目融入产业,借产业发展助推非遗传承。温岭草编是浙江省非物质文化遗产,拥有"中国编织帽之乡""中国帽业名城"等称号的温岭共有数百家以编织帽为主的编织工艺品企业。"高龙帽行"作为台州手工草编帽的领先者,随着 2003 年"高龙"牌图文商标在美国、英国、法国、韩国、日本等 16 个国家注册成功,正式走向国际市场②。如今,足迹已遍布 40 多个国家和地区。

(四)传统体育"走出去"

近年来,河南省焦作市依托太极拳这一世界级品牌,以文化为核心,以赛事活动为突破点,不断推陈出新,频频亮相国际文化交流舞台③。先后举办了多届国际太极拳交流大赛,荣获"中国体育旅游精品项目""中国体育旅游精品赛事"等称号。2015 年发起并组织了"共享太极·共享健康"世界百万太极拳爱好者共同演练活动,在国内外 63 个城市同步举行,打破吉尼斯世界纪录。中国太极功夫文化旅游"一带一路"万里行先后在雅典、爱丁堡、伦敦等地开展推广交流活动,搭

---

① 中国榫卯积木走红海外,阿里国际站推出玩具出海专线[EB/OL].(2021-06-01)[2024-04-09].https://baijiahao.baidu.com/s?id=1701360299521987514&wfr=spider&for=pc.
② 箸横|跨越百年的小草帽,缘何走向国际大舞台?[EB/OL].(2020-10-18)[2024-04-09].https://baijiahao.baidu.com/s?id=1680883389386176880&wfr=spider&for=pc.
③ 陈关超、张莹莹,严双军.太极拳文化:融入现代生活 走向世界文明——写在太极拳入选人类非物质文化遗产代表作名录之际[EB/OL].(2020-12-18)[2024-02-27].https://www.ihchina.cn/art/detail/id/22048.html.

建起跨文化交流的平台，助力"一带一路"朋友圈的扩大，有力提升了太极拳文化在共建"一带一路"国家和地区的文化与旅游影响力。21世纪以来，太极拳在世界发展迅速，以中国为核心，以韩国、美国、澳大利亚、日本、英国、法国等国家和地区为中心，逐渐向非洲、美洲辐射，太极拳文化在全球得以快速传播。与此同时，以太极拳和云台山两大品牌为依托，每两年举办一次"中国·焦作国际太极拳交流大赛暨云台山国际旅游节"，搭建太极拳与世界对话平台，推动太极拳文化"走出去"，持续提升太极拳文旅品牌影响力，多途径讲好中国故事、传播中华文化。

第二节　共富视域下非物质文化遗产国际化面临的法律风险

当前，非遗"走出去"面临着一系列知识产权侵权风险，这也导致大量的非遗被强占、曲解。与此同时，近年来，发展中国家的非物质文化遗产被发达国家"生物剽窃""文化掠夺"等现象频发，严重损害了发展中国家的传统资源利益，也影响了非遗助力共同富裕作用的发挥。非遗"走出去"需要国际法治保障。但当前非遗国际保护以《保护非物质文化遗产公约》为核心，偏重行政公法的保护。面对非遗"走出去"的知识产权侵权风险及发达国家的"生物剽窃"等行为，现有国际制度保障不力。基于此，当前急需完善非遗国际法治，健全非遗保障机制，从而为非遗"走出去"提供有效的法治保障。

一、非遗"走出去"面临的知识产权侵权风险及其化解

(一)非遗"走出去"面临的知识产权侵权风险

1. 非遗"走出去"面临的商标侵权风险

非遗蕴含着丰厚的历史底蕴和文化价值,非遗国际化的过程中,在打造非遗品牌时,将非遗中的文化元素注册为商标或者作为商标使用对商业经营者来说吸引力巨大。非遗商标是以非遗要素构成的商标,如非遗的名称、图腾标志或民族服饰等,这些文化符号附载着传统文化的知识产权利益。将非遗符号注册为商标或作为商标使用有利于推动非遗的生产性保护与商业性发展。据统计,我国已经有逾万条以非遗项目核心名称为商标标识主要构成要素且与非遗内涵相关的商标申请[①]。那么,利用非遗符号申请注册商标究竟是否侵害非遗的利益? 如果非遗商标被未获得权利人授权而被传承主体之外的人申请,则可能会侵害非遗的利益且容易造成公众误解。实践中,部分非遗代表性传承人、生产者、来源群体的商标注册保护意识不强,使得非遗在境外被抢注、歪曲、滥用或将非遗符号注册在不相关的商品或服务上,进而导致非遗的文化内涵被淡化等现象频发[②]。抢注非遗标示商标会对非物质文化遗产利益造成一定的损害,使得非遗标示商标与非遗之间唯一的、排他的联系被冲淡,从而贬损非遗标示商标所代表的文化与声誉,导致非物质文化遗产对公众的吸引力降低,非遗价值受到损害[③]。比如,日本光荣株式会社自2002年到2004年先后以"三

---

① 罗宗奎,王芳,孟波.非物质文化遗产的商标侵害:机理和对策[J].中华商标,2021(12):50-56.

② 易玲,石傲胜.非物质文化遗产商标注册与使用:制度机理、现实困境及规范路径[J].知识产权,2023(12):89-103.

③ 梁越,段沁欣,廖兴宇.论非遗标示商标抢注问题——以《商标法》第三十二条为视角[J].西部学刊,2021(13):79-81.

国"为主题申请了"三国志战记"等 11 个系列商标。此外,为加大商标覆盖范围,将三国历史名人也申请了商标,如"曹操传""孔明传"等系列商标。又如,2004 年,日本巨摩株式会社向中国商标局申请注册"西游记""水浒传"电游商标以及"三国志麻将"等商标。还有日本久诚公司 2004 年申请"快乐西游"商标,日本科乐公司 2003 年抢注"幻想水浒传"等系列商标,上述日本公司申请注册的四大名著相关游戏商标共 50 余件①,这些非遗商标抢注行为均从知识产权角度断绝了国内文化企业利用四大名著进行游戏开发的可能。甚至有部分抢注者为了使非遗更加迎合市场大众的审美与喜好而将其肆意改变,非遗所蕴含的文化内涵也面临被曲解的风险,进而沦为抢注者经营牟利或者出售转卖的工具。随着非遗国际化传播,我国非遗资源被跨国侵权的范围与程度不断扩大、加剧,一些国家肆意侵占我国宝贵的非遗资源以牟取经济利益,这对我国的经济、文化发展和国际文化影响力造成了诸多负面影响,也影响了非遗助力共同富裕作用的发挥。

2. 非遗"走出去"面临的著作权侵权风险

数字化时代,非遗数字化国际传播成为非遗国际传播的新形态,进一步打开了非遗海外传播市场,与此同时,也使得非遗面临着更为严峻的著作权侵权风险。"非遗＋电商""非遗＋直播"等创新模式为非遗产品的开发和营销提供了便利,拓宽了渠道,但也在一定程度上增加了知识产权侵权的隐患。首先,"非遗＋电商"模式虽然为非遗产品和国内外消费者搭建起连接平台,以非遗元素设计等方式最大程度地呈现了非遗的独特魅力,以电商产业推动非遗国际化意味着以非遗元素设计的文创产品将远销海外,国际化传播和国际市场的开拓带来的是侵权风险的扩大。若没有健全的非遗国际法治保障机制,非遗产

---

① 鲁春晓.非物质文化遗产知识产权跨国保护研究[J].福建论坛(人文社会科学版),2019(6):33-40.

品远销海外将不可避免地引发未经授权商业使用文创产品、不经许可使用非遗元素设计的形象等跨国侵权现象。因此,非遗"走出去"将面临的非遗文创产品著作权侵权风险不容忽视、亟待解决。其次,"非遗+直播"为非遗的国际传播提供了新平台,通过直播间、短视频进行非遗的展示、展演也会引发著作权侵权风险,因为非遗表演作品不一定在他国著作权法保护范畴内。以杂技表演为例,在演出舞台、道具对演出效果的影响与公知公有的杂技常规动作之外,杂技技术动作之间的衔接,与舞蹈动作的融汇、协调,演员的出场顺序、站位等均体现了带有作者特定创作意图的编排、取舍、设计,具有独创性,共同构成杂技艺术作品①。但《保护表演者、录音制品制作者和广播组织的国际公约》和中国以外的国家均不承认杂技、魔术和马戏的可版权性,非遗表演作品以视频、直播形式传播至他国,由于他国对非遗表演作品可版权性的否定,可能出现未经许可对非遗表演作品商业使用、损害非遗传承人本应获得的经济利益的情形。可见,非遗"走出去"将面临更为严重的知识产权侵权隐患,急需国际法治的完善。

3. 非遗"走出去"面临的专利权侵权风险

在非遗国际化进程中,传统技艺"走出去"面临着专利侵权风险。最为典型的侵权形式是他国将我国专利范畴下的传统技艺申遗,如古代中国的榫卯技术,在 2010 年被韩国以"大木匠与传统的木结构建筑艺术"的名义成功申遗②。另外,一些传统技艺受专利和非遗交叉保护,如中药饮片,专利法保护创新炮制方法和采用该创新炮制方法制成的中药饮片,而非遗相关法律法规则保护具有传统特色的炮制方

---

① 非遗创新发展,如何规避知识产权风险? [EB/OL]. (2023-06-16) [2024-01-30]. https://www.163.com/dy/article/I7C4OHCT05128393.html.

② 韩国抄袭中国榫卯技术申遗成功? [EB/OL]. (2021-03-18) [2024-01-30]. https://m.gmw.cn/2021-03/18/content_1302172527.htm.

法、采用该方法制成的中药饮片及相应的生产场所。例如,武夷山茶文化——茶百戏既是我国非物质文化遗产,同时该技艺也获得了国家发明专利证书,因此茶百戏受《中华人民共和国专利法》和《非物质文化遗产法》的双重保护。可见,国际传播导致的侵权风险不仅可能波及非遗技艺本身,也会影响非遗技艺背后的专利权,进而影响非遗资源利益。

(二)非遗"走出去"需要完善国际法治化解侵权风险

非遗"走出去"面临的知识产权侵权风险给非遗国际化传播制造了障碍,完善国际法治是有效防范风险的必然途径。非遗的跨国侵权将导致本国非遗衍生产品市场份额减少,导致非遗产品的竞争力降低,使得本国对于非遗的控制力和收益能力大大降低。就商标侵权风险而言,非遗"走出去"商标侵权风险的根源在于非遗符号商标利用的权限不明。若任何人均可随意使用非遗符号申请商标,那么当非遗产品迈入国际市场时,他国国民也可申请非遗注册商标,这无疑扩大了侵权主体和侵权行为的范围,非遗商标的侵权规模也将随之扩大。因此,有必要进一步加强非遗商标国际保护制度,明确非遗符号的商标利用权限,进而降低非遗商标跨国侵权风险。就如何防范非遗著作权侵权而言,要完善非遗及衍生作品著作权保护的相关国际立法,通过国家间的制度协调,使非遗"走出去"具有完善的法治保障。总而言之,非遗"走出去"面临的知识产权侵权风险呼吁非遗国际法治的完善。完善非遗"走出去"的国际法治保障,加强对非遗资源的保护,可以更好地弘扬传统文化、激发非遗市场活力,为非遗助力共同富裕提供可持续的发展动力。

二、应对发达国家"生物剽窃""文化掠夺"等威胁需要完善国际法治

(一)发达国家"生物剽窃""文化掠夺"现象严重

1. 发达国家"生物剽窃"现象愈演愈烈

近年来,随着生物遗传资源价值的日益凸显,发展中国家生物遗传资源及相关传统知识获取、开发、利用等领域被发达国家"剽窃""滥用"的事件频发。我国既是生物遗传资源及相关传统知识最丰富的大国之一,也是遭受"生物剽窃"最为严重的国家之一。截至 2009 年,有 23 种植物被国外机构或个人在国内外申请相关专利,或被国内机构在国外申请专利[①]。例如,产自中国的猕猴桃被带到新西兰,就变成了奇异果,杂交形成的黄金奇异果甚至成为新西兰的新国宝;"北京小黑豆"被美国生物科技公司改进,培育出"新品种",不仅解决了毁灭性的线虫病,还垄断了国际市场,而作为"北京小黑豆"原产国的中国每年反倒要从美国进口 2000 多万吨大豆[②]。此外,中医药领域、传统手工技艺等领域的情况则更为严峻。我国中医药传统验方频遭外国抢注,据统计,近几年来我国中药专利被外国抢注的多达 1000 多项。比如《伤寒杂病论》《金匮要略方》中记载的 210 多个验方被日本医药公司抢注专利;人参蜂王浆验方被美国公司抢注;牛黄清心丸验方被韩国公司抢注;银杏叶制剂被德国公司抢注[③]。这意味着我国医药公司在出口相关中药制剂时,需向国外医药公司缴纳巨额专利使用费。《中草药》期刊 2016 年的统计数据显示,日本汉方药占据了国际市场 90%

---

① 李一丁.论生物遗传资源获取和惠益分享机制与知识产权制度[J].河北法学,2016(1):51-59.

② 杨新莹.论知识产权制度下如何规制"生物剽窃"行为——以国际法和国内法为视角[J].河北法学,2010(11):111-119

③ 鲁春晓.非物质文化遗产权利流转与嬗变研究[J].民俗研究,2023(5):120-130,160.

的中药市场销售份额,中国同类药品的生存空间可以说是被挤压殆尽,这使得我国相关企业在国际市场上遭受了巨大的经济损失。再如"金龙胶囊案"。美国联邦药品管理局下属研究所从事基因工程研究的专家以合作为名,将中国癌症研究基金会北京鲜药研制中心的李建生 20 余年的科研成果——抗癌新药"金龙胶囊"中极具价值的中药活性成分窃取,并将其发明权卖给了瑞士医药巨头诺华公司。这个目前中国已知的最大中药秘方遭剽窃事件给中国带来的损失预估高达 20 亿元人民币①。西方发达国家通过知识产权手段掠夺、开发我国的传统知识而获取巨额财富,作为传统知识来源的国家则失去了对传统知识的控制和利用,并且没有得到公平合理的惠益分享,这种"生物海盗"行为严重损害了我国的国家利益。

2. 发达国家"文化掠夺"肆意猖狂

文化多样性和文化软实力都是综合国力与国际竞争力的重要方面,"文化掠夺"与"生物海盗"等非法行径性质同样恶劣,后果同样严重。近年来,发达国家利用我国在知识产权领域的漏洞,肆意侵占我国宝贵的非遗传统文化资源以牟取经济利益。比如,2022 年 7 月,法国时尚品牌迪奥推出一款售价高达 29000 元人民币的黑色半身裙装,随即被我国诸多民众指出,其款式与汉服的马面裙传统样式几乎完全一致,而迪奥的产品说明却称其为"标志性的迪奥廓形",对参考或利用中国马面裙设计的行为只字不提,且未给予任何回应。"马面裙事件"再次引发民众对"文化挪用"及传统文化资源知识产权保护的讨论。又如,好莱坞电影《花木兰》和《功夫熊猫》均取材于我国民间传统文化资源,但我国作为传统文化资源的来源国,并没有从传统文化的利用中获得任何惠益,其后续的产业链收入,如花木兰卡通形象、熊猫

---

① 损失 20 亿揭秘中国最大中药秘方遭美剽窃事件[EB/OL]. (2001-06-07)[2024-04-03]. http://finance.sina.com.cn/b/68979.html.

阿宝的卡通公仔等更是被美国影视企业——梦工厂申请专利。除此之外,韩国将我国的多个非遗项目占为己有,如自贡彩灯。韩国以"燃灯会"的名义将中国彩灯剽窃申遗。除了"燃灯会",还有医书《东医宝鉴》、针灸、拔河、丹青、儒学书院等中国文化均被韩国申遗成功。这无疑是一种对非遗资源的冒名顶替,也是一场赤裸裸的"文化掠夺"。除此之外,在传统手工艺领域,宣纸生产工艺等也被日本企业通过各种方式窃取,而我国企业却不能根据现行法律进行抗辩,对其行为无从阻止。一系列原因导致我国在非遗跨国法律保护方面鲜有获胜案例[①]。种种遭遇凸显了我国非遗领域知识产权跨国保护力度的不足,也表明了非遗国际化进程中,非遗国际保护制度亟待完善。

3. 发达国家"传统文化滥用"现象严重

有些非物质文化遗产对特定的民族而言是神圣的,不可被开发利用。但在利益驱动下,这类非物质文化遗产却遭到了贬损使用,造成了文化的曲解,甚至违反了传统禁忌,伤害了民族情感与民族尊严。发达国家将其无偿使用的非遗资源进行商业开发后"返销"给我国,进而输出他们的文化理念和价值观念,鼓吹西方价值观,危害我国文化主权。比如,日本漫画《七龙珠》将中国古代龙珠传说和名著《西游记》进行杂糅创作。在这部漫画中,唐僧师徒四人、二郎神、观世音等人物形象悉数登场,但又与原著内容大相径庭,充斥着贝吉塔行星、界王星等场景及赛亚人等杜撰设定,将孙悟空的人物形象进行了匪夷所思的"再诠释",将其与中国的《西游记》中所塑造的人物完全割裂。日本东映动画株式会社将其制成动漫后风靡世界各地,欧美各国乃至我国部分青少年误认为孙悟空这一形象为日本原创。又如,2017 年,欧美动漫媒体 My Anime List 将孙悟空列为 15 位最强的日本动漫英雄之

---

① 鲁春晓.非物质文化遗产知识产权跨国保护研究[J].福建论坛(人文社会科学版),2019(6):33-40.

一,与我国非遗进行了文化切割,侵蚀了我国对这些文化资源的诠释权,造成了文化误读和曲解。

（二）应对发达国家的"生物剽窃""文化掠夺"需要完善国际法治

与遗传资源保护及其可持续利用有关的传统知识是最具经济价值的一类传统知识,而世界上80％的遗传资源掌握在发展中国家手中[①]。近年来,发达国家利用自身先进的生物技术,未经发展中国家的事先同意就广泛利用发展中国家的遗传资源,事后也未与发展中国家分享遗传资源产生的惠益,甚至将研发的药物申请专利,转而卖给提供遗传资源的发展中国家。发达国家的"生物海盗"行为愈演愈烈,发达国家与发展中国家之间在遗传资源利用上的矛盾越来越突出。中国既有丰富的基因资源、世界前列的基因技术,也有深厚且独具特色的文化底蕴,这使我国成为发达国家剽窃生物资源和掠夺传统文化的主要目标之一。发达国家利用制度霸权强占他国文化资源,在制定具有公约性质的国际行为准则时,强硬推行其技术标准,选择性地约定他国必须统一遵守其具有领先优势的版权、商标权、工业设计、专利权等知识产权,却对发展中国家占资源优势地位的生物资源、遗传资源、文化资源视而不见。现有的国际法律保护体系,特别是与非遗紧密相关的知识产权国际保护体系,对非遗的国际保护存在严重不足,导致发达国家与发展中国家之间利益失衡。TRIPS是当今知识产权保护水平最高和最具影响力的知识产权国际保护条约,但其并没有将传统知识纳入其保护体系之内。更为严重的是,TRIPS还成了发达国家掠夺发展中国家包括传统知识在内的财富的重要工具,导致社会财富由发展中国家向发达国家转移,由传统社区的弱势群体向现代社区的强势群体转移。

---

① 朱继胜."南南联合"构建新型"TRIPS-plus"规则研究——以中国—东盟自由贸易区为例[J].环球法律评论,2016(6):170-186.

为了应对"生物剽窃"猖獗、生物多样性锐减带来的挑战,以及平衡生物技术先进而基因资源匮乏的发达国家与基因资源丰富而生物技术落后的发展中国家之间的利益,国际社会通过谈判形成了一些国际立法安排。其中,《生物多样性公约》为遗传资源的保护确立了遗传资源归属的国家主权原则、遗传资源获取的事先知情同意原则和遗传资源利用的惠益分享原则,但该公约的很多规定过于原则化且缺乏有力的执行机制和争端解决机制,法律约束力不强。《波恩准则》为资源获取和惠益分享提供了一个有效的框架和可操作的具体指导,但没有强制约束力。另外,《〈生物多样性公约〉关于获取遗传资源和公正公平分享其利用所产生惠益的名古屋议定书》(简称《名古屋议定书》)具有里程碑的意义,但因各方分歧太大,该议定书未能对申请专利时披露遗传资源来源做强制性规定,并且在处理收集保存库中遗传资源的获取与惠益分享方面也不太明确①。发达国家反对赋予基因资源"获取与惠益分享安排"以法律约束力的真正原因在于利益的冲突,发达国家希望国外基因资源可以自由获取。综上所述,虽然《生物多样性公约》《波恩准则》和《名古屋议定书》等国际公约均对遗传资源及相关传统知识的保护和惠益分享作出了不同程度的要求和规定,但是并未提供具体的方法和程序,当前非遗国际法治保障制度还存在很大的完善空间。

不完善的国际立法既不能有效遏制发达国家"生物剽窃"和"文化掠夺"的猖狂行为,也不能有效解决发展中国家在资源获取与利益分配上所遭遇的严重不公②。因此,发展中国家必须继续进行利益抗争,

---

① 汤跃.《名古屋议定书》框架下的生物遗传资源保护[J].贵州师范大学学报(社会科学版),2011(6):64-70.

② 顾海波,隋军.基因资源:从生物剽窃到公平获取与惠益分享——立法问题探讨[J].东北大学学报(社会科学版),2012(5):443-448.

推动完善非遗国际法治,从而使发达国家在未经资源来源国同意以及缺乏补偿和利益分享机制的情况下,利用这些国家的遗传资源和相关传统知识进行商业开发、独自获利的"生物剽窃"及"文化掠夺"行为被国际法律禁止,对非遗资源来源国的"获取与惠益分享安排"将被赋予法律约束力,从而有效维护传统资源来源国利益。当非遗"走出去"、获得他国认可时,便可以经济性授权许可的方式获得利益,从而推动非物质文化遗产的产业化开发和商业化经营,实现非物质文化遗产价值的最大化,活态传承传统文化,带动经济发展。

第三节　当前非物质文化遗产国际法保护的现实困境

非物质文化遗产在国际层面受到了广泛关注,联合国教科文组织、联合国环境规划署、世界知识产权组织以及世界贸易组织等均对非物质文化遗产的保护问题做出了积极探索与立法推进。但目前,现有的非物质文化遗产国际法保护机制存在诸多局限性。同时,由于发达国家与发展中国家间的利益博弈,赋予非物质文化遗产知识产权保护的全球多边体制谈判进展缓慢,非物质文化遗产国际保护机制面临着一些现实困境。

一、现有的非物质文化遗产国际保护机制存在局限

(一)既有保护公约的保护方式单一

2003年联合国教科文组织通过了《保护非物质文化遗产公约》,其作为迄今为止最权威的非物质文化遗产保护公约,通过设立主管机

构、建立名录制度、鼓励公众参与、设定国家义务等方式为非物质文化遗产提供保护。从公约创设的保护方式来看,《保护非物质文化遗产公约》仅从文化保存的视角为非物质文化遗产提供政府主导型的行政公法保护方式,强调各国政府需要积极采取行政措施促进非物质文化遗产的保护、传承和弘扬。这种单纯依靠行政公法的保护方式反映了《保护非物质文化遗产公约》本身偏重于关注非物质文化遗产的文化属性,着重强调国家从文化主权的角度出发对传统文化资源采取的文化政策和措施[①],而非物质文化遗产所体现的经济利益和产权制度未被重视。政府固然在非物质文化遗产保护中发挥着重要作用,但政府的职能和作用毕竟有限,仅仅依靠政府的行政性措施来保护非物质文化遗产资源是远远不够的。除此之外,非物质文化遗产具有重要的经济价值,近年来非物质文化遗产引起国际社会广泛关注与讨论的重要缘由之一正在于其经济价值凸显所引发的发达国家与发展中国家之间的利益纷争。《保护非物质文化遗产公约》为非物质文化遗产提供的行政公法的保护方式存在局限性,未能从私权保护的视角为非物质文化遗产的权利归属及其所产生的经济价值进行了合理的制度安排。如果不能采取有效的保护措施对由非物质文化遗产而产生的经济利益进行合理分配,平衡发展中国家和发达国家之间的利益关系,那么非物质文化遗产的保护目标将难以实现。

(二)现存惠益分享机制的保护范围偏狭

1992年联合国环境规划署通过了旨在保护生物资源与遗传资源的《生物多样性公约》,同时将与此相伴而生的传统知识纳入保护范围,提出因利用生物资源及相关传统知识所产生的惠益需要公平分

---

① 吴汉东.论传统文化的法律保护——以非物质文化遗产和传统文化表现形式为对象[J].中国法学,2010(1):50-62.

享①。这是国际社会首次提出传统知识保护及惠益分享,但《生物多样性公约》仅仅将传统知识的范围限定在与生物多样性保护及可持续利用相关的知识、创新和实践上。另外,《生物多样性公约》仅仅是一个框架性文件,规定过于原则。由此,2000 年缔约方大会专门成立了遗传资源获取与惠益分享(access and benefit sharing,简称 ABS)工作组,致力于遗传资源及相关传统知识获取与惠益分享具体规则制度的构建。2002 年,《生物多样性公约》缔约方大会通过了《波恩准则》,规定了遗传资源获取与惠益分享的主要原则和程序,但遗憾的是《波恩准则》属于国际软法,没有强制约束力。经过 ABS 工作组艰苦漫长的谈判,2010 年缔约方大会的第十次会议通过了《名古屋议定书》,将遗传资源及相关传统知识资源获取与惠益分享的原则具体化,制定了相关的国际制度。《名古屋议定书》先于 WIPO、WTO 等国际组织建立了传统知识利益分配的国际制度,保障了发展中国家在与遗传资源利用相关的传统知识领域能够获得公平合理的惠益分享,促进了《生物多样性公约》目标和原则的实现,联合国环境规划署由此成为目前国际社会讨论保护传统知识最富有成效的框架。但其仅仅将与遗传资源相关的传统知识纳入保护范围,而其他与遗传资源无关的传统知识未被纳入保护范围。由此可见,联合国环境规划署推进的惠益分享机制所涵盖的非物质文化遗产的客体范围偏狭,该机制在保护范围及作用空间上均存在局限性。

二、正在推进的全球多边保护体制谈判进展缓慢

(一)WIPO 尚未推动达成有约束力的保护文件

WIPO 作为主要的知识产权国际保护组织,为推动各国间非物质

---

①　薛达元,郭泺.论传统知识的概念与保护[J].生物多样性,2009(2):135-142.

文化遗产知识产权保护议题的对话与谈判做出了重要努力,也为非物质文化遗产知识产权保护模式的构建做出了积极探索。1976 年,WIPO 与 UNESCO 联合制定了《发展中国家突尼斯版权示范法》(简称《突尼斯示范法》),该示范法规定民间文学艺术是文化遗产的重要组成部分,要将其纳入版权法领域进行保护。受《突尼斯示范法》的影响,目前全世界已经有 50 多个国家采取版权模式保护民间文学艺术,就地理分布特点来看,多数为非洲国家①。1982 年,UNESCO 与WIPO 联合发布了《示范条款》。《示范条款》提出在版权法领域之外,通过为民间文学艺术制定专门的保护体制,以及设置专有权利保护的方式,为民间文学艺术提供了特别法的保护模式。《示范条款》反映了WIPO 在民间文学艺术保护模式上的思路转变,由起初主张在版权法领域内构建特殊版权保护模式转向探索专门的特别立法保护模式。2000 年,WIPO 成立了 WIPO-IGC,开始讨论遗传资源、传统知识、民间文学艺术保护的相关制度安排,并成为当前国际社会讨论传统知识、民间文学艺术知识产权保护问题的主要国际论坛。WIPO-IGC 自成立以来组织召开了多次会议,并陆续发布了一系列相关文件,在有关传统知识和民间文学艺术知识产权保护问题上取得了一定的成果。但这些文件中有相当一部分仅仅停留在对话与讨论阶段,至今尚未上升到国际立法的层面。

(二)WTO 框架内相关议题谈判停滞不前

WTO 框架内的 TRIPS 由发达国家主导制定,其保护客体被限定在发达国家占据资源优势地位的新发明、新创造和新知识上,而将发展中国家占优势资源地位的传统知识排除在保护客体之外,这也反映

---

① 吴汉东.论传统文化的法律保护——以非物质文化遗产和传统文化表现形式为对象[J].中国法学,2010(1):50-62.

了 TRIPS 下不同国家之间的知识产权利益严重失衡。为此,早在
1999 年发展中国家就曾向 WTO 提交了关于修改 TRIPS 的建议,其
中要求在 TRIPS 中增加有关保护原住民及当地社区的传统知识和创
新的规定,但后来该建议不了了之。在发展中国家的联合努力下,
2001 年,《TRIPS 与公共健康多哈宣言》(简称《多哈宣言》)提出将遗
传资源、传统知识保护以及 TRIPS 与 CBD 之间的关系纳入多哈回合
谈判优先考虑的议题。自此,传统知识、民间文学艺术的保护问题成
为多哈回合谈判的重要内容。但令人遗憾的是,对于传统知识如何保
护的问题,目前各国尚未形成一致意见。以美国为首的发达国家反对
在 TRIPS 框架内构建传统知识的保护制度,主张在国家层面以合同
的方式解决遗传资源和传统知识的保护问题,从而实现自身利益的最
大化①。实际上,发展中国家内部也存在不同的声音,巴西、印度等发
展中国家主张根据 CBD 的目标和原则修改 TRIPS,而非洲国家则强
调必须以 TRIPS 为框架构建传统知识保护的国际规则。目前,发达
国家作为非物质文化遗产资源的主要使用者,而发展中国家作为提供
者,非物质文化遗产的知识产权保护将涉及发达国家与发展中国家间
重大利益关系的调整。正是基于发达国家与发展中国家间的利益博
弈与对峙,TRIPS 框架内非物质文化遗产知识产权保护的谈判仍未取
得实质性进展。

综上所述,当前非物质文化遗产国际法保护机制处于瓶颈阶段。
一方面,其着重从文化保存的视角为非物质文化遗产提供法律的保护
方式;另一方面,WIPO 及 WTO 多边体制内关于该议题的谈判进展
缓慢。可见,全球多边体制内关于非物质文化遗产知识产权保护的国
际谈判短期内难以取得突破性进展。

---

① 古祖雪.后 TRIPS 时代的国际知识产权制度变革与国际关系的演变——以 WTO 多哈回合
谈判为中心[J].中国社会科学,2007(2):143-146,207.

三、非物质文化遗产助力共同富裕实现需要完善国际法治保障机制

(一)非物质文化遗产的国际法保护具有重要功能

诚然,各国国内法在非物质文化遗产的保护中也发挥着重要作用,联合国教科文组织鼓励各国制定各自的国内法来保护非物质文化遗产。但是国内法不能解决所有的问题,国内法保护存在一些固有的缺陷。非物质文化遗产的保护仅仅以国家或地区层面的法律为其设置一些权利是不够的,它必须和其他国家或地区的保护机制相互联系。非物质文化遗产的国际化过程中存在诸多跨国争议,包括国家间、区域间、群体及个人之间的非物质文化遗产权利归属、利用等产生的冲突和矛盾,其中发达国家的利用人与发展中国家的持有人之间的矛盾是主要矛盾之一。一些发达国家为了维持其在地区中的绝对优势地位和话语权,将发展中国家的文化遗产据为己用或侵蚀消解,这是造成非物质文化遗产多跨国纠纷的一大原因。而要解决此类非物质文化遗产的跨国争议,一国国内法的调整作用是有限的,必须更多地依赖双边或多边条约来加以调整①。与此同时,随着经济全球化的发展和非物质文化遗产经济价值的日益凸显,发达国家的"文化掠夺"和"生物海盗"行为愈演愈烈,发展中国家非物质文化遗产面临的最大威胁在于发达国家的跨国侵害。没有国家与地区间的法律协调和互动,非物质文化遗产将会被其他国家掠夺、剽窃②。因此,只有通过跨国合作和国际法对其进行保护,才能取得实质成效。换言之,不论一

---

① 郭蓓.国际非物质文化遗产法律保护概况及启示[EB/OL].(2014-07-15)[2024-02-01]. https://www.ihchina.cn/news_1_details/7904.html.

② 古祖雪.TRIPS框架下保护传统知识的制度建构[J].法学研究,2010(1):197-198, 200-201,203-208.

国国内的非物质文化遗产立法保护制度多么完善,其仅适用于该国领域范围内,没有域外效力,不足以有效保护非物质文化遗产。相反,国际法能够克服国内法不具域外效力的缺陷,可以有效地制止、惩罚非物质文化遗产的跨国侵害行为①。另外,非物质文化遗产国际法能够增强非物质文化遗产国际保护的执行性,协调国际力量。国际法根植于政治力量和国家利益的均势状态,形成于国家意志的相互协调②。国际法与国内法相区别且具备特殊功能,可以通过协调国际力量,实现非遗跨国保护。

总而言之,非物质文化遗产保护不仅仅是一国国内的事情,也需要国际的合作与协同。国际法是用以调整国际关系和建立国际秩序的法律手段。促进国际合作,构建政策协调机制是国际法的功能之一。针对非遗面临的掠夺、剽窃、消失等威胁,国际法具有国内法所不具有的域外效力,能够制止和惩罚跨国损害非物质文化遗产的行为。国际法为各类国际合作提供了法律框架和协商谈判的平台,为国际法主体确立起明确的行为规范,从而为国际合作提供了基本的实体与形式保障。国际法在非物质文化遗产的保护中具有国内法所不具备的优势和独特的功能。国际法可以促进各国在非物质文化遗产保护领域的法律融合和观念趋同,从而推动各国非物质文化遗产保护制度不断走向完善,为非物质文化遗产"走出去"筑牢法治屏障。

(二)完善国际法治保障机制,让非遗更好地助力共同富裕实现

非物质文化遗产既是一种文化资源,也是一种发展资源,更是乡村振兴和共同富裕的重要推动力。非遗的传承保护和共同富裕相辅

---

① 唐海清.非物质文化遗产的国际法保护问题研究[D].武汉:武汉大学,2010.

② 赵骏,孟令浩.百年未有之大变局下国际法功能的时代要义[J].武大国际法评论,2022(4):61-82.

相成,是乡村振兴战略的重要组成部分,传承非遗成为助力乡村振兴、弘扬中华优秀传统文化、丰富乡村文化生活的重要途径。

1. 充分发挥非遗传统文化价值助力精神共富需要完善国际法治

受经济全球化的影响,现代市场经济、现代文明和现代价值观对特定民族或国家的经济与文化产生了强烈的冲击,许多非物质文化遗产也遭受严重威胁,面临滥用和消亡的危险。传统文化被边缘化的现象日益严重,多元化的全球治理原则没有得到实现。其中最明显的例子就是作为非物质文化遗产重要组成部分的语言的消亡。现实生活中,越来越多的人已不能掌握自身的民族语言,逐渐被现代文明所同化,特定民族和群体的文化精神和人类情感、特有的思维方式、传统价值观念和审美思想被现代工业社会的文化观念所消解或代替。另外,在经济全球化的影响下,发达国家利用自身占优势的政治、经济、科技等条件,借用国际贸易规则,在全球范围内推行"文化霸权主义",使得许多国家的非物质文化遗产所体现的传统文化理念受到冲击,处于"风险文化的时代",也使得当今世界存在传统文化边缘化的风险①。非物质文化遗产作为不同民族的文化积淀,往往反映了特定民族或部落的文化传统,凝聚着特定民族的民族精神,是民族文化的重要组成部分,彰显着特定民族的文化身份和文化个性,具有重要的文化价值。从全球范围来看,保护非物质文化遗产是维护世界文化多样性的需要。非物质文化遗产蕴藏着民族的文化基因、精神特质,保留了浓郁的民族特色,是民族精神代代相传的纽带。完善非遗国际法治,制止非遗跨国侵害和文化霸权,维护文化多样性,有利于充分发挥非遗的文化价值,促进精神共富。

---

① 吴汉东.论传统文化的法律保护——以非物质文化遗产和传统文化表现形式为对象[J].中国法学,2010(1):50-62.

2. 充分发挥非遗经济价值助力物质共富需要完善国际法治

　　非物质文化遗产具有重要的历史价值、文化价值和经济价值,保护非物质文化遗产既是维护世界文化多样性的需要,也是实现人类可持续发展的重要保证。非物质文化遗产具有重要的经济价值,随着社会经济的发展,越来越多的非物质文化遗产被开发利用,如传统民间歌舞、中医药、习俗节庆等,被转化为具有经济价值的商品,从而推动了地方经济发展。非物质文化遗产资源的开发必然会产生纷繁复杂的利益链条,如果能够建立有效的法律保护制度,明确相关主体间的利益关系,保障其在商品化的过程中能被合理地开发与利用,充分发挥其自身的经济价值,就可以带动非物质文化遗产所在区域的经济发展。发达国家大肆利用发展中国家的非物质文化遗产资源进行知识创造,不仅会给发展中国家带来严重的经济损失,也将严重威胁发展中国家的文化主权。因此,完善非遗国际法治、防止他人的非法利用或不当曲解可以带动非物质文化遗产的产业化发展,促进物质共同富裕。

本章小结

　　共同富裕时代背景下,非物质文化遗产国际化对于助推共同富裕目标实现具有重要作用。一方面,加强非物质文化遗产国际化传播,推动非物质文化遗产"走出去",向世界展现中华优秀传统文化,有利于增强文化自信和文化认同,扩大中华文化影响力,推动实现精神共富;另一方面,开拓非物质文化遗产国际市场,将非遗文化产品"卖出去",有利于扩大非遗产业的国际市场,带动非遗经济,将非遗的软实力转化为经济的硬支撑,促进产业振兴,助推实现物质共富。从实践层面来看,目前我国通过非遗文化旅游国际化、非遗文化产品国际贸易、非遗数字化传播、非遗国际交流展览等方式推动了非遗国际化发展,并且在传统中医药"走出去"、民间文艺"走出去"、传统技艺"走出去"、传统体育"走出去"等方面取得了明显成效。但是,非物质文化遗产"走出去"既给非遗传承发展带来了机遇和更广阔的空间,也带来了风险和挑战。非遗"走出去"将面临商标权、著作权、专利权等层面的知识产权侵权风险。因此,只有完善非遗国际法治,更好地抵御知识产权侵权风险,保护非遗传承主体利益,才能充分发挥非遗的多重价值,助力共同富裕实现。另外,发达国家的"生物剽窃""文化掠夺""文化滥用"等行为也给非物质文化遗产保护敲响了警钟。非物质文化遗产国际法治不完善的现状影响了非物质文化遗产国际化助力共同富裕目标的实现。因此,非遗国际化需要完善国际法治,以法治护航非遗更好地"走出去"。

第四章　共富视域下非物质文化遗产国际知识产权保护的正当性

目前国际社会对非物质文化遗产法律保护的必要性已经没有争议,而争议主要集中于保护模式的选择,即赋予何种知识产权保护模式的问题。虽然 WIPO 早已开始探讨非物质文化遗产知识产权保护的问题,非洲、拉丁美洲的部分发展中国家也已在国内开展非物质文化遗产知识产权保护的实践,但从全球范围来看,非物质文化遗产知识产权的保护路径尚未得到广泛响应,国际社会就非物质文化遗产的知识产权保护仍然存在争议。另外,学术界对非物质文化遗产知识产权保护制度的理论认识偏狭,这在一定程度上限制了知识产权制度作用的发挥。因此,从学理的角度进一步分析非物质文化遗产知识产权保护的正当性仍然具有理论意义和现实意义。另外,非物质文化遗产正当性的问题是构建非物质文化遗产知识产权保护模式的溯源问题,只有论证清楚为何要从国际知识产权的角度保护非物质文化遗产,才能为非物质文化遗产知识产权保护的具体制度设计奠定基础。

第一节 非物质文化遗产国际法保护路径考察

国际社会对非遗保护的理念主要有知识产权保护和文化保护两种。联合国教科文组织注重文化保护层面,尊重文化多样性和人类创造力;世界知识产权组织注重非物质文化遗产的私权属性和经济价值,致力于推动非物质文化遗产的知识产权保护。目前国际社会讨论或实践的非物质文化遗产保护模式主要包括行政公法保护模式、知识产权保护模式、合同法保护模式以及习惯法保护模式等。本节将对非物质文化遗产现有的国际法保护模式作出分析,指出知识产权保护模式的重要性,明确非物质文化遗产需要公法与私法双管齐下的保护模式。

一、行政公法保护模式

行政公法保护模式是指着重发挥政府的主导作用,赋予非物质文化遗产相关的行政保护措施及制度。2003 年通过的《保护非物质文化遗产公约》中强调的首要责任主体是各国政府,即各国政府有责任采取行政措施保护、传承和弘扬本国的非物质文化遗产。该公约规定了名录制度、鼓励公众参与制度等保护机制,偏重政府职能的发挥,为非物质文化遗产提供了行政公法保护模式,但没有涉及非物质文化遗产的私权保护问题。就国家层面来看,目前采取行政公法保护模式最具代表性的国家是日本和韩国。日本的《文化财保护法》通过设置重要无形"文化财"指定制度、重要无形"文化财"技能保持者认定制度、"文化财"登录制度、传承人"人间国宝"制度等为非物质文化遗产提供了行政公法保护。我国的《非物质文化遗产法》吸收借鉴《保护非物质文化遗产公约》的内容,主要规范和调整政府及国家在保护非物质文化遗产方面的职责,形成了一套包括调查制度、代表作名录制度、代表性传承人制度、合理利用制度以及制裁措施的完整的行政保护措施。行政公法保护模式的特点在于注重发挥政府在非物质文化遗产保护中的作用,偏重文化保存的目标。

二、知识产权保护模式

就非物质文化遗产知识产权的私权保护而言,目前国际社会尚未达成共识。以美国为首的发达国家反对非物质文化遗产的知识产权保护,发展中国家在 WIPO 框架内就非物质文化遗产的知识产权保护进行了广泛的讨论与对话,但目前尚未形成具有约束力的文件。有些发展中国家开始在其国内开展非物质文化遗产知识产权保护的相关立法实践,这些国家多数集中于拉丁美洲、非洲、东南亚等非物质文化遗产资源丰富的地区。当然,他们采取的知识产权保护模式也存在差别,有些国家在现行的知识产权框架内构建非物质文化遗产的保护机制,如《突尼斯示范法》及受其影响的许多非洲国家为民间文学艺术提供特殊版权保护模式;而巴拿马、秘鲁、阿塞拜疆、菲律宾等开始探索在现行知识产权制度之外,构建非物质文化遗产特殊知识产权保护模式。

三、合同法保护模式

合同法保护模式是通过合同的方式来明确非物质文化遗产持有人与使用人之间的权利义务。美国一贯主张以合同的方式解决非物质文化遗产的保护问题,反对在 TRIPS 框架内解决非物质文化遗产的保护问题①。然而合同作为一种可选的方式,其保护作用非常有限。第一,合同仅仅约束合同双方当事人,不能阻止第三人的非法使用。第二,合同双方当事人之间的信息和能力不对称等很可能影响合同的公平合理性②。非物质文化遗产的持有者往往为发展中国家的传统群体,其与作为主要使用者的发达国家在谈判方面实力悬殊,由此很可能会导致合同的不公平。在国际论坛中以合同方式保护非物质文化遗产长期受到一些发展中国家的批评和拒绝,而美国却将其在多边框架内以合同保护方式解决非物质文化遗产相关问题的主张转移到FTA框架内推行。虽然 WIPO 正在着手起草有关示范合同来帮助传统知识持有者③,但总体来看,合同保护方式所能发挥的作用有限,而且当前国际背景下合同法保护的模式对发展中国家尤为不利。合同法保护模式即使在具备示范合同保障的基础上也只能作为一种辅助和补充性的保护手段。

四、习惯法保护模式

习惯法是由习惯发展而来的一种法律,习惯法在保护传统群体持有的非物质文化遗产方面发挥着重要作用,它是一种最基本的、最原始的非物质文化遗产保护形式,通常反映了传统社会发展、保存、传承传统知识的实践④。一些非洲国家已经采用习惯法来保护民间文学艺术。1997 年菲律宾的《原住民权利法案》承认了原住民群体习惯法的

---

① 齐爱民.论知识产权框架下的非物质文化遗产保护及其模式[J].贵州师范大学学报(社会科学版),2008(1):53-58.
② 黄玉烨.民间文学艺术的法律保护[M].北京:知识产权出版社,2008.
③ 朱雪忠.传统知识的法律保护初探[J].华中师范大学学报(人文社会科学版),2004(3):31-40.
④ 周方.传统知识法律保护模式比较研究[J].科技与法律,2009(2):32-37.

效力,用以解决与原住民社区有关的争议①。虽然习惯法的保护与非物质文化遗产保护的宗旨相契合,也体现了对传统社区和群体的人文关怀②,但习惯法的作用也极为有限。第一,习惯法仅对本部族有约束力,不能有效地约束传统社群以外的使用者③。尽管有些部族曾试图利用现有的实践和方法来保护他们的智慧创作,但是这种方式不能有效阻止社区以外的人对其智慧创作的窃取④。第二,习惯法还可能在国家内部引发远远超出保护非物质文化遗产这一问题的政治后果。第三,有学者认为如果将习惯法作为非物质文化遗产保护的基础法律,那么其中的关键问题便是由哪一机构来裁决争端。赋予非原住民机构解释习惯法的权力的正当性会受到质疑,同时还有人会认为这将篡夺各民族的法律解释及立法的权力⑤。综上所述,习惯法目前在国际社会,即使在发展中国家也没有得到广泛的推崇,并且其本身所能发挥的作用有限,因此不能成为主要的保护模式。当然这不意味着全盘否定习惯法的作用,虽然习惯法的保护模式不能有效地控制社区以外的人的利用行为,但是可以避免"一刀切"的保护模式,这也有助于各民族与社区保持其现有的习惯和做法⑥。

---

① 黄玉烨.民间文学艺术的法律保护[M].北京:知识产权出版社,2008.

② 杨勇胜.民间文学艺术的法律保护[M].长春:吉林大学出版社,2008.

③ Yang C C. A Comparative Study of the Models Employed to Protect Indigenous Traditional Cultural Expressions[J]. Asian-Pacific Law and Policy Journal, 2010(2):49.

④ Ghosh S. Globalization, Patents and Traditional Knowledge[J]. Columbia Journal of Asian Law, 2003(1):115-117.

⑤ MacKay E. Indigenous Traditional Knowledge, Copyright and Art-Shortcomings in Protection and an Alternative Approach[J]. University of New South Wales Law Journal, 2009(1): 1-26.

⑥ Bowrey K. Alternative Intellectual Property? Indigenous Protocols, Copyleft and New Juridifications of Customary Practices[J]. Macquarie Law Journal, 2006(6):65-95.

五、各类保护模式评述

非物质文化遗产知识产权和行政公法两种保护方法分属私法和公法的不同领域,是一种相互支持、相互补充、互不隶属的关系①。非物质文化遗产知识产权保护模式因为受到发达国家的反对,目前在国际层面未取得实质性成果,但赋予非物质文化遗产知识产权保护是实现非物质文化遗产经济价值的必要手段。虽然有些发展中国家在其国内开展了相关立法实践,但是目前国际社会缺乏有约束力的私权保护公约。非物质文化遗产具有重要的文化价值和经济价值,行政公法的保护模式仅仅能够实现文化保存的目标,而非物质文化遗产引起国际社会的广泛讨论的原因之一在于其经济价值的日益凸显。因此,构建非物质文化遗产的私权保护体制对保障其经济价值的实现具有重要意义。非物质文化遗产国际知识产权的保护模式通过为非物质文化遗产提供一种产权制度的保护模式,以明确相关权利义务主体之间的关系及利益分配,具有其他保护模式没有的制度优势,同时也将弥补《保护非物质文化遗产公约》偏重文化价值而忽略经济价值的缺陷。非物质文化遗产的有效保护不仅需要行政公法的保护模式,也需要知识产权私权保护模式,两者相辅相成,共同发挥作用。

第二节　非物质文化遗产国际知识
产权保护的应然性论证

将非物质文化遗产纳入国际知识产权保护客体范围应当具备理

---

① 吴汉东.论传统文化的法律保护——以非物质文化遗产和传统文化表现形式为对象[J].中国法学,2010(1):50-62.

论依据,本节将分别从法哲学、经济学、人权等视角探寻非物质文化遗产国际知识产权保护的理论基础,进而得出运用知识产权制度保护非物质文化遗产具有制度应然性。

一、非物质文化遗产国际知识产权保护的法哲学分析

(一)公平正义理论

公平和正义是法的重要价值,公平是法的逻辑前提,法因公平社会之需要而产生。正义与法具有密切的联系,是人类社会普遍追求的崇高价值理念。从古希腊的柏拉图开始,思想家就不断对正义理念进行阐释。柏拉图首先提出正义的概念,之后亚里士多德提出著名的分配正义和矫正正义,将正义与公平联系在一起,其中分配正义强调的是财产和权利的分配应当实行平等原则、贡献原则等,矫正正义接近于司法正义①。再后来罗尔斯提出了社会正义论,将正义限定为"作为公平的正义",认为"所有的社会价值(自由的机会、收入、财富、自尊的基础)都要平等地分配"②。当前非物质文化遗产知识产权保护受到了发达国家的质疑,这些不同的正义理念从不同角度为非物质文化遗产知识产权保护的正当性与合理性提供了理论支持。

1.分配正义与非物质文化遗产资源的惠益分享

知识产权法中的公平和正义意味着当事人之间权利义务的对等以及权利义务的分配符合正义的原则,并且能够公平合理地分享社会知识财富。以公平正义原则来确定知识产权法中的不同主体间的利益归属可以使利益分配实现公平和有序化③。知识产权法对知识创造

① 魏德士.法理学[M].丁晓春,吴越,译.北京:法律出版社,2013.
② 罗尔斯.正义论[M].何怀宏,何包钢,廖申白,译.北京:中国社会科学出版社,1988.
③ 冯晓青.知识产权法的公平正义价值取向[J].电子知识产权,2006(7):17-20.

者与使用者之间权利义务的分配直接体现了分配正义的原则。同时，分配正义理论也为非物质文化遗产的保护提供了坚实的理论基础。由于非物质文化遗产资源不仅具有重要的文化价值，也具有重要的经济价值，在商业利益的驱动下，发达国家的垄断企业凭借自身的优势，无偿利用发展中国家的非物质文化遗产资源进行各种再创造，并从中获取巨额商业利润。而传统的知识产权制度只保护智力创造者的权利，对非物质文化遗产这一智力源泉并未提供保护，致使非物质文化遗产创造者的权益得不到保障。以分配正义的理论视角进行分析，创造非物质文化遗产的主体在非物质文化遗产利用中没有获得惠益分享，这是不公平、不合理的，直接违反了分配正义中的平等原则和贡献原则。只有对非物质文化遗产资源进行知识产权保护，通过合理的制度设计使非物质文化遗产创造者获得合理的利益分配，才能实现非物质文化遗产的有效保护①。总而言之，非物质文化遗产作为一种具有重要经济价值的资源，利用其获得巨额利润的使用者应当给为资源作出创造与发展贡献的人提供惠益的分享，这既是非物质文化遗产有效保护的需要，也是实现分配正义的需要。

2. 社会正义与知识产权保护客体的拓展

罗尔斯所提出的社会正义实质上是社会制度的正义②。罗尔斯认为"正义的主要问题是社会的基本结构"，即"社会主要制度分配基本权利义务、决定由社会合作产生的利益划分的方式"③。社会正义理论为非物质文化遗产知识产权保护提供了坚实的理论基础。人类的一切智力成果，无论其获得方式如何，也不论是现代知识还是传统知识，只要具有知识产权性，就应获得知识产权的保护，这是非歧视原则的

---

①　张耕.民间文学艺术的知识产权保护研究[M].北京:法律出版社，2007.
②　张耕.民间文学艺术的知识产权保护研究[M].北京:法律出版社，2007.
③　罗尔斯.正义论[M].何怀宏,何包钢,廖申白,译.北京:中国社会科学出版社，1988.

体现①。发达国家主导的传统的知识产权制度过于片面地侧重于保护新知识、新创造,而将发展中国家占相对优势的非物质文化遗产资源排除在客体保护范围之外,造成知识产权制度惠益分配不均、机会不等的后果。发达国家在利用发展中国家的非物质文化遗产资源进行创造并将其申请知识产权保护后,转而向发展中国家索取高额的知识产权使用许可费,导致发达国家与发展中国家之间更为严重的惠益分享不均,违反了公平正义的原则。发展中国家将自身占据资源优势的非物质文化遗产纳入知识产权保护领域,扩大现行知识产权制度的客体保护范围,这既是拓展知识产权保护及惠益分享机会的重要体现,也是国际知识产权制度本身公平正义的基本要求。

(二)利益平衡理论

"在法的创制过程中,认识各种社会利益是法的创制活动的起点……对各种利益做出取舍和协调是法的创制的关键。"②利益是权利的基本构成要素,既是权利的基础和基本内容,又是权利的目标指向,是人们设定该项法律制度所要达到的目的起始动机之所在。所谓利益平衡是指当事人之间、权利主体与义务主体之间、个人与社会之间的利益应当符合公平的价值理念③。具体到知识产权制度领域而言,知识产权利益平衡的主要目标是合理确定知识产权权利人与社会公众之间的权利义务关系,实现信息的私人占有与公众信息获取之间的协调,平衡个人私权与社会公众之间的利益关系④。知识产权的制度设计一方面要以激励创新为目的,充分保障知识产权权利人的利益,另一方面要以促进社会发展为目的,兼顾知识产权使用者与社会公众

---

① 古祖雪.基于 TRIPS 框架下保护传统知识的正当性[J].现代法学,2006(4):136-141.

② 冯晓青.利益平衡论:知识产权法的理论基础[J].知识产权,2003(6):16-19.

③ 吴汉东.知识产权基本问题研究[M].北京:中国人民大学出版社,2005.

④ 任寰.论知识产权法的利益平衡原则[J].知识产权,2005(3):13-18.

的利益。知识产权国际保护中的利益平衡原则的主要内容包括知识产权权利人与使用者、社会公众之间的利益平衡以及发达国家与发展中国家的利益平衡。国际知识产权法作为知识产权利益分配的国际机制,平衡各方利益是其制度的内在要求。将非物质文化遗产纳入国际知识产权保护领域,一方面是实现非物质文化遗产权利人和使用者之间平衡的需要,另一方面也是实现发展中国家与发达国家之间利益平衡的需要。

1. 实现非物质文化遗产权利人与使用人间的利益平衡

知识产权权利人与使用者间的利益平衡是知识产权法的重要价值目标,将非物质文化遗产纳入知识产权保护制度领域可以实现非物质文化遗产权利人与使用者间的利益平衡。随着非物质文化遗产经济价值的日益凸显,越来越多的发达国家利用自身在科学技术方面的优势无偿开发利用发展中国家的非物质文化遗产资源,从中取得巨额的收益,而且并未将惠益分享给作为非物质文化遗产资源提供者的发展中国家,由此造成非物质文化遗产权利主体和使用者之间的利益失衡越来越严重。非物质文化遗产作为集体智慧的结晶,相关主体为其创造及传承付出了脑力和体力的劳动,其应当对自身创造并传承的非物质文化遗产享有一定的控制权。将非物质文化遗产纳入知识产权保护制度赋予了非物质文化遗产提供者一定的专有权,其他使用者利用非物质文化遗产进行商业活动必须经过授权同意并支付报酬,这样可以实现权利人利益与使用者利益的平衡,改变目前非物质文化遗产权利人利益被肆意侵占的不公平现状,从而提高相关权利主体进行非物质文化遗产保护与传承的积极性。

2. 实现发展中国家和发达国家之间的利益平衡

从当前国际知识产权保护制度来看,TRIPS 第 7 条规定的制度目标要求实现三个层次上的平衡:一是激励创新与促进使用之间的平衡;二是创造者与使用者之间的利益平衡;三是创造者与使用者之间权利义务的平衡①。TRIPS 是由发达国家积极主导、发展中国家被动接受的制度安排。TRIPS 所规定的知识产权保护标准本身在很多方面超越了发展中国家的科技、经济和社会发展水平,对发展中国家来说存在严重的利益失衡问题。另外,在保护客体方面,TRIPS 只保护发达国家占优势资源地位的新知识、新创造,而将发展中国家占据资源优势的非物质文化遗产资源排除在保护范围之外。现行的知识产权制度对于发达国家来说是保护其创新性知识,而对发展中国家来说则意味着非物质文化遗产资源被剽窃的"合法性"②。TRIPS 将传统资源的保护排除在外,使得作为创造者的发展中国家与作为使用者的发达国家之间利益分配失衡,违背了利益平衡的制度目标。发展中国家南南合作,采取集体行动在 FTA 框架内构建非物质文化遗产的保护体系,将传统资源纳入知识产权制度保护范围符合发达国家与发展中国家之间利益平衡的原则。综上所述,不论是从现行国际知识产权制度的保护标准还是从保护客体来看,发展中国家均处于不利的地位,存在利益失衡的情况。基于此,有些发展中国家已经主动出击,开始采取积极措施推进现行国际知识产权制度的修改,引发了发达国家与发展中国家之间持久的知识产权谈判。

一方面,将非物质文化遗产纳入知识产权保护制度,从现行国际知识产权制度的失衡点出发,将非物质文化遗产纳入知识产权保护,扩大知识产权的保护客体范围,这将是改变目前发达国家与发展中国家之间利益失衡现状的重要举措之一。另一方面,从非物质文化遗产资源本身来看,发达国家和发展中国家在非物质文化遗产的知识产权

---

① 古祖雪.TRIPS 框架下保护传统知识的制度建构[J].法学研究,2010(1):197-198,200-201,203-208.

② 严永和.论传统知识的知识产权保护[M].北京:法律出版社,2006.

保护问题上具有明显的利益冲突。近年来,发达国家通过跨国公司不断对非物质文化遗产资源进行商业开发与利用,从中攫取了巨大的商业利益,发达国家无偿掠夺的行为加剧了其与发展中国家之间的利益失衡。TRIPS生效后,发展中国家一直在努力寻找新的利益平衡点,以缓解TRIPS所带来的不利影响。目前,发展中国家已成功推动将传统知识、民间文学艺术议题纳入多哈回合知识产权谈判议程。如果发展中国家积极推动非物质文化遗产知识产权法律保护机制的建立,其在国际知识产权体制中的利益失衡现状和利益分配的弱势地位将会扭转,这也将进一步推动公平公正的国际知识产权保护制度的构建。

二、非物质文化遗产国际知识产权保护的经济学分析

(一)产权激励理论

产权激励理论源自古典经济学家用以论证公共产品保护的合理性的研究。产权的一个主要功能是引导人们实现将外部性较大的资源内在化的激励,产权安排直接影响资源配置效率,一个社会的经济绩效如何最终取决于产权安排对个人行为所提供的激励①。经济学领域的产权激励理论在知识产权领域被广泛引用,用来解释产权机制对于知识财产创造活动的影响。知识产权制度的激励理论主要是指通过授予权利主体私权垄断的方式,为知识产权创造和生产活动提供原动力,从而达到激励权利主体创造的目的。它所强调的是通过适当的制度安排来激励人们做出有利于社会整体利益的行为。知识产权制度是一种激励知识创造,促进科技、经济发展和文化进步的重要法律制度,是对创造者创新性活动的公正、合理的奖励。知识产权制度激

---

① 黄玉烨.论非物质文化遗产的私权保护[J].中国法学,2008(5):136-145.

励机制在著作权和专利权中的体现最为明显,但并非所有的知识产权制度都与激励创新密切相关。比如商标权和商业秘密制度都赋予了专有权人排他性的权利,但是其不具有激励创新的目标。商标权制度的建立是为了赋予商标排他性的权利,保护特定的商品,而商业秘密制度的建立是为了维护公平竞争。

就非物质文化遗产本身而言,其保护制度建立的首要目标在于保护传统文化的传承,其次是保障合理的利益分配,为权利主体带来相应的经济效益。非物质文化遗产不仅具有重要的文化价值,也具有重要的经济价值。随着其经济价值在商业开发利用过程中的日益凸显,非物质文化遗产受到越来越多的关注。一方面,给予非物质文化遗产知识产权保护,赋予非物质文化遗产权利人相关的专有权,在知识产权制度产权激励机制的作用下可以激发相关权利主体传承与保护非物质文化遗产的积极性。另一方面,知识产权保护制度的激励作用与传承人投身于非物质文化遗产保护活动的动机之间存在内生的关系[①]。权利越专有,对权利人加大生产投入的刺激就越大,也就越有利于非物质文化遗产的有效利用[②]。非物质文化遗产保护活动需要相关权利主体投入一定的成本,将非物质文化遗产纳入知识产权保护体系可以刺激权利人加大对自身持有的非物质文化遗产成本投入的积极性,从而促进非物质文化遗产的传承与可持续发展。另外,非物质文化遗产排他性专有权的赋予可以积极对抗其他人对非物质文化遗产的不当开发与利用,从而激发所有权人创造的积极性,促进非物质文化遗产的有效保护。

(二)探矿理论和租金耗散理论

1977 年埃德蒙得·凯奇在《专利制度的性质与功能》中将发明者

---

①　杨明.非物质文化遗产的法律保护[M].北京:北京大学出版社,2014.
②　陈志诚.传统知识法律保护[D].北京:中国政法大学,2009.

与探矿者进行类比,提出了专利制度的探矿理论①。在矿权制度下,探矿者对其发现的地下矿藏享有某种独立开采的权利,专利制度具有某种类似探矿的特征。专利在研发过程中需要大量的资源投入,为了避免重复劳动的发生,专利制度将专利权授予技术先行者,这与探矿者发现一个新矿床的过程具有相似性。正如探矿者因冒险探索而对其发现的矿藏享有权利,将非物质文化遗产纳入知识产权保护范围可以使非物质文化遗产的创造者享有权利、获得利益。所以,从探矿理论来看,非物质文化遗产的知识产权保护具有正当性。

租金耗散理论认为,当社会存在过多致力于发展和创新的劳动与投入时,私人利益和社会利益就会被耗散。按照租金耗散理论,为首创发明者授予专利权可以在一定程度上减少租金耗散,即只发生私人成本,不发生社会成本,只耗散私人租金,不耗散社会租金,从而增加社会剩余②。具体到非物质文化遗产领域来看,要赋予权利主体何种权利,需要比较非物质文化遗产保存与传承活动和商业开发活动中的租金耗散情况。如果保存与传承活动耗散更多,则没有赋予权利主体排他性私权的必要;而如果商业开发活动耗散更多,那么有赋予权利主体排他性权利的必要。非物质文化遗产作为集体智慧的结晶,大多数靠口头传播,非物质文化遗产的保存不会造成太多的租金耗散。相反,非物质文化遗产具有重要的经济价值,在经济利益的刺激下,开发者会竞相投资进行开发,因而会产生较大的租金耗散③。因此,从租金耗散角度看,赋予非物质文化遗产知识产权保护可以有效制止非传统社区的居民抱着"淘金"的目的到传统社区争夺资源的行为,从而减少

---

① 严永和.论传统知识的知识产权保护[M].北京:法律出版社,2006.
② 严永和.论传统知识的知识产权保护[M].北京:法律出版社,2006.
③ 杨明.非物质文化遗产的法律保护[M].北京:北京大学出版社,2014.

社会成本的耗散①。

三、非物质文化遗产国际知识产权保护的人权视角分析

人权作为一个人应享有的基本权利,是人所享有的权利的最低界限,是不需要由法律确认而自然享有的道德权利。第二次世界大战后,《联合国宪章》的通过标志着人权保护开始进入国际层面。目前,国际社会制定了一系列国际性人权公约,其中具有普遍性的国际人权文件包括《联合国宪章》的相关条款、1948 年《世界人权宣言》以及1966 年《经济、社会及文化权利国际公约》和《公民权利和政治权利国际公约》。从权利内容演变的过程来看,人权经历了公民权利和政治权利、经济社会和文化权利、民族自决权和发展权等集体人权"三代"的发展。非物质文化遗产作为集体智慧的结晶,与文化获益权、民族自决权、发展权以及健康权等密切相关,保护非物质文化遗产相关权利主体的权益是实现人权保障的需要。

(一)非物质文化遗产保护与文化权利

《世界人权宣言》《经济、社会及文化权利国际公约》等国际文件规定的文化权利均可作为保护非物质文化遗产的权利渊源。《世界人权宣言》第 27 条规定:"人人对于因其所创作的任何科学、文学或美术作品而产生的精神上和物质上的利益享有被保护的权利。"非物质文化遗产具有重要的经济价值,并且可以转化为巨大的经济利益,将非物质文化遗产纳入知识产权保护制度,使得相关权利主体基于文化专有权而获得相应的利益报酬,这是非物质文化遗产权利主体就集体创造的智力成果实现文化获益权的体现。另外,《经济、社会及文化权利国际公约》第 15 条规定了文化获益权,即人人有权"享受科学进步及其

---

① 张海燕.遗传资源知识产权保护法律问题研究[M].北京:法律出版社,2012.

应用所产生的利益,对其本人的任何科学、文学或艺术作品所产生的精神上和物质上的利益,享有被保护的权利"。除此之外,《经济、社会及文化权利国际公约》第 15 条还规定了文化参与权,即人人有权自由参加文化生活。非物质文化遗产的创造和权利主体是社区、群体、个人,因而在非物质文化遗产的国际保护中,社区、群体、个人的参与权必须得到保障①。总而言之,非物质文化遗产的知识产权保护是各民族或部落实现自身文化获益权和文化参与权的重要保障。

(二)非物质文化遗产保护与自决权

世界人权的概念经历了不断发展的过程,联合国教科文组织于第二次世界大战后提出了"第三代人权"理论,"第三代人权"主要包括民族自决权和发展权。《公民权利和政治权利国际公约》第 1 条第 1 款明确规定了民族自决权,民族自决权是一种集体权利,它包括政治自决权、经济自决权和文化自决权。就文化自决权而言,它是指作为一个部落、民族应该享有的国际法所赋予的自主决定本国、本民族文化生存方式和文化发展模式的权利②。文化自决权具有集体权利性质和自主决定文化发展的特点,而非物质文化遗产作为一种集体文化遗产,其传统部落或群体对其享有文化自决权。吴汉东曾指出,现行知识产权制度对传统文化保护不够重视,导致一些国家或地区、一些民族或种族群体应有的权利丧失③。将非物质文化遗产纳入知识产权保护制度可以加强传统部落或群体作为创造者对非物质文化遗产的控制,是实现民族文化自决权的重要体现,也是实现人权保障的客观需要。

---

① Francioni F. Beyond State Sovereignty: The Protection of Cultural Heritage as a Shared Interest of Humanity[J]. Michigan Journal of International Law, 2004(4):1209-1226.

② 卫欢. 传统知识法律保护的正当性:以人权保护为视角[J]. 太原理工大学学报(社会科学版), 2010(3):32-35.

③ 吴汉东. 知识产权的私权与人权属性——以《知识产权协议》与《世界人权公约》为对象[J]. 法学研究, 2003(3):66-78.

（三）非物质文化遗产保护与发展权

1986 年联合国通过的《发展权利宣言》指出，每个人都有权参与、促进、享受经济、社会、文化和政治发展。发展权是一项基本人权，发展权的主体包括发达国家和发展中国家的现代社会成员与传统部族成员。长期以来，发达国家主导的不合理、不公正的国际经济政治秩序严重束缚了发展中国家的发展。对发展中国家和传统部族而言，其往往在现代科学技术方面比较落后，传统知识构成了发展中国家和传统部族经济生活的技术基础。因此，传统知识的保护与传承是发展中国家和传统部族发展权的基本内容[①]。非物质文化遗产具有巨大的经济价值，并且可以转化为带动经济发展的新的增长点，有效保护非物质文化遗产是实现发展权的重要保障。具体到传统知识来看，传统知识开发与利用可以促进制药业、农业、旅游业等领域的发展，产生巨大的商业利益，促进发展中国家经济的发展。如果将非物质文化遗产纳入知识产权保护制度，那么在知识产权制度特有的利益分配机制下，发展中国家将获得非物质文化遗产资源商业利益的分享权，增加经济收益，从而促进自身发展权的实现。

（四）非物质文化遗产保护与健康权

《经济、社会及文化权利国际公约》第 12 条将健康权列为一项基本人权。就药品专利与公共健康之间的关系，2001 年多哈部长级会议通过了《TRIPS 与公共健康多哈宣言》，允许发展中国家和最不发达国家在遭遇公共健康危机时，可以通过强制许可自己生产有关的专利药品，这虽然在一定程度上缓解了发展中国家的公共健康危机，保障了发展中国家药品的可及性。但《多哈宣言》只是对 TRIPS 的微调，并不能充分地维护和实现发展中国家与传统部族的健康权。传统医

[①] 严永和.论传统知识的知识产权保护[M].北京:法律出版社,2006.

药类非物质文化遗产是维护和保障发展中国家与传统群体的健康权和生存权的重要途径。第一,传统医药具有成本低、价格便宜的特点,在经济发展相对落后的发展中国家和传统部族的药品可及性方面存在价格优势。从这一角度看,赋予传统医药知识以知识产权保护,可以使发展中国家获得更多廉价药品,提高发展中国家自身的药品可及性,从而维护公共健康,实现其健康权。第二,传统医药知识可以为新药的研发提供大量有用的信息。据统计,药品使用的植物性成分中有一半以上来源于传统植物医药知识①。如果对传统医药知识采取有效的保护措施,并以此为基础研发新的药品,这将有效缓解发展中国家和传统部落的公共健康问题。相反,如果传统医药知识的保护欠缺或者效果有限,就将导致发达国家不断开发掠夺发展中国家的传统医药,在此基础上进行药品研发、注册药品专利,进而使发展中国家药品的可及性受到影响、公共健康受到威胁。因此,将非物质文化遗产纳入知识产权保护体系可以为与公共健康密切相关的传统医药知识提供有效的保护。一方面,其能提高发展中国家和传统部族保护与利用传统医药知识的积极性;另一方面,也能有效防止传统医药知识被掠夺与盗用,影响发展中国家药品的可及性,威胁发展中国家的公共健康。非物质文化遗产的知识产权保护是解决发展中国家公共健康问题、实现发展中国家健康权的重要途径。

值得注意的是,虽然有些学者也提出了非物质文化遗产国际人权法的保护路径,但单纯依靠国际人权法难以实现有效的保护。在当今国际社会,人权本身是一个相对敏感的话题,而且不同国家均有自己的人权观和人权保护标准。单纯依靠国际人权法保护手段可能导致在不同国家人权保护标准和国家裁量权的综合作用下,非物质文化遗

---

① 卫欢.传统知识法律保护的正当性:以人权保护为视角[J].太原理工大学学报(社会科学版),2010(3):32-35.

产难以形成统一的保护标准,不利于非物质文化遗产的有效保护。综上所述,非物质文化遗产知识产权保护制度的构建既可以让发展中国家获得并行使与非物质文化遗产传承和发展有关的文化获益权、文化自决权,同时也有利于发展中国家发展权和健康权的维护与实现。从人权保护的视角来看,非物质文化遗产知识产权保护具有人权保障上的正当性。

第三节　非物质文化遗产国际知识产权保护的合理性考察

非遗的公开性不等于任何人均可获得,其并没有完全进入公共领域,这为实现知识产权保护提供了重要契机。另外,随着科技革命和社会的进步,知识产权法律的开放性、动态性和科学性等特征将日益凸显,知识产权保护的客体范围进一步扩大,这为将非遗纳入知识产权保护范畴提供了机遇。

一、非物质文化遗产与现代知识产权之间的制度协调

(一)保护客体的契合性

首先,知识产权制度的保护客体为智力成果,本质上属于信息。专利属于新技术信息,商标是用以说明商品来源的信息,作品包含作者意欲向人们表达的自己的某种思想和感情信息,商业秘密被称为"未公开披露的信息"。同样,非物质文化遗产作为各民族或部落在长期生产生活实践中形成的集体智慧的结晶,属于集体智力成果,本质上也属于信息。利用知识产权制度保护非物质文化遗产具备了应然

性。其次,知识产权的保护客体为信息,具有无形性,必须借助一定的媒介和表现形式才能显现出来。非物质文化遗产作为集体智慧的结晶,同样具有无形性和抽象性,这与知识产权的保护客体契合。另外,非物质文化遗产与知识产权保护客体之间存在部分交叉性。虽然不是所有的非物质文化遗产都可以划入知识产权保护的客体范畴,但非物质文化遗产与现代知识产权保护客体之间存在重叠的部分[①]。比如,非物质文化遗产中的表演艺术可以分别作为音乐、戏剧、曲艺、舞蹈和杂技艺术作品等获得著作权法的保护;传统医药知识可以获得专利法的保护。实际上,对于非物质文化遗产的相关衍生品,也可以在现行知识产权制度框架内获得保护。

在某种程度上,被保护客体的性质决定选择的保护模式。目前各国普遍将知识产权制度作为保护非物质性知识信息的专有工具[②]。物质文化遗产属于民法上的物的范围,对其进行保护要采取物权制度。而非物质文化遗产是无形的、抽象的,是人类脑力劳动的成果,其本质为信息,应划归至知识产权保护的客体范畴,对其进行保护要借助知识产权制度[③]。非物质文化遗产与知识产权保护客体存在作为信息本质的同质性及契合性,非物质文化遗产作为一种智力成果的本质决定了对其采取知识产权方面的保护才是最恰当、最全面和最佳的方式。

(二)权利主体的私权性

非物质文化遗产是群体智慧的结晶,群体性是其基本特征。它是特定的群体在长期的生产和生活中共同创造与发展的,个体特征模糊,不能确定具体的创造者,通常只能认为一定的社会群体是非物质

---

① 魏丽丽.论非物质文化遗产知识产权的法律保护模式[J].学术交流,2011(9):91-94.

② 丁丽瑛.传统知识的权利设计与制度构建——以知识产权为中心[M].北京:法律出版社,2009.

③ 齐爱民.非物质文化遗产的知识产权综合保护[J].电子知识产权,2007(6):19-22.

文化遗产的创造主体。《保护非物质文化遗产公约》中将非物质文化遗产来源主体(即其创作、创造主体)界定为社区、群体,当然个人在某些特殊情况下也可以成为权利主体。非物质文化遗产作为各民族或部落共同创造、代代相承的智力成果,其权利主体具有不特定性和群体性。而现行知识产权制度侧重于个人权利的保护,关注个人的创造性贡献及其权利保护,而忽视集体或群体权利的保护。尽管现行的国际知识产权公约也提及合作作者与合作发明者的权利,但这些合作作者与合作发明者的权利也只是个体权利的简单集合体。此外,TRIPS规定的权利主体具有特定性,现代知识产权制度保护的应该是一种私权,其所保护的主体应该是一个可以确定的发明者或创作者①。所以,从这一角度看,非物质文化遗产与传统的知识产权制度之间存在制度冲突和不协调性。

虽然现行的知识产权制度主体的特定性与非物质文化遗产主体的群体性之间存在冲突,但赋予集体以著作权或专利权不会动摇知识产权制度的根基②。现行的知识产权制度也存在赋予集体以著作权或专利权的情形,而且地理标志权本身就是一种集体性权利。因此,非物质文化遗产的群体性并不构成对其采取知识产权保护的理论障碍。另外,从私权性质的角度来看,私权不等于个人化的权利,私权与公权的概念相对应。从理论上来讲,公权体现的多是政治国家职权主体的权力要求,反映的是公共秩序下的主体间的不平等关系,而私权则体现的是市场交易主体的要求,反映的是主体间自由平等的关系③。知

---

① Garvais D. Spiritual but Not Intellectual — the Protection of Sacred Intangible Traditional Knowledge[J]. Cardozo Journal of International and Comparative Law, 2003(2):467-496.

② Gervais D. Traditional Knowledge and Intellectual Property: A TRIPS-Compatible Approach[J]. Michigan State Law Review, 2005(1):137-166.

③ 丁丽瑛.传统知识保护的权利设计与制度构建——以知识产权为中心[M].北京:法律出版社, 2009.

识产权作为一种财产权,本质上是私法意义上的私权,这种私权在形式上不仅包括个人权利,还包括集体权利,并且集体权利不构成对私权本质的否定。比如传统的知识产权制度对集体商标的保护、专利权制度中的职务发明等,其权利主体均有可能为集体。知识产权是私权的理论并不排斥个人以外的其他主体对知识产权行使权利。总之,虽然非物质文化遗产属于群体性权利,但其仍具有私权属性,这种私权属于特定的族群或者社区。

(三)共同的经济价值属性

知识能够成为产权制度保护对象的内在依据在于知识本身具有创造性并且这种创造性具有价值[①]。非物质文化遗产是特定群体或民族集体智慧的结晶,并且总是处于动态的创新过程中,在世代传承中不断创新、发展。一方面,非物质文化遗产是民族精神和民族认同感的集中体现,具有与特定群体或民族相联系的人身属性[②]。另一方面,非物质文化遗产蕴含着巨大的社会价值和经济价值。发达国家无偿利用发展中国家的非物质文化遗产资源进行创造,并从中获得丰厚的利润,近年来发达国家与发展中国家围绕非物质文化遗产经济价值展开的利益争夺愈演愈烈。所以,不论基于非物质文化遗产作为集体智力成果在世代传承中不断创新的创造性的特点,还是基于非物质文化遗产本身的价值属性,均可以看出将非物质文化遗产纳入知识产权保护制度是具有合理性的。两者共同的经济价值属性决定了既需要利用知识产权制度对经济价值产生的经济利益做出公平合理的分配,也需要利用知识产权制度激发相关权利主体保护与传承非物质文化遗产的积极性。

---

① 古祖雪.论传统知识的可知识产权性[J].厦门大学学报(哲学社会科学版),2006(2):11-17.
② 安雪梅.非物质文化遗产保护与知识产权制度的兼容与互动[J].河北法学,2007(12):65-70.

二、非物质文化遗产与现代知识产权之间的冲突不构成根本冲击

非物质文化遗产与现行知识产权制度之间存在诸多冲突，但这些冲突不会构成对现行知识产权制度的根本冲击。仅仅是现行知识产权制度无法完全兼容，需要重塑保护规则而已。所谓的重塑绝不是推翻现有制度重来，在知识产权法体系内，重塑的本质是根据现有的著作权体系适度修正某些条文或创设新的权利形式以适应新形势的发展，重新塑造现代知识产权制度框架，打破原有的利益平衡关系①。

(一)创新性方面

知识之所以能够成为产权保护的对象，其内在根据就在于它的创造性以及这种创造性所具有的价值。知识产权制度作为激励创新的一种制度安排，创新性是赋予智力成果知识产权保护的前提条件。专利权领域的创新性表现为发明的新颖性、创造性和实用性，著作权领域的创新性表现为作品的独创性，商标权领域的创新性表现为标记或标记组合的显著性②。非物质文化遗产作为集体智慧的结晶，可能难以满足现行知识产权制度对于创新性的要求，但是这并不意味着非物质文化遗产本身不具有创新性。我们应当认识到，非物质文化遗产并非一成不变的旧知识，相反，非物质文化遗产在世代传承的过程中，顺应不同时代的发展和环境的变迁而不断创新，它源于传统，同时又超越传统，呈现出的是一种基于传统的创新③。非物质文化遗产本身具有创新性和活态性的特点，虽然创新性不能满足现行知识产权制度规

---

① 周安平,龙冠中.公法与私法间的抉择——论我国民间文学艺术的知识产权保护[J].知识产权,2012(2):21-27.

② 古祖雪.论传统知识的可知识产权性[J].厦门大学学报(哲学社会科学版),2006(2):11-17.

③ 古祖雪.论传统知识的可知识产权性[J].厦门大学学报(哲学社会科学版),2006(2):11-17.

定的新颖性、独创性、显著性的要求,但不影响非物质文化遗产具有创新性的本质。除了获得方式和文化特征不同,它与现代知识产权的保护客体在创造性及其所具有的价值方面并不存在本质上的区别。

(二)公开性方面

按照知识产权制度的规制,一种知识产权在进入公有领域之后,将脱离知识产权保护制度,并由全人类共享其利益。非物质文化遗产是特定群体共同创造的智力成果,往往由特定群体共同掌握、共同拥有,具有公开性和公有性。但是非物质文化遗产的公开属于在特定民族或部落内部的成员之间的公开,并非全体社会成员均能掌握和运用,它属于一种相对公开和有条件的、在特定范围内的公开及公有①。非物质文化遗产相对于特定民族或部落以外的群体来说,仍然是特定民族或部落的专有知识。虽然非物质文化遗产在特定民族或部落内公开,但不意味着其已经进入公有领域,因此其他人不能自由、无偿使用。公有领域和公开状态两者不可混为一谈。处于公有领域的知识可以看成是全人类、全社会的共同财富,人人可以用之。总而言之,非物质文化遗产具有的公开性只是在特定民族或部落内部的相对公开,不是处于任何不特定的人均可获知的状态。非物质文化遗产也没有完全进入公有领域,而只是在一定区域内呈现公开状态。从这一点来看,非物质文化遗产的公开性不同于现行知识产权进入公有领域的公开。非物质文化遗产的相对公开性并没有违反知识产权制度排除公有领域知识的要求,这种相对公开性不构成将非物质文化遗产纳入知识产权保护制度的本质冲突与障碍。相反,只需要对传统知识产权制度的公开性要求进行扩大解释和制度微调,就可以满足非物质文化遗产知识产权保护的制度要求。

---

① 安雪梅.非物质文化遗产保护与知识产权制度的兼容与互动[J].河北法学,2007(12):65-70.

(三)保护期限方面

非物质文化遗产随着特定民族或部落生存与生活方式的自然演进而产生,并在世代相传的过程中不断赋予其符合时代特征的新内容。保护非物质文化遗产的主要目标在于保存传统文化并促进其自身的传承与发展。因此,非物质文化遗产的保护不应当设置固定的期限,而应当赋予其永久保护的期限,以此保障非物质文化遗产在世代传承过程中的发展与创新,实现非物质文化遗产保存与持续发展的目标。传统的知识产权制度赋予相关保护客体的期限是有限的。传统的知识产权制度基于利益平衡理论,赋予知识产权权利人有限的保护期限,若超出了保护期限,相关保护客体将进入公有领域,供社会公众无偿使用。以此来限制创作者的专有权,从而实现创作者的专有权与公共利益之间的平衡。总而言之,设置有限的知识产权制度保护期限是为了实现将知识推向共享和公共领域的目标,而非物质文化遗产保护的目标在于以私权控制维持非物质文化遗产的传统性[1]。设置固定期限有违非物质文化遗产保护的目标。非物质文化遗产需要获得永久保护,这与知识产权有限的保护期限之间存在冲突,但不能因此将非物质文化遗产排除在知识产权制度之外。实际上,现行知识产权制度也存在某些权利的保护期限不确定的情况。比如除发表权之外的著作人格权的保护期限为永久,商标续展制度的设置实际上也使得商标权人获得权利永久保护的机会[2]。因此,非物质文化遗产永久保护期限的设置不构成对知识产权制度的根本冲击,有限的保护期限并非知识产权制度的实质构成因素。两者之间的冲突与差别完全可以通过对知识产权制度的保护期限问题作出特别规定的方式来解决,不构

---

① 丁丽瑛.传统知识保护的权利设计与制度构建——以知识产权为中心[M].北京:法律出版社,2009.

② 安雪梅.非物质文化遗产保护与知识产权制度的兼容与互动[J].河北法学,2007(12):65-70.

成对知识产权制度本身的颠覆。

不可否认,非物质文化遗产与现行知识产权制度在创新性、公开性与保护期限方面存在不协调之处,但这种不协调不构成对知识产权制度根基的冲击。非物质文化遗产与传统的知识产权制度之间的冲突仅仅是传统的知识产权制度本身的制度设计问题而非保护对象的本质性问题,这种冲突通过对现行知识产权制度的修改和解释就可以解决。

三、非物质文化遗产国际知识产权保护具备的制度基础

非物质文化遗产国际知识产权的保护除了具有坚实的理论基础,还具有相关的制度基础。传统的知识产权制度本身为非物质文化遗产知识产权的保护预留了制度空间,知识产权制度的开放性特征也为非物质文化遗产知识产权保护提供了前提条件。

（一）相关国际公约或文件为非物质文化遗产知识产权的保护预留了空间

在 1967 年《伯尔尼公约》修订时,印度曾提议利用著作权保护民间文学作品,此项提议获得了成员方的回应并体现在该公约的修订条文中。《伯尔尼公约》没有直接使用"民间文学艺术"的表述,而在第 15条第 4 款增加了对作者不明作品的规定,虽然该公约没有明确规定民间文学作品的知识产权保护,但被解释为包含对民间文学作品的保护。1982 年 UNESCO 和 WIPO 联合发布的《示范条款》第 12 条中明确规定了不限制或妨碍利用专利权法、著作权法、邻接权法,以及任何其他法律或国际公约保护民间文学艺术表达。从《示范条款》的规定可以看出,各国可以采取包括知识产权制度在内的任何法律保护措施保护民间文学艺术,也为将民间文学艺术纳入知识产权保护制度提供了制度空间。综上所述,《伯尔尼公约》及《示范条款》均为非物质文化

遗产知识产权的保护预留了制度空间,将非物质文化遗产纳入知识产权保护具备制度前提和制度基础。

(二)知识产权的开放性为非物质文化遗产知识产权保护提供了前提条件

许多关于知识产权保护的国际公约及各国知识产权立法均从划定范围的角度界定知识产权的概念,这种划定范围的方式决定了知识产权概念处于不断的发展变化中。实践也证明知识产权制度从产生到现在,呈现出的是一个开放的、动态的、不断创新的制度体系[①]。《成立世界知识产权组织公约》第 2 条规定,知识产权包括工业、科学、文学与艺术领域内的一切来自知识活动的权利,该公约从广义的范畴界定知识产权的客体范围,提供了一个开放性的知识产权概念,这为知识产权接纳新的保护客体提供了空间。传统的知识产权制度体系仅包括著作权和工业产权两大类。随着经济和科技的发展,知识产权保护的客体范围不断扩大,地理标志、集成电路布局设计、计算机软件等也被纳入知识产权保护客体范围。非物质文化遗产作为一种无形的智力成果,是特定群体共同所有的财产,虽然在某些方面超出了传统的知识产权制度的规定,并与其存在一定程度的冲突,但知识产权制度会随着社会发展而不断演进,其本身具有开放性。利用知识产权制度本身开放性的特点扩大知识产权的保护客体范围,在知识产权制度框架内构建非物质文化遗产私权保护模式具有制度前提和可实现性。发展中国家完全可以借鉴早期发达国家推动将集成电路布局设计、计算机软件等纳入现行知识产权制度的经验,利用知识产权制度开放性的特点,将自身占据优势地位的非物质文化遗产资源纳入知识产权制度保护客体范围。这不仅对非物质文化遗产的保护具有重要意义,也

---

① 吴汉东.知识产权法[M].北京:法律出版社,2003.

对重建公平公正、利益平衡的国际知识产权保护制度具有重要意义。

本章小结

非物质文化遗产作为集体智慧的结晶,具有丰富的文化内涵,展示了不同地域多姿多彩的文化,是特定民族生产生活实践的产物和民族精神的沉淀,是世界文化的重要组成部分。一方面,非物质文化遗产体现了一个民族和国家的文化基因与精神特质,保护非物质文化遗产是维护世界文化多样性的需要;另一方面,面对西方国家"文化霸权"的冲击,保护非物质文化遗产是维护和行使国家文化主权的重要体现。目前国际社会保护非物质文化遗产的唯一权威性公约采取行政公法保护模式,此种模式偏重于发挥政府在非物质文化遗产保护中的作用以及文化保存的目标,却忽视了非物质文化遗产的经济价值。而合同法的保护模式主要为发达国家所推崇。一方面,合同仅仅约束双方当事人,其所发挥的作用是有限的;另一方面,合同双方谈判实力的不对等很可能影响合同的公平合理性。因此,合同保护模式受到了发展中国家的广泛反对。习惯法模式仅被非洲的一些部落采纳,作用空间有限,难以成为非物质文化遗产的主要保护模式。由此,注重非物质文化遗产经济价值及相关权利义务分配的知识产权保护模式具备了应然性。值得注意的是,本书并非将非物质文化遗产知识产权保护模式作为唯一路径,从而代替其他被国际社会所讨论或实践的路径。相反,本书认为侧重文化价值的行政公法保护模式与侧重经济价值的知识产权保护模式是一种相辅相成的关系,作为非物质文化遗产保护的两种主要手段,两者协同实现非物质文化遗产的有效保护。另外,合同法与习惯法的保护模式也在非物质文化遗产保护路径中发挥着补充作用。虽然当前经过发展中国家的联合努力,UNESCO 通过了《保护非物质文化遗产公约》,使非物质文化遗产的行政公法保护模式具备了初步依据,但非物质文化遗产的知识产权保护模式在国际社会上尚未达成共识,且此种模式受到以美国、日本为代表的发达国家的质疑。因此,继续探究非物质文化遗产知识产权保护的正当性仍然具有重要意义。本章分别从法哲学、经济学、人权及制度基础等视角系统论证了非物质文化遗产国际知识产权保护的正当性。

公平正义是法的逻辑起点。一方面,非物质文化遗产的知识产权保护及惠益的公平分享是实现分配正义的需要;另一方面,将发展中国家占据优势地位的非物质文化遗产纳入知识产权保护客体,改变现行知识产权制度只保护发达国家占优势的新知识、新技术的利益失衡现状,这既是实现社会正义的需要,也是实现发达国家与发展中国家之间利益平衡的需要。非物质文化遗产蕴含着重要的文化价值和经济价值,对其利益的合理分配是激励非物质文化遗产可持续传承的关键。传承人是非物质文化遗产的重要承载者和传递者,加强对传承人的保护是非物质文化遗产传承和保护的关键。将非物质文化遗产纳入知识产权保护体系,在产权激励机制的作用下,有利于提升传承人的经济获得感,从而充分调动传承主体的积极性。同时,非物质文化遗产具有重要的经济价值,将其纳入知识产权保护体系符合探矿理论及租金耗散理论。另外,从人权的视角看,赋予非物质文化遗产知识产权保护可以更好地实现相关主体的文化获益权、民族自决权、发展权及健康权,充分保护人权。最后,非物质文化遗产与知识产权之间存在保护客体的契合性、权利主体的私权性以及共同的价值属性,这些体现了非物质文化遗产与知识产权制度之间的协调性。虽然非物质文化遗产在创新性、公开性、保护期限等方面与现行知识产权制度存在冲突,但这仅仅属于制度规范层面的冲突,不会构成对知识产权制度本身的根本冲击。并且知识产权制度的开放性特征也为非物质文化遗产知识产权保护预留了制度空间。因此,非物质文化遗产国际知识产权的保护具备理论基础和制度前提,具有正当性。

第五章　非物质文化遗产国际知识
产权保护的场域选择

　　前文从理论的视角详细论证了非物质文化遗产国际知识产权保护的正当性。但当前对于应当在何种框架下建立非物质文化遗产知识产权保护的国际规则，不论是国际组织、各国国内，还是学术界，均存在不同的声音。本书选择 FTA 体制作为发展中国家构建非物质文化遗产知识产权保护的谈判场所和路径，本章将聚焦于探究这一路径选择的合理性与可行性。非物质文化遗产国际知识产权的保护存在诸多路径选择，比如当前 WTO 框架内多哈回合谈判将传统知识与民间文学艺术的保护问题纳入谈判议题；WIPO 也成立了专门的 WIPO-IGC 专注于遗传资源、传统知识及民间文学艺术知识产权保护问题的讨论。所以 FTA 体制不是非物质文化遗产国际知识产权保护的唯一路径。因此，在探究 FTA 体制的可行性之前，本章将先探讨 WTO 及 WIPO 框架内非物质文化遗产国际知识产权保护面临的困境及推进的艰难性，以此得出在 FTA 框架内进行讨论的应然性，并在此基础上详细论证 FTA 框架的可行性。

第一节　通过修改 TRIPS 来保护非物质
文化遗产短期内难以实现

一、WTO 框架内非物质文化遗产知识产权保护谈判的缓慢推进

WTO 的主要功能之一是发起和组织多边贸易谈判,通过每一回合的谈判,不断消除贸易壁垒并制定新的促进贸易自由化的规则。2001 年,世界贸易组织的《多哈宣言》列举了五项新一轮多边贸易谈判以及各分理事会应当优先审议的议题:一是 TRIPS 与公共健康;二是 TRIPS 下传统知识与民间文学艺术的保护;三是 TRIPS 与《生物多样性公约》之间的关系;四是将地理标志扩大到葡萄酒和烈酒以外的其他产品及相关规定;五是建立葡萄酒、烈酒地理标志多边通报与注册制度。五项优先审议的议题多数与发展中国家的利益息息相关,尤其是发展中国家广泛关注的 TRIPS 与 CBD、传统知识和民间文学艺术保护的关系问题被纳入新一轮谈判理事会优先审议的议题之中。就 TRIPS 与 CBD 的关系而言,发达国家与发展中国家存在不同的声音,多哈回合谈判迟迟未能就该问题达成一致意见。非洲国家主张在 TRIPS 框架内建立传统知识保护的国际体制,并将其作为 TRIPS 的有机组成部分;巴西、印度等发展中国家则主张根据 CBD 的目的和原则修改 TRIPS,要求遗传资源或传统知识的使用者在其申请专利时披露来源并提交事先知情同意和惠益分享的证据,从而使成员方能够同时履行 TRIPS 和 CBD 的义务;欧盟支持在国际法范围内构建传统知识的保护模式,但认为当前 TRIPS 理事会不是合适的对话平台,而建

议由世界知识产权组织与 CBD 合作探讨这一议题,等时机成熟,再将其纳入 TRIPS 框架;美国、日本等发达国家主张以合同法的方式解决遗传资源和传统知识保护的问题,反对在 TRIPS 框架内处理传统知识保护问题。目前多哈回合有关传统知识和民间文学艺术保护的谈判,发达国家与发展中国家之间已经形成不同的利益格局,在不同国家利益的对抗与博弈下,有关传统知识及民间文学艺术保护议题的讨论迟迟未取得实质性的进展。如何适应这种新的利益格局,并打破目前传统资源保护谈判的僵局,这是对各国政府及其谈判专家智慧的考验①。

　　非物质文化遗产国际知识产权保护制度的构建既涉及现行知识产权制度中重大利益关系的调整,又要突破现行知识产权制度在学理基础和规范方法方面的羁绊,注定了多边体制谈判的艰难性②。一方面,将非物质文化遗产纳入国际知识产权保护制度会打破发达国家无偿使用发展中国家的非物质文化遗产资源且不与其分享惠益的局面,这关系到发达国家与发展中国家之间的重大利益调整,从而注定了在多边体制框架内推进非物质文化遗产国际知识产权保护谈判的艰难性。发达国家基于自身国家利益的考量,势必会坚决维护并强化自己占优势地位的国际知识产权保护体系,而发展中国家试图将非物质文化遗产资源纳入知识产权保护体系,谋求建立实现新的利益平衡的国际知识产权保护体系的过程将会步履维艰。另一方面,非物质文化遗产与现行知识产权制度存在诸多冲突,需要对现有学理及规范基础进行修改或者扩大解释,这也注定了利用现行知识产权制度保护非物质

　　① 古祖雪.后 TRIPS 时代的国际知识产权制度变革与国际关系的演变——以 WTO 多哈回合谈判为中心[J].中国社会科学,2007(2):143-146,207.
　　② 古祖雪.从体制转换到体制协调:TRIPS 的矫正之路——以发展中国家的视角[J].法学家,2012(1):145-156,179-180.

文化遗产的复杂性与困难性。因此,多哈回合针对非物质文化遗产相关问题的谈判不论从现状还是内在原因分析,其在短期内均难以取得实质性进展。

二、TRIPS 框架内推进非物质文化遗产保护的难度

(一)从修改程序看 TRIPS 修改的难度

TRIPS 具有严格的修改程序,TRIPS 第 71 条规定修改 TRIPS 首先需要 TRIPS 理事会就修改提案进行审议,并在协商一致的基础上将提案提交 WTO 部长级会议,由部长级会议在规定的期限内经成员方协商一致作出决定,即修订 TRIPS 在程序上要求所有成员方协调一致。另外,根据《建立世界贸易组织协定》第 10 条第 3 款的规定,关于 TRIPS 修改后的生效问题,通常需要三分之二的成员方接受后方可生效。从 TRIPS 规定的修改程序来看,TRIPS 的通过需要全体协商一致,并且生效需要三分之二的成员方接受,修改程序十分严格。非物质文化遗产知识产权保护涉及发达国家与发展中国家之间重大利益关系的调整,发达国家与发展中国家很难达成一致意见。就发展中国家积极努力取得谈判进展的公共健康问题而言,虽然对 TRIPS 作出了首次修订,但 2005 年 WTO 理事会批准通过的《修改〈与贸易有关的知识产权协定〉议定书》目前仍然处于尚未生效状态。所以说,要让三分之二的成员方接受并不是一个短期内就能解决的简单问题,体现了发达国家与发展中国家不同利益阵营之间的较量与博弈。因此,修改 TRIPS 需要相当长的时间和大规模的协商谈判,短期内难以取得实质性进展。

(二)从修改先例看 TRIPS 修改的难度

TRIPS 将知识产权与国际贸易联系起来,使其成为保护知识产权

最有效的形式,但各国出于自身贸易利益的考量,对 TRIPS 修改的态度不一,增加了在其框架内进行传统知识保护立法的难度。虽然 TRIPS 存在修改先例,但我们应该看到《多哈宣言》修改的艰难过程。从《多哈宣言》成功实现对 TRIPS 的修订的经验来看,具有以下特点。

第一,TRIPS 的修订需要找到谈判双方的利益平衡点。在公共健康问题上,发达国家和发展中国家找到了一个利益平衡点,发达国家意识到公共健康危机的爆发将会引发一系列国际问题,公共健康问题的解决具有迫切性和必须性,同时基于人权保障的压力,在各种合力的作用下达成了有关公共健康问题的 TRIPS 修改议定书。就非物质文化遗产而言,发展中国家具有丰富的非物质文化遗产资源,而发达国家是主要的使用者,非物质文化遗产知识产权保护的谈判难以找到利益平衡点,因此短期内难以达成共识。若将非物质文化遗产纳入知识产权保护制度,为非物质文化遗产提供排他性的保护,则发达国家不仅需要承担来源披露义务,而且需要为使用的非物质文化遗产资源支付费用。正如一位学者所说的,"如果将传统资源的保护纳入 TRIPS,那么发达国家将进入买单的境地"①。因此,将非物质文化遗产纳入知识产权保护制度必然会对发达国家的利益造成影响,发达国家必须找到新的利益平衡点,才可能接受此种制度选择。否则在国家利益博弈下,有关非物质文化遗产知识产权保护的谈判会继续维持当前僵持的局面。

第二,多哈回合目前唯独就公共健康问题达成协议的原因在于世界各国对尊重生命权与健康权的普遍认同,以及对其中所体现的人本主义的确认,架起了不同国家在公共健康问题上达成共识的桥梁。而就非物质文化遗产而言,其本身很难直接体现人本主义的价值取向,

---

① 周胜生.知识产权国际保护制度的扩张趋势及我国的应对策略[J].电子知识产权,2006(10):34-37.

它也不像生命权和健康权那样是最根本和最重要的人权。虽然非物质文化遗产持有人所享有的权利可以作为集体人权的一种,但这种人权的侵蚀和减损不会给发达国家带来像生命权和健康权侵蚀一样的国际指责和国际舆论压力。所以,从这一角度看,WTO 框架内非物质文化遗产保护的谈判具有艰难性,发达国家很难像对公共健康领域的人本主义压力作出让步一样,对非物质文化遗产基于人本价值压力作出让步。相反,他们会为了争取本国的利益,努力将其排除于 TRIPS 知识产权国际保护制度之外。

另外,TRIPS 是 WTO 一揽子协定相互妥协的结果,一旦开放修订,将会促使成员方在知识产权的所有领域提出更高或更低的保护标准[①]。发展中国家试图通过扩大 TRIPS 的保护客体,将非物质文化遗产纳入保护范围,而发达国家当前也在积极寻求于 TRIPS 框架内继续提高知识产权保护水平的机会。一旦口子打开,势必需要不同国家之间达成新的利益妥协。因此,TRIPS 短期内难以达成一致意见。综上所述,在发达国家与发展中国家的利益对抗与博弈下,后 TRIPS 时代国际知识产权制度的变革将是一个复杂和漫长的过程。虽然发展中国家在解决公共健康危机方面有着修改 TRIPS 的成功先例,但我们也看到了这次成功修订的局部性以及通过的艰难性。国际社会意图通过改变或修正 TRIPS 的做法来达成一个保护非物质文化遗产的国际协定在短期内是几乎不可能实现的[②]。总而言之,在 WTO 框架内构建非物质文化遗产保护的目标任重而道远,短期内不具有突破的可能性。

---

① Gervais D. Traditional Knowledge and Intellectual Property: A TRIPS-Compatible Approach[J]. Michigan State Law Review, 2005(1):137-166.

② 古祖雪. TRIPS 框架下保护传统知识的制度建构[J]. 法学研究, 2010(1):197-198, 200-201,203-208.

三、WTO 框架内知识产权国际保护的优势与不可放弃性

虽然在 WTO 多边体制框架内构建非物质文化遗产的保护制度具有艰难性,在涉及重大利益关系调整的背景下,短期之内难以取得实质性进展,但笔者并不否认 WTO 框架内知识产权国际保护的优势,并且认为全盘放弃 WTO 多边体制的谈判是不合理的。相反,FTA 体制是发展中国家"曲线救国"的策略,先在 FTA 体制内谈判,待时机成熟,再将非物质文化遗产国际知识产权的保护规则上升为 WTO 体制内的全球性规则,这将是发展中国家推动构建非物质文化遗产国际保护制度的最终选择。

(一)WTO 体制内在的制度优势

TRIPS 承接 WTO 的制度体系,将知识产权与国际贸易挂钩,是当前保护范围最全面、实施程序最全、执行效力最强的知识产权国际保护体制。第一,从权利内容来看,TRIPS 以 WIPO 框架内的公约为基础制定,同时扩大了知识产权保护客体范围,将计算机软件和数据库纳入保护客体范围。第二,从实施程序和执行机制来看,TRIPS 明确规定了民事、行政、刑事程序等一系列知识产权执法措施,第一次将知识产权保护的国内实施程序转变为统一规定的国际标准,并成为缔约方必须严格履行的国际义务。在执行机制方面,TRIPS 将适用于一般货物贸易的争端解决机制延伸到知识产权保护领域,将知识产权保护与国际贸易挂钩,使得知识产权争端解决具有了强制执行力,TRIPS 也因此成为执行效力最强的知识产权条约。第三,TRIPS 将知识产权保护与国际贸易相结合,更符合保护非物质文化遗产创造者利益的目的。TRIPS 将成员方的对外贸易和经济利益与知识产权紧密结合,并且允许成员方在其知识产权受到侵害而没有得到妥善的解

决和必要的补偿时,可以进行贸易报复,这样会督促成员方积极履行知识产权保护的义务,以免遭到贸易报复,减损国家利益。因此,将非物质文化遗产的保护纳入 TRIPS 框架内,使其与国际贸易相联系,发展中国家可以通过 WTO 争端解决机制保障非物质文化遗产的合法利用。这样的制度保障和制度优势将在一定程度上有利于传统知识的存续和发展。第四,从多边谈判的制度优势来看,多边谈判框架内的发展中国家可以通过南南合作,采取集体行动的方式增强自身与发达国家相抗衡及谈判的实力,而在双边体制谈判中,发展中国家只能单独面对与自己实力悬殊、强大的发达国家①。另外,许多非政府组织也十分关注 WTO 框架内的知识产权谈判问题。因此,发展中国家在 WTO 框架内的知识产权谈判经常会得到一些非政府组织的道义支持、舆论声援和技术支持,这也将在一定程度上增强发展中国家的谈判实力。综上所述,WTO 自身的制度优势使得发展中国家不仅可以通过采取集体行动的方法获得较强的谈判实力,增强自身在多边体制框架内的话语权,而且还能获得非政府组织的声援,提升在多边体制内的谈判实力。

（二）TRIPS 存在修改先例

多哈回合谈判提出了五项优先审议的议题,目前仅公共健康议题的谈判达成了相关协议。这也是考虑到知识产权制度与公共健康之间的矛盾日益尖锐,严重影响了发展中国家的药品可及性,从而导致发展中国家公共健康危机的爆发。发展中国家通过联合行动,在多哈回合谈判中推动了《多哈宣言》的通过。《多哈宣言》承认了使许多发展中国家和最不发达国家遭受痛苦的公共健康问题,明确规定了公共

---

①　魏艳茹.晚近美式自由贸易协定中的传统知识保护研究[J].知识产权,2007(2):87-92.

健康危机作为药品专利强制许可的理由①。2003年，WTO总理事会通过了《关于TRIPS与公共健康多哈宣言第六段的执行决议》，提出了以豁免的形式为欠缺生产能力的成员方提供药品可及性的解决方案，从而解决了能力不足或没有生产能力的国家适用强制许可面临的困难。2005年，WTO总理事会就保护发展中国家的公共健康问题批准通过了《修改〈与贸易有关的知识产权协定〉议定书》，但该议定书至今尚未生效，只是作为一个修订草案而存在。总之，《多哈宣言》就公共健康问题对TRIPS的首次修订给发展中国家继续推进TRIPS的修订提供了一定的经验。这似乎也给同时纳入谈判议题的传统知识及民间文学艺术保护问题的解决带来了信心和希望。但同时我们应当认识到，即使公共健康问题的谈判取得了一定的成功，但修订的草案何时生效仍然未知。因此，在不同利益的博弈下，TRIPS的修订存在艰难性与效果的有限性。

四、WTO框架内非物质文化遗产的保护应当作为长远和最终目标

古祖雪曾提出，对待传统知识的保护，国际社会，特别是一些传统知识相对丰富的国家，既要在战略上坚定目标，又要采取循序渐进的合理步骤，推动可能导致TRIPS改变或修正的新发展，最终实现基于TRIPS框架保护传统知识的目标。在TRIPS框架下的传统知识保护规则建立之前，先通过国家或地区层面的立法将传统知识保护起来不仅是正当的，而且是合法的②。虽然WTO框架内非物质文化遗产的

---

① 贺小勇.从《多哈宣言》到《总理事会决议》看国际知识产权保护[J].法学，2004(6)：105-109.

② 古祖雪.TRIPS框架下保护传统知识的制度建构[J].法学研究，2010(1)：197-198，200-201，203-208.

保护在短期内难以实现,不是当今发展中国家发力的主要领域,但是笔者并不否定 WTO 框架内构建非物质文化遗产保护制度目标的长期性。第一,正如前文所分析的,WTO 框架具有自身的制度优势,能够为非物质文化遗产提供切实有效的保护。第二,WTO 框架已经成为一种相对成熟稳定的知识产权国际保护制度,若要彻底摒弃这种制度,另起炉灶,重新选择知识产权保护制度,从制度成本角度来看,也具有一定的代价;从制度效果来看,摒弃 WTO 体制内知识产权国际保护累积的成熟经验也不具有合理性。总而言之,当前在 WTO 框架内构建非物质文化遗产的保护制度短期内难以实现,因此不是发展中国家短期内采取的最优策略。但是,WTO 框架应当作为经过循序渐进过程所追求的最终目标和最终选择。在 WTO 多边贸易谈判机制有效行使其职能前,FTA 将为各国之间非物质文化遗产的知识产权保护提供最有效、便捷的解决途径①。

第二节 当前 WIPO 框架内推进非物质文化遗产保护并非唯一选择

一、WIPO 框架内推进非物质文化遗产保护的优势

WIPO 作为非物质文化遗产知识产权保护的主要推动者,为相关非物质文化遗产,尤其是传统知识和民间文学艺术的知识产权保护提供了国际讨论场所,发动了一系列超越 WTO 体制的软法造法活动,

---

① 任虎.FTA框架下传统知识保护模式研究[J].上海大学学报(社会科学版),2013(5):109-120.

对非物质文化遗产知识产权保护问题进行了有益的探索。

（一）从 WIPO 作为联合国机构的体制定位看其优势

《建立世界知识产权组织公约》于 1967 年通过。WIPO 依据该公约产生，并于 1974 年成为联合国专门负责知识产权事务的机构。WIPO 保持了一种相对灵活的体制，无论是知识产权条约的制定还是执行，都是在一种友好的协商机制下实现的[①]。WTO 体制内 TRIPS 的通过使得知识产权制度的国际协调进入了新阶段。如今，TRIPS 在知识产权国际协调中发挥着主导作用，但并不意味着 WIPO 已经退出历史舞台，WIPO 仍然在某些领域发挥着重要作用。国际知识产权保护制度呈现的是两种体制协调、共同发展的趋势。

WIPO 作为联合国的机构之一，这种体制定位决定了其除需要遵守本机构宗旨以外，还需要遵守联合国的相关规定[②]。另外，WTO 体制明显区别于 WIPO 体制，WTO 独立于联合国，不受联合国政策和规则制约，更容易为美国等发达国家所控制，在 TRIPS 的相关规定中，发达国家与发展中国家严重的利益失衡就是其中直接的例子。WIPO 体制作为联合国机构，不仅更多地关注对发展中国家有利的议题，而且在体制上受到联合国的制约，也更不容易被发达国家所操控。因此，从 WIPO 体制自身的定位来看，发展中国家在 WIPO 框架内推进非物质文化遗产知识产权的保护具备体制优势，发展中国家可以依据 WIPO 作为联合国机构的体制定位以及 WIPO 对发展中国家的关注，积极推进非物质文化遗产知识产权保护。实践表明，在发展中国家的积极推动下，WIPO 于 2000 年成立了 WIPO-IGC 作为国际社会讨论遗传资源、传统知识和民间文学艺术保护的专门论坛，WIPO-

---

① 熊琦.经济发展模式与国际知识产权体制选择[J].商事仲裁，2012(9):14-23.

② 刘银良.美国域外知识产权扩张中的论坛选择政策研究:历史策略与哲学[J].环球法律评论，2012(2):123-139.

IGC 自成立以来,积极推动传统资源的知识产权保护,多次组织有关传统知识产权保护的国际论坛,通过了一系列与保护传统知识及民间文学艺术的相关文件,积极推进非物质文化遗产国际保护规则的构建。其中,WIPO-IGC 分别在 2012 年和 2013 年讨论通过了《保护传统知识:条款草案》的第一次修订稿和第二次修订稿,这为在 WIPO 框架下制定一项专门的传统知识国际知识产权保护公约提供了基本框架。

(二)从 WIPO 体制的作用发挥看其优势

第一,WIPO 作为联合国负责在知识产权保护领域发展国际法的专门机构,职能单一,精力集中。它不同于 WTO,后者涵盖了货物贸易、服务贸易、知识产权等一揽子协定。从这一角度看,WIPO 作为知识产权国际保护的专门机构,可以集中所有精力于知识产权谈判,从而提供更多非物质文化遗产知识产权保护协商的平台与机会。第二,WIPO 是知识产权制度国际协调领域的"老兵",具有足够的经验、专家和信息。在 WTO 框架下的 TRIPS 通过之前,WIPO 是知识产权国际保护的唯一国际组织,管辖着几乎全部的国际知识产权条约,在知识产权的国际保护中长期发挥着重要作用,积累了丰富的国际知识产权保护经验。第三,WIPO 成员方中发展中国家占多数,作为发展中国家占大多数的联合国机构之一,WIPO 特别关注发展中国家的知识产权保护问题,协助这些国家根据本国具体实际与国际标准来完善国内知识产权法,时刻注意在条约内部保持经济利益与自由接触之间的平衡。此外,发展中国家也可以借助其在联合国多数表决权的优势对 WIPO 框架内的有关议题行使多数表决权。同样,非物质文化遗产保护的相关问题在 WIPO 体制框架内的谈判有利于发展中国家在相关规则制定通过的过程中行使多数表决权,联合起来,掌握一定的规则制定的主动权和话语权,积极推进非物质文化遗产保护议题的谈判。

二、WIPO 框架内推进非物质文化遗产保护的难点

　　世界知识产权组织自 20 世纪下半叶以来,一直积极推动对非物质文化遗产的知识产权保护,希望达成某种公约并鼓励各国制定相关法律。但囿于国际共识难以达成,因此没有取得实质性进展。其中一个重要的原因是非物质文化遗产知识产权的保护将会打破发达国家对自近代工业革命以来建立的现行知识产权制度的垄断话语权,因而自然会受到发达国家的抵制①。虽然在 WIPO 框架内推进非物质文化遗产的保护具备一定的优势条件,但 WIPO 体制并非唯一选择。WIPO 所管辖的公约没有强制执行力,WIPO 体制内通过的一系列与非物质文化遗产相关的文件均不具有强制约束力。此外,WTO 可以将成员方在知识产权之外的各种贸易利益与知识产权问题挂钩并作为快速提升知识产权保护标准的诱饵或筹码,而 WIPO 只能就知识产权问题本身进行谈论,无法利用体制下的一揽子协定关联谈判的机会和条件②。国际谈判成功达成的关键是找到利益的平衡点,不同利益之间的交换可以促进国际谈判协定的达成。就 WIPO 框架内有关传统知识和民间文艺保护的进展而言,目前尚处于讨论、交流和沟通阶段,近期难以达成有约束力的条约。另外,虽然 WIPO 目前就传统知识的保护通过了传统知识保护草案,但保护的含义、权利的范围和补救措施均是草案中有争议的条款③。

---

① 朱兵.关于非物质文化遗产法中的民事保护问题[J].中国版权,2011(6):13-16.

② Ryan M P. The Function-Specific and Linkage-Bargain Diplomacy of International Intellectual Property Lawmaking[J]. University of Pennsylvania Journal of International Economic Law, 1998(2):535.

③ Gebru A K. Intellectual Property Law and the Protection of Traditional Knowledge: From Cultural Conservation to Knowledge Codification[J]. Asper Review of International Business and Trade Law, 2015(15):293.

三、WIPO 框架内推进非物质文化遗产保护并非唯一选择

正如欧盟所认为的那样,TRIPS 理事会不是目前探讨传统知识保护的合适场所,而提出 WIPO 是现阶段谈判解决传统知识保护问题的最合适的场所。WTO 关于传统知识保护问题的处理方案最好建立在 WIPO 工作成果的基础上,待时机成熟之后,再将传统知识的保护纳入 TRIPS[①]。WIPO 在体制定位和职能发挥方面均具备相对优势,它作为联合国机构之一,关注发展中国家迫切关注的问题,并且具有国际知识产权保护的丰富经验;发展中国家在 WIPO 体制内占据绝大多数,可以行使多数表决权;它关注遗传资源、传统知识、民间文学艺术的保护问题,并成立了专门的论坛。从上述种种优势可以看出,WIPO 在非物质文化遗产资源的保护过程中发挥着重要作用,具备谈判的优势条件。如果 WIPO 体制框架内达成非物质文化遗产保护的相关协定,这在国际层面既可以起到消除分歧、凝聚共识的作用,也可以成为推动 TRIPS 改变或修订的动力[②]。正如当年 TRIPS 采取将 WIPO 所管辖的公约并入其中的造法模式,发展中国家也可以采取此种模式,先在 WIPO 框架内达成非物质文化遗产保护的相关规则,然后逐步推进,最终实现将其并入 TRIPS 之中。实践也证明 WIPO-IGC 自成立以来,积极推动传统资源的知识产权保护,通过了一系列相关文件,这为未来国际社会缔结有关传统资源保护的国际条约奠定了基础。

---

① 古祖雪. TRIPS 框架下保护传统知识的制度建构[J]. 法学研究, 2010(1):197-198, 200-201,203-208.

② 古祖雪. 从体制转换到体制协调:TRIPS 的矫正之路——以发展中国家的视角[J]. 法学家, 2012(1):145-156,179-180.

第三节　当前非政府组织在非物质文化遗产保护领域的作用有限

非政府组织(non-governmental organizations,简称 NGO)是指除政府和企业外的不以营利为目的的其他社会组织。非政府组织关注的是全社会的公共利益和某些族群的利益(如弱势群体利益、行业利益等),往往发挥着政府和企业无法或难以充分发挥的作用,以推动社会进步①。联合国教科文组织成立至今,始终在寻求与非政府组织合作的机会。在非物质文化遗产国际保护领域,自《保护非物质文化遗产公约》生效以来,非政府组织也通过该公约搭建的合作机制积极参与国际层面的非遗保护行动,并取得了一些成绩。

一、非政府组织在非物质文化遗产保护中的主体地位

非政府组织在国际规则的构建过程中发挥着不可忽视的重要作用。就发展中国家面临的公共健康危机而言,非政府组织给予了发展中国家强有力的舆论及技术支持。而非政府组织积极介入非物质文化遗产的保护,再次对发展中国家鼎力相助,其作为非物质文化遗产的保护主体,在理论层面具备国际法依据。第一,《保护非物质文化遗产公约》在序言中规定,承认各群体,尤其是原住民群体(有时是个人)在非物质文化遗产的创作、保护和创新方面发挥着重要作用,从而为提高文化多样性和人类的创造性作出贡献;第 11 条第 2 款明确规定,

---

① 曹莎.非政府组织在非物质文化遗产保护中的现状探析[J].山东省农业管理干部学院学报,2012(2):110-112.

缔约方应当鼓励各社区、群体和有关非政府组织实施确保非物质文化遗产生命力的各种措施,确认其领土上的各种非物质文化遗产,与实施《公约》的其他行为方进行合作与协调。由此可见,《公约》明确强调了非政府组织在非物质文化遗产保护中的重要角色,这为非政府组织更好地参与非物质文化遗产保护工作提供了法律支撑。第二,实施《公约》的业务指南具体规定了非政府组织的相关认证标准,如下所示。(a)在保护一个或多个特定具体领域的非物质文化遗产方面,具有业已证明的能力、专业知识和经验。(b)具有地方性、全国性、区域性或(视情况而定的)国际性。(c)具有符合《公约》精神的目标,而有符合这些目标的章程或规章制度更佳。(d)本着相互尊重的精神,与创造、实践和传承非物质文化遗产的社区、群体及有关个人进行合作。(e)具有业务能力,包括:i. 活跃的正规成员制,形成一个因追求既定目标的共同愿望而联合起来的群体;ii. 确定的注册地和符合国内法律且得到认可的法人资格;iii. 在纳入认证考虑时已经存在并开展适当活动至少四年①。由此可见,联合国教科文组织保护非物质文化遗产的相关条约体系中明确了 NGO 在保护非物质文化遗产及《公约》实施过程中的重要作用,并且详细规定了与非物质文化遗产保护相关的 NGO 的认定标准,为缔约方,尤其是发展中国家认定国际性非物质文化遗产保护 NGO 提供了明确的标准,有利于非物质文化遗产保护 NGO 的规范化及其作用的有效发挥。第三,非物质文化遗产具有重要的文化属性,非遗的传承要特别注重其原真性。非政府组织由于自身的非营利性使其能够在保护的过程中更加注重非遗的非经济价值,从非物质文化遗产的根本属性入手,可以更中立、客观地参与非物质文化遗产的保护,保证非物质文化遗产原汁原味传承。除此之外,非

---

① 基本文件 2003 年《保护非物质文化遗产公约》(2022 年版本)[EB/OL].(2023-07-12)[2024-04-03]. https://www.ihchina.cn/Uploads/File/2023/07/12/u64ae627c3662a.pdf.

政府组织具有非官方性、民间性的特点,与民众有着天然的联系优势。这使得非政府组织在参与非物质文化遗产保护的过程中具有贴近民众、实施对口保护的优势①。

二、当前非政府组织对非物质文化遗产保护的现状及问题

(一)代表性非政府组织非物质文化遗产保护的实践

1. 世界自然保护联盟

世界自然保护联盟(International Union for Conservation of Nature and Natural Resources,简称 IUCN)成立于 1948 年,是当前全球最大的自然环境保护组织。IUCN 在非物质文化遗产保护方面的作用主要体现在遗传资源获取与惠益分享上的努力。IUCN 启动了 ABS 项目,总结、收集有关 ABS 机制的现有经验和相关信息,分析阻碍 ABS 实施的因素;通过国家、国际组织合作,在国家和国际层面上向决策者提供全面、可行的信息,为建立 ABS 的国际机制提供法律、技术的专业意见。IUCN 在促进 ABS 机制实现过程中扮演政策建议、游说和协调各方利益的角色,主要采取的策略包括:第一,通过全方位的研究为解决 ABS 项目实施遇到的难题而提供解决方案和专家意见;第二,为正在起草有关实施 ABS 制度的国家提供咨询服务;第三,在国家、区域和国际层面的不同论坛进行游说;第四,通过资助和支持国家实施的项目帮助发展中国家和居民社区进行能力建设②。ABS 制度涉及遗传资源以及与遗传资源利用相关的传统知识的获取和惠

---

① 曹莎.非政府组织在非物质文化遗产保护中的现状探析[J].山东省农业管理干部学院学报,2012(2):110-112.
② 薛达元,崔国斌,蔡蕾,等.遗传资源、传统知识与知识产权[M].北京:中国环境科学出版社,2009.

益分享问题,与遗传资源利用相关的传统知识作为非物质文化遗产的种类之一,IUCN 对 ABS 制度做出的努力实际上也推进了对非物质文化遗产的保护。

2. 第三世界网络

第三世界网络成立于 1984 年,是研究有关发展问题的国际性智囊团与研究中心。它专门研究与全球经济及环境相关的问题,包括发展问题、第三世界问题和南北问题,是比较少见的从第三世界国家的角度看待国际事件的非政府组织。第三世界网络于 2006 年在我国设立办公室,在过去的十多年里,第三世界网络与我国多家单位在转基因生物安全、遗传资源获取与惠益分享、传统知识保护与惠益分享、知识产权等方面进行了广泛合作,举办了相关研讨会,出版了宣传刊物等①。第三世界网络同样持续关注遗传资源的获取和惠益分享问题,非常明确地秉持代表第三世界利益的立场,通过网络和出版物及组织各种会议的形式,公开相关研究成果,呼吁各国应当认识到《生物多样性公约》目前对于遗传资源获取的规定已经赋予各国执行相关政策和立法的责任②。

(二)当前非政府组织在非物质文化遗产保护中作用的有限性

虽然从实践层面来看,就目前不同国家之间的非物质文化遗产保护之争,诸如世界自然保护联盟、第三世界网络等一些颇有影响力的国际性非政府组织均不同程度地参与其中,但与其在 WTO 公共健康危机中的表现相比,其对非物质文化遗产保护问题的重要性和迫切性认识不足,没有充分发挥其自身的潜力给予发展中国家强有力的

---

① 薛达元,崔国斌,蔡蕾,等.遗传资源、传统知识与知识产权[M].北京:中国环境科学出版社,2009.
② 薛达元,崔国斌,蔡蕾,等.遗传资源、传统知识与知识产权[M].北京:中国环境科学出版社,2009.

支持。

1. 当前非政府组织对非物质文化遗产保护的关注有限

1992 年里约地球峰会之后，传统知识保护问题开始进入一些国际性非政府组织的视野。但总体来看，国际性非政府组织一直将自己的关注重点放在其认为迫切需要解决的其他国际问题上，而对非物质文化遗产保护问题的关注明显不够。因此，迄今为止国际性非政府组织尚未与发展中国家形成必要的紧密合作网络，也尚未与发展中国家达成较为一致的非物质文化遗产保护立场。WTO 网站上的相关信息显示，关于 TRIPS 理事会框架下所进行的传统知识保护讨论，诸如侵蚀、技术与市场集中行动集团，遗传资源行动国际，绿色和平组织等颇有影响力的国际性非政府组织都没有积极参与[①]。

2. 发展中国家非政府组织的数量有限

非政府组织参与国际事务最重要的作用是向国家施加压力[②]，但目前旨在保护非物质文化遗产的发展中国家非政府组织的数量非常有限，所以当前非政府组织在非物质文化遗产保护方面不能有效地向发达国家施加压力。自 2008 年《实施〈保护非物质文化遗产公约〉的业务指南》通过以来，联合国教科文组织认证的非政府组织逐年增多，截至 2020 年 9 月，缔约方曾先后认证了 266 个非政府组织，非物质文化遗产保护政府间委员会共终止了与其中的 74 个组织的合作关系[③]。我国获得联合国教科文组织认证的非政府组织有中国民俗学会和世界中医药学会联合会等。与欧美国家相比，甚至与亚洲的韩国、印度相比，中国在国际非遗保护领域的非政府组织力量还相当薄弱。截至

① 魏艳茹.传统知识保护之争中的非政府组织[J].法学论坛，2007(3):104-109.
② Newell P. Climate for Change: Non-State Actors and the Global Politics of the Greenhouse[M]. Cambridge: Cambridge University Press，2000.
③ 郭翠潇.《保护非物质文化遗产公约》名录项目评审机制与非政府组织认证制度:合作、博弈与对话[J].民间文化论坛，2020(5):120-128.

2010 年,全球共有 4 万余个国际性非政府组织①。与全球国际性非政府组织的数量相比,我国非物质文化遗产保护领域的非政府组织数量明显不足。另外,这些仅能有限地保护非物质文化遗产的非政府组织还普遍面临筹款困难、经费不足的窘境②。因此,当前非政府组织在帮助发展中国家实现非物质文化遗产保护方面所能发挥的作用有限。

第四节 FTA 框架下非物质文化遗产国际知识产权保护的国际形势

后 TRIPS 时代,国际知识产权保护的重要特征之一是发达国家通过与发展中国家签订双边或者区域性协定,以市场准入和贸易投资等作为交换条件,缔结超出 TRIPS 知识产权保护标准的 TRIPS-plus 条款。近年来,世界范围内新签订的区域多边自由贸易协定呈现出知识产权保护不断加强、保护客体更加广泛、新增内容更为详尽、执法措施更趋全面的态势。FTA 体制内 TRIPS-plus 条款的扩张反映出知识产权国际保护制度正在由 WTO 多边体制框架向 FTA 双边体制转移的新动向。后 TRIPS 时代发达国家 TRIPS-plus 条款扩张给包括中国在内的发展中国家带来了诸多消极的影响,发展中国家在国际知识产权保护制度中将处于更不利的局面。

一、发达国家 TRIPS-plus 条款扩张的背景及表现形式

后 TRIPS 时代,在以美国为首的发达国家的主导下,知识产权全

---

① 郑长旭.非政府组织在社区治理中的功能性分析[J].中国经贸,2013(4):89-91.
② 魏艳茹.传统知识保护之争中的非政府组织[J].法学论坛,2007(3):104-109.

球治理的谈判场所开始转向双边或区域贸易协定,呈现出知识产权高标准保护的趋势。

(一)TRIPS-plus 条款扩张的背景

TRIPS 大幅度提升了知识产权国际保护的水平,但是美国等发达国家并未满足该协定所确立的知识产权保护标准,TRIPS 只是起点,而非终点。发达国家仍然期望推行更高标准的知识产权保护。知识产权全球治理的标准没有最高,只有更高,且正朝着"不设'天花板'的高标准发展"[①]。发达国家认为其在 TRIPS 谈判上作出了很大的让步,给发展中国家设计了弹性条款和过渡期的优惠安排,预留了较大的政策空间,减轻了发展中国家在知识产权保护方面的义务,但知识产权国际保护的水平没有达到发达国家预期的高度。由此,发达国家期望推行更高标准的知识产权保护。对发展中国家而言,TRIPS 的要求超出了其自身的经济发展水平,存在严重的利益失衡。发展中国家在承受了 TRIPS 带来的巨大国内执法压力后,一方面,开始在 WTO 新一回合谈判中积极主动地表达自身意愿,提出代表自身国家利益的传统知识、民间文学艺术保护以及公共健康等议题。另一方面,发展中国家通过南南合作,开展联合造法活动。后 TRIPS 时代,发展中国家开始转向于联合国国际人权体制、联合国公共健康体制、联合国生物多样性体制等 TRIPS 之外的体制开展国际知识产权造法活动[②]。从内容上看,后 TRIPS 时代,发展中国家知识产权国际保护变革活动是直接或间接地对 TRIPS 所确立的高标准的知识产权规则表示对抗,并尝试通过缔结一些条约、宣言、决议和指南建立新的规则来解决社会矛盾与冲突。从实质上看,它体现了知识产权国际保护制度向国

---

①　吕炳斌.知识产权国际博弈与中国话语的价值取向[J].法学研究,2022(1):153-170.

②　Helfer L R. Regime Shifting: The TRIPs Agreement and New Dynamics of International Intellectual Property Lawmaking[J]. Yale Journal of International Law, 2004(1):1.

际软法体制的发展。这些软法规范虽然不具有法律强制约束力,但对
TRIPS 确立的国际知识产权制度造成了一定冲击,甚至可以成为推动
TRIPS 知识产权制度改革的理由和动力。面对发展中国家在多边体
制框架内的联合发声以及在联合国机构内的体制转换,一方面,发达
国家在多边体制框架内继续推行更高知识产权保护标准的愿望遭到
了发展中国家的集体抵制,难以实现;另一方面,发展中国家在联合国
体制内达成的一系列软法文件也给发达国家带来了一定的压力。由
此,发达国家开始寻求新的谈判场所,推动国际知识产权谈判由多边
WTO 和 WIPO 体制转向 FTA 体制,希望借助区域或双边自由贸易
协定实现"各个击破",从而达到推行知识产权保护更高标准的目标。

(二)TRIPS-plus 的表现形式

TRIPS-plus 主要是在美国等发达国家与发展中国家之间缔结
的,其往往不是单独的知识产权协定,而是包含 TRIPS-plus 标准的自
由贸易协定或投资协定,并且确立了高于 TRIPS 的知识产权标准。
TRIPS-plus 产生和发展的根源在于,发达国家为了谋求维持和扩大
知识产权国际贸易和投资的比较优势而伺机变换其惯用的体制转换
和场所转移策略,即发达国家通常选取阻力最小、最有利于达成高标
准知识产权保护协议的体制和场所作为推行其知识产权霸权主义的
策略选择。TRIPS-plus 是发达国家知识产权霸权主义在新体制下的
延续和发展[1]。以 TRIPS 的最低保护标准为 TRIPS-plus 条款的法律
依据。TRIPS-plus 条款高于 TRIPS 知识产权标准的表现形式包括:
第一,增加知识产权的保护客体。虽然 TRIPS 侧重保护发达国家的
新知识,但发达国家并未就此止步,反而继续在 FTA 体制中扩大知识

---

　　[1]　张建邦."TRIPS-递增"协定的发展与后 TRIPS 时代的知识产权国际保护秩序[J].西南政法大学学报,2008(2):17-25.

产权保护的客体。例如,美国—智利 FTA 中将气味商标纳入知识产权的保护客体范围;CPTPP 将声音、气味商标等非传统商标类型纳入知识产权保护客体范围。此外,发达国家在 TRIPS-plus 中限制发展中国家和最不发达地区根据 TRIPS 所享有的动植物生产方法可专利性的权利,如美国与约旦、智利签订的 FTA 中明确规定了对动植物的发明给予知识产权的保护,压缩了发展中国家依据 TRIPS 所享有的客体范围的选择空间,限制了发展中国家对 TRIPS 中知识产权客体的选择。第二,延长知识产权的保护期限。美国与其他国家签署的 FTA 中对著作权的保护期比 TRIPS 多 20 年。例如,美国—智利 FTA 中规定著作权保护期限为作者终生及死后 70 年;CPTPP 中将版权保护期限延长至作者死后 70 年。第三,扩大知识产权的保护内容。强化网络环境下的知识产权保护,明确将著作权的保护拓展到临时复制;建立专利链接制度和数据独占保护制度。第四,强化知识产权执法措施,加大对侵犯知识产权的行为的民事处罚、行政处罚以及刑事处罚的力度,降低刑事处罚的门槛。TRIPS 第 61 条对刑事处罚措施作出了"具有商业规模"的限定,并没有明确界定商业规模的内涵。然而,美国与约旦达成的 FTA 中规定,缔约方对侵权行为不考虑是否具有商业规模,对侵犯知识产权的行为均应处以足够的罚款,并且在权利人未主张的前提下也应当给予刑事处罚。这意味着只要行为是出于经济或商业目的,就可以被认定为"具有商业规模",这些规定实质上降低了刑事处罚的门槛[①]。第五,缩减弹性条款的适用空间。强制许可和平行进口制度属于知识产权的限制措施,其目的在于维持知识产权权利人与知识产权使用者之间的利益平衡。TRIPS 弹性条款赋予成员方对强制许可以及平行进口的自由选择空间,然而 TRIPS-

---

① 张乃根.试析 TPP 知识产权条款的 TRIPS 追加义务[J].海关与经贸研究,2016(4):15-28.

plus 限制了强制许可及平行进口制度的使用,导致发展中国家弹性条款的适用空间缩小,发展中国家在 TRIPS 中通过艰难谈判争取到的弹性权利面临被架空的威胁。发达国家利用 TRIPS-plus 增加保护客体、延长保护期限、扩大保护内容以及强化执法措施的行为实质上是对发展中国家义务的增加,而限制发展中国家弹性条款的适用空间实质上是对发展中国家权利的削减。

二、发达国家 TRIPS-plus 条款扩张带来的国际影响

发达国家 TRIPS-plus 扩张给包括中国在内的发展中国家带来了诸多消极的影响,使发展中国家在国际知识产权保护制度中处于更不利的局面。与此同时,也使得知识产权国际保护制度呈现出多样化、碎片化、单边化的复杂局面。

(一)对发展中国家的影响

1. 削减了发展中国家弹性条款和差别待遇

知识产权的发展与社会科技的进步密切相连。现行的国际知识产权保护公约都不同程度地存在利益平衡安排。TRIPS 是发展中国家和发达国家之间利益交换的产物,虽然存在利益分配的严重失衡,但其本身存在一些弹性条款。所谓弹性条款,是指 TRIPS 中可供成员方灵活解释和实施的规定,主要是在宗旨、目标和原则及实体规则中的弹性安排。弹性条款提供了"建设性模糊""可回旋余地"的政策空间,允许成员方采取伸缩性处理措施[①]。例如,TRIPS 中的例外条款;发展中国家过渡期的安排、技术转移和技术援助条款等;允许强制许可、权利穷竭等制度的自由立法。这些均给发展中国家提供了一定

---

① 范超. 经济全球化背景下国际贸易中的知识产权保护问题研究[D]. 大连:东北财经大学,2012.

的自主立法空间和政策自由选择空间。然而，现有的双边或区域性
TRIPS-plus 将保护发展中国家经济和技术发展的限制与例外条款排
除在外，极大地加剧了知识产权保护领域发展中国家与发达国家之间
的利益失衡。发展中国家的深层忧虑正在于如果接受严格的知识产
权协调保护，将可能真正改变既往的贸易"游戏规则"。具体来看，
TRIPS-plus 条款削减了发展中国家保护公众利益的能力效果，限制
了技术革新、转让和传播，以及社会经济与技术发展重要领域内公共
利益的保护，挤压了弹性规范的适用空间，使原本知识产权领域仅有
的有限的特殊和差别待遇形同虚设[①]。TRIPS-plus 条款缩短了过渡
期的安排，发展中国家实施 TRIPS 有不同的过渡期，TRIPS-plus 使得
发展中国家依 TRIPS 享有的过渡期差别待遇落空，缩减了发展中国
家利用 TRIPS 弹性条款促进自身发展的自由选择空间。

2. 架空了发展中国家国际知识产权变革成果

TRIPS-plus 使后 TRIPS 时代有利于发展中国家的国际知识产权
制度变革变得更加困难，并可能导致已经取得的变革成果成为"空头
支票"。从多哈回合谈判起，国际知识产权制度进入了新的变革时期。
发展中国家通过南南合作，采取集体行动，形成了强大的国际舆论压
力，迫使发达国家改变其在知识产权保护问题上的强硬政策，并取得
了修改 TRIPS 以缓解发展中国家严重公共健康危机的"局部"胜利。
然而，TRIPS-plus 的签署使得发展中国家的变革成果被侵蚀。以公
共健康保护问题为例，发达国家在 TRIPS-plus 中依照自身利益重新
解释适用强制许可和平行进口条件，导致发展中国家当初经过艰难谈
判争取到的权利不复存在。例如，美国—泰国 FTA 中对通用药品颁
布强制许可以及从第三国平行进口廉价专利药品规定了严格的限制

---

① 刘劭君.知识产权国际规则的内在逻辑、发展趋势与中国应对[J].河北法学，2019(4)：
62-71.

条件,超出了 TRIPS 的最低要求。这类 TRIPS-plus 条款不仅直接加剧了知识产权与生命权和健康权之间的冲突,而且导致发展中国家多哈回合达成的谈判成果落空,发展中国家扭转国际知识产权体制变革的动向将更加艰难。

3. 加重了发展中国家的实施成本

发达国家 TRIPS-plus 条款扩张以双边或区域贸易协定为谈判场所,采取"点对点"的谈判方式,降低了多边谈判的吸引力和推动力,削弱了发展中国家在知识产权国际保护中的影响力,使其被迫承担超出TRIPS 标准的义务。在 FTA 谈判中,发达国家的强权模式使得知识产权保护成为一个零和命题:发达国家获利就意味着发展中国家成本增加、发展受限、利益受损[①]。据世界银行统计,印度尼西亚自 1999 年至 2003 年在改进知识产权管理框架活动中的投入高达 1470 万美元[②]。可见,通过法律手段强制实施知识产权保护成本高昂,且会耗费大量的社会公共资源。TRIPS-plus 将会导致发展中国家知识产权保护实施的成本大大增加,发展中国家的政府将面临巨大的财政预算压力。另外,TRIPS-plus 更高、更严格的知识产权保护标准也会带来巨额的社会成本,从而引发严重的社会问题。对于发展中国家来说,实施 TRIPS 所确立的知识产权保护标准已经产生了诸多国内经济与社会问题,若要实施更高标准的 TRIPS-plus,无疑是雪上加霜,也将处于更加不利的地位。发展中国家往往为了获得市场准入、贸易和投资的机会,以牺牲知识产权利益作为谈判的交换条件。但事实证明,发展中国家牺牲知识产权利益换取贸易和投资机会只会得不偿失。

---

① 杨静.自由贸易协定中知识产权保护的南北矛盾及其消解[J].知识产权,2011(10):88-91.

② 孙玉红.南北型自由贸易协定非贸易问题演化趋势和中国的对策[M].北京:中国社会科学出版社,2015.

(二)对国际知识产权制度的影响

1. 建立了更高的知识产权国际保护标准

一方面,发达国家不满足 TRIPS 所确立的知识产权保护标准;另一方面,随着发展中国家的权利意识觉醒,开始采取南南合作的方式,积极开展联合造法活动进行反击。在此种国际形势下,发达国家已很难再通过 WTO 多边体制提高知识产权水平。由此,FTA 成为发达国家推行更高知识产权保护标准的场所选择。然而,在双边体制下,发展中国家只能单独面对实力强大的发达国家,发展中国家处于更为弱势的境地。因此,双边或区域场所的谈判成为发达国家阻挠和击破发展中国家在多边体制内联合自强的最佳策略选择。发达国家在 FTA 框架内制定的知识产权 TRIPS-plus 条款不论从知识产权的实体规范内容还是执行程序来看,均在 TRIPS 最低保护标准的基础上提出了更高的国际知识产权保护标准。这种 TRIPS-plus 标准直接反映了发达国家的利益诉求,是发达国家对现代知识产权制度保护标准的革新。这些双边或区域 FTA 虽然不具有普遍约束力,但是依据 TRIPS 最惠国待遇原则将会产生辐射效力,使其在 FTA 中所确立的 TRIPS-plus 高标准不再局限于 FTA 的缔约方之间,构成了现代国际社会事实上的知识产权国际保护新标准[1]。随着高标准自由贸易协定 TRIPS-plus 规则的盛行以及自由贸易协定的模仿,在解释和服从等多重效应的影响下,高标准知识产权规则扩散的全球效应会产生知识产权保护的路径依赖,并有可能形成知识产权强保护的国际习惯,从而出现棘轮效应[2]。

---

[1]　张建邦.“TRIPS-递增”协定的发展与后 TRIPS 时代的知识产权国际保护秩序[J].西南政法大学学报,2008(2):17-25.

[2]　张惠彬,王怀宾.高标准自由贸易协定知识产权新规则与中国因应[J].国际关系研究,2022(2):84-108,157-158.

2. 增加国际知识产权体系的不稳定性

后 TRIPS 时代,发达国家向双边体制转移,在双边框架内制定更高标准的知识产权保护规则,使得当前国际知识产权保护呈现多极化局面,包括双边、区域与多边机制并存的局面[①],同时引发了 TRIPS 条款与 FTA 知识产权条款之间的冲突。从不同体制的知识产权保护条款的冲突与适用来看,TRIPS-plus 条款使得国际知识产权法律制度内部各要素之间缺乏有机联系和统一性,导致全球知识产权规则碎片化现象日益加剧[②]。当前国际知识产权规则体系存在的保护标准无法适应处于不同发展阶段国家的需要,难以实现利益平衡。TRIPS-plus 条款破坏了多边体制,促使全球知识产权规则从多边化向碎片化方向发展,严重影响了全球知识产权治理规则的统一性和完整性,增加了国际知识产权保护体系的不稳定性。

三、发展中国家顺应国际知识产权发展趋势的必然选择

多哈回合谈判进展缓慢,导致世界主要经济体转向 FTA 双边或区域谈判体制。发达国家 FTA 框架内 TRIPS-plus 标准的扩张给发展中国家带来了严重的压力和挑战,国际知识产权保护制度呈现向双边或区域 FTA 框架转换的趋势。当前,在 TRIPS-plus 扩张不可逆的趋势下,发展中国家应当注重南南合作,积极把握当前国际知识产权制度变革的机遇,从"随势而动"到"谋势而为",主动成为新规则的制定者,推进构建知识产权国际保护的新秩序。FTA 框架内非物质文化遗产的知识产权保护可以在一定程度上扭转发达国家与发展中国家之间知识产权利益不平衡的局面,削弱发达国家在知识产权领域的

---

① 杜颖.知识产权国际保护制度的新发展及中国路径选择[J].法学家,2016(3):114-124,179.

② 刘颖.后 TRIPS 时代国际知识产权法律制度的"碎片化"[J].学术研究,2019(7):53-63,2.

影响,重构知识产权全球治理机制①。因此,发展中国家在 FTA 框架内探索自身占据优势地位的非物质文化遗产知识产权的保护是增强自身在 FTA 知识产权体制中的话语权的重要举措,这既符合当今国际知识产权体制的发展趋势,也是应对发达国家 TRIPS-plus 标准的重要策略选择。

第五节　FTA 框架下非物质文化遗产国际知识产权保护的现实依据

WTO 框架内有关非物质文化遗产保护的多边回合谈判迟迟未取得进展,WIPO 框架内的探索还停留在论坛对话层面与软法层面,对非物质文化遗产的知识产权保护并不具有强制约束力。与此同时,越来越多的国家在 FTA 框架内构建符合自身利益的知识产权条款,FTA 已成为当前国际知识产权保护制度中最为活跃的一种立法模式。有学者曾提出,在某些条件下,通过所谓的"实验室效应"以及区域范围内的反复试验并吸取错误的教训,各国会更有信心将这些区域协议提升到多边论坛中,最终将有助于多边体制框架内相关协议的达成②。发展中国家选择在 FTA 框架内构建非物质文化遗产知识产权保护的规则不仅符合当今国际知识产权的立法发展趋势,而且具有理论依据、制度依据以及优势条件。

---

① 周安平,陈云.国际法视野下非物质文化遗产知识产权保护模式选择[J].知识产权,2009(1):3-9.

② Cho S. A Bridge Too Far: The Fall of the Fifth WTO Ministerial Conference in Cancun and the Future of Trade Constitution[J]. Journal of International Economic Law,2004(2):219-244.

一、FTA 框架下非物质文化遗产国际知识产权保护的理论依据

(一)TRIPS 非歧视原则

非歧视原则是 WTO 的基本原则,其具体表现形式包括国民待遇原则和最惠国待遇原则。之前的 WIPO 框架内的知识产权国际保护公约仅仅规定了国民待遇原则,TRIPS 作为一揽子协定之一,将最惠国待遇原则首次引入知识产权的国际保护领域,确立了包含最惠国待遇原则和国民待遇原则的非歧视原则[①]。另外,非歧视原则的内涵还包括对不同知识产权客体的公平保护。非物质文化遗产作为传统智力成果,被 TRIPS 排除在客体保护范围之外,有悖于非歧视原则。非歧视原则所强调的客体的公平保护不应仅仅局限于发达国家占据优势地位的现代知识产权,发展中国家占据相对优势地位的传统资源也应当受到非歧视原则的公平保护。

目前 TRIPS 最惠国待遇原则的确立没有疑义,存在争议的地方在于最惠国待遇的例外条款及范围问题。在国际贸易领域,《关税及贸易总协定》第 24 条规定了最惠国待遇的合法例外,TRIPS 第 4 条仅规定了与《关税及贸易总协定》第 1 条类似的最惠国待遇义务,即成员方在区域贸易协定中给予其他国家国民的任何利益、优惠、特权或豁免应立即无条件给予所有 WTO 成员。该条款虽然规定了四种最惠国待遇适用的情形,但并未明确授权区域贸易协定获得类似于《关税及贸易总协定》第 24 条的合法例外。具体分析而言,在国际贸易领

---

① TRIPS 第 27 条第 1 款规定:在遵守第 2 款和第 3 款规定的前提下,专利可授予技术领域的任何发明,无论是产品还是方法,只要它们具有新颖性、包含发明性步骤并可供工业应用。在遵守第 65 条第 4 款、第 70 条第 8 款和本条第 3 款规定的前提下,对于专利的获得和专利权的享受不因发明地点、技术领域、产品是进口的还是当地生产的而受到歧视。

域,WTO 不仅明确规定了最惠国待遇原则,而且对最惠国待遇原则的
适用例外作出了规定,将区域贸易协定和自由关税区排除在外。而就
TRIPS 而言,其仅仅规定了最惠国待遇的原则,但对最惠国待遇原则
没有明确规定例外条款,即自由贸易协定和自由关税区没有被明确排
除在 TRIPS 最惠国待遇适用的范围之外。由此,许多学者认为,任何
国家在加入 WTO 之后签署的区域贸易协定中超出 TRIPS 的知识产
权保护标准的承诺必须立即无条件给予其他 WTO 成员,即无条件多
边化①。TRIPS 最惠国待遇原则使得 WTO 成员在区域贸易协定中推
行的 TRIPS-plus 条款不仅在自由贸易协定的签署国之间具有效力,
而且还会具有辐射性效力,通过最惠国待遇原则的适用,自由贸易协
定中所确立的 TRIPS-plus 标准将会自动地传导或扩散到其他 WTO
成员方,原本区域或双边范围内知识产权保护的 TRIPS-plus 标准很
可能上升为全球性的知识产权国际保护的新标准②。有学者将最惠国
待遇原则所引发的知识产权国际保护新标准由自由贸易协定向全球
扩散的现象称为棘轮效应③。后 TRIPS 时代,国际知识产权体制的特
点之一在于发达国家在 FTA 体制内推行 TRIPS-plus 标准,有些发展
中国家在市场准入和投资机会的利诱下,被迫接受知识产权国际保护
的更高标准。但是一旦越来越多的发展中国家在区域贸易协定中接
受了更高标准的 TRIPS-plus 条款,就会使自身在国际知识产权领域
的话语权被逐渐削弱,进而难以阻止发达国家在全球性多边体制框架
内提高国际知识产权保护标准的企图。当然也有学者认为 TRIPS-

---

① 李晓玲,陈雨松.国际知识产权贸易谈判的新方略[J].环球法律评论,2011(1):150-160.
② Lindstrom B. Scaling Back TRIPS-Plus: An Analysis of Intellectual Property Provisions in Trade Agreements and Implications for Asia and the Pacific[J]. New York University Journal of International Law and Politics,2010(3):918-980.
③ 张伟君.TPP 等区域贸易协定中 TRIPS-plus 条款对 WTO 成员的影响[J].东方法学,2016(1):84-95.

plus 引发棘轮效应缺乏事实依据和法理依据①。

　　学术界对于 TRIPS-plus 条款是否会基于最惠国待遇原则而产生棘轮效应存在不同的看法,这种棘轮效应还有待学者研究以及 WTO 的解释。毕竟在知识产权国际保护领域,TRIPS 对区域贸易协定没有明确为例外情形,如果发展中国家在 FTA 框架内构建非物质文化遗产知识产权保护的相关规则能够引发棘轮效应,这对全球范围内非物质文化遗产的保护来说是再好不过的事情,也可以成为与发达国家 TRIPS-plus 条款对抗的筹码之一。此外,当前发达国家积极在 FTA 体制内推行 TRIPS-plus 条款是其在多边体制框架内难以推行更高水平的知识产权保护标准的形势下采取的“曲线救国”方式,其最终的目标在于全球性知识产权国际保护标准的整体提高。所以,在此种国际形势下,发展中国家目前没有必要纠结于自由贸易协定 TRIPS-plus 条款棘轮效应的问题。发展中国家应当顺应国际形势,依照发达国家 TRIPS-plus 条款扩张的路径,保护自身占据优势地位的非物质文化遗产资源。毕竟发达国家在 WTO 中仍然掌握着主要的话语权,如果未来 TRIPS 内的最惠国待遇原则被发达国家所控制并被解释为属于不包含自由贸易协定的例外,那么发展中国家可以基于最惠国待遇原则推动实现非物质文化遗产资源全球性保护标准的确立。发达国家基于自由贸易协定不排除在 TRIPS 最惠国待遇原则之外的也将导致发展中国家在区域贸易协定中有关非物质文化遗产资源的保护在棘轮效应的影响下上升为全球性的保护标准。从这一角度来看,发展中国家自由贸易协定中非物质文化遗产资源保护条款的确立将会对发达国家形成一种牵制。综上所述,基于 TRIPS 最惠国待遇原则,发展中国家将非物质文化遗产纳入自由贸易谈判具有重要战略意义。

---

　　① 张伟君.TPP 等区域贸易协定中 TRIPS-plus 条款对 WTO 成员的影响[J].东方法学,2016(1):84-95.

（二）联系权力理论

国际政治学者认为 FTA 是大国地缘政治或权力竞争的制度工具。在国际贸易中，大国总是拥有优势。这使得发展中国家，尤其是规模较小的发展中国家，在进行自由贸易协定谈判时处于弱势，发达国家通过缔结双边或区域贸易协定的方式，将其知识产权国内法进行域外输出①。沃利曾将各国参与 FTA 谈判的目的分为六类：（1）获取传统的贸易收益（即贸易创造效应）；（2）促进国内政策改革，例如墨西哥在北美自由贸易协议（North American Free Trade Agreement，简称 NAFTA）中的谈判；（3）增强在多边谈判中的实力；（4）保障小国在大国的市场准入；（5）建立战略性关联（以防止战争，如欧洲一体化）；（6）形成多边和区域的互动②。所谓联系战略，其实质是将一方相关领域的实力资源与另一方相互联系、调度、配置、打包，以此增强一方的谈判优势。联系战略的关键是通过联系的方式改变谈判双方的力量对比，而联系的对象既可以是议题，也可以是新的利益相关方，从而改变原先的谈判格局，以此加强谈判地位③。欧盟正是通过一系列的联系战略，将政治、经济、规范性的实力资源组合起来使用，形成了一种联系性力量，克服了内部决策分散化和军事力量不足的先天缺陷，在对外谈判中策略性地将非军事力量转化为各领域的权力优势④。联系是一种技巧，是推动谈判进展的最有效的方式⑤。

联系权力有多种形式，最为典型的一种是议题联系。它是指在谈

---

① 夏玮. 中国自由贸易协定知识产权规则制定的路径研究[J]. 上海对外经贸大学学报，2022(3)：101-110.

② 竺彩华，韩剑夫. "一带一路"沿线 FTA 现状与中国 FTA 战略[J]. 亚太经济，2015(4)：44-50.

③ 张晓通，解楠楠. 联系权力：欧盟的权力性质及其权力战略[J]. 欧洲研究，2016(3)：1-29，165.

④ 张晓通，解楠楠. 联系权力：欧盟的权力性质及其权力战略[J]. 欧洲研究，2016(3)：1-29，165.

⑤ Crump L. Negotiation Process and Negotiation Context[J]. International Negotiation，2011(2)：197-227.

判过程中确立多个谈判议题,将不同议题整体关联,供谈判者通过议题交换达成妥协性的制度安排。具体就知识产权的国际保护而言,它是指在相关知识产权条约的缔结过程中,将知识产权保护与其他相关议题挂钩,通过议题间的交换达到强化知识产权保护的目的①。乌拉圭回合谈判将知识产权与贸易挂钩是其中最典型的例子。发展中国家接受 TRIPS 是被迫接受 WTO 一揽子协定的结果,是为了获得与贸易相关的优惠而做出的议题交换与妥协。实际上,在国际谈判中,各国为了增加谈判筹码,议题挂钩经常被援用,以达到议题的互换和利益的交换。另外,联系权力的表现形式还包括谈判方联系。谈判方联系最早见于 1983 年发表在《国际组织》上的论文《谈判算术:增加和减少议题和谈判方》,该文作者提出,议题和谈判方的数量本身就是谈判的变量,增加那些对谈判实质能产生影响或利益相关的谈判方,将增加一方的谈判筹码。识别利益相关方、构建谈判联盟是关键的一步,进而提高自身谈判地位②。美国曾经在其主导的跨太平洋伙伴关系协定(Trans-Pacific Partnership Agreement,简称 TPP)谈判过程中采用了谈判方联系的策略,将初始谈判方多数限制在具有共同利益基础的发达国家之间,整个谈判过程对外保密,企图在这些具有共同利益、更容易达成谈判的国家之间优先达成谈判,然后吸引更多国家加入,后加入的国家只能被迫接受已经达成的条款。综上可以看出,发达国家不论是在 TRIPS 时代还是后 TRIPS 时代均在利用其惯用的联系权力策略,或将知识产权保护的议题与其他议题相互关联并相互交换,或利用谈判方联系的策略,选择具有共同利益基础的国家作为谈判方,优先促成内部谈判,不断推行更高的知识产权的国际保护标准。

　　发展中国家也完全可以在联系权力的理论指导下,在 FTA 框架

---

　　① 张建邦. 议题挂钩谈判及其在知识产权领域的运用和发展[J]. 政治与法律,2008(2):101-106.
　　② 张晓通,解楠楠. 联系权力:欧盟的权力性质及其权力战略[J]. 欧洲研究,2016(3):1-29,165.

内推进非物质文化遗产知识产权保护的谈判。从议题谈判的角度来看,与 WIPO 体制内单一的知识产权谈判相比,将非物质文化遗产纳入 FTA 框架内的谈判议题可以与 FTA 框架内的其他议题相互关联,在谈判方之间议题的交换和妥协下,将所有议题进行整体考量更容易达成谈判共识。另外,从谈判方联系的角度来看,发展中国家在 FTA 框架内构建非物质文化遗产资源的保护,可以在谈判方联系策略的指导下,借鉴发达国家的谈判策略与路径,优先在具有共同利益基础、对非物质文化遗产知识产权保护持有积极态度的国家之间达成协议,构建与发达国家 TRIPS-plus 条款相对应的发展中国家的 TRIPS-plus 条款,将非物质文化遗产资源纳入知识产权保护范围,扩大传统的知识产权保护的客体范围,从而逐步提升全球范围内非物质文化遗产资源的保护水平。综上所述,发展中国家在 FTA 框架内构建非物质文化遗产的保护是后 TRIPS 时代发展中国家联系权力的体现,通过 FTA 框架内的联系权力,一方面,可以通过议题联系促进非物质文化遗产保护议题的达成;另一方面,通过谈判方联系,在共同利益和共同立场的基础上可以促进非物质文化遗产知识产权保护议题的达成。

二、FTA 框架下非物质文化遗产国际知识产权保护的法律依据

法律规则的构建需要合法性依据,包括实质合法性依据和形式合法性依据。

（一）实质合法性依据

FTA 框架内非物质文化遗产国际知识产权保护规则构建的实质合法性依据在于 TRIPS 本身的制度目标。TRIPS 规定了利益平衡的

制度目标,其中包括保障创造者利益与使用者利益之间的平衡①。但是,TRIPS 在发达国家的主导下,仅仅将发达国家占据优势地位的现代知识产权纳入保护客体,而将发展中国家占据相对优势地位的传统资源排除在外。这有违公平的原则,也有悖于其利益平衡的制度目标。非物质文化遗产作为集体智慧的结晶,与发达国家的新知识、新发明一样,均属于智力成果,具有同质性,应当受到同等的保护。相反,当前的国际知识产权法未将非物质文化遗产资源纳入保护范围,这使得发达国家可以任意使用非物质文化遗产资源进行新知识的研发,从中获取巨额利润而无需支付报酬,造成非物质文化遗产的创造者与使用者之间严重的利益失衡。因此,将非物质文化遗产纳入知识产权保护制度符合 TRIPS 所追求的利益平衡的制度目标。这既是矫正当前国际知识产权保护制度内发达国家与发展中国家利益失衡的需要,也是重建非物质文化遗产创造者与使用者之间利益平衡的需要。

(二)形式合法性依据

FTA 框架内非物质文化遗产国际知识产权保护形式的合法性依据在于 TRIPS 的最低保护标准,而最低保护标准为旨在规定更高、更广的知识产权保护标准的 FTA 提供了国际法基础。所谓最低保护标准,是指就知识产权保护和执法事项所规定的缔约方应予履行的最低限度的条约义务,但不妨碍本国法律提供更广泛的保护②。TRIPS 只是设置了知识产权国际保护的最低保护标准,具体体现在 TRIPS 第 1 条第 1 款,在实施本协定的规定时,成员方可以但并无义务在其法律

---

①　TRIPS 第 7 条规定:"知识产权保护及其实施应有助于促进技术革新及技术转让和传播,有助于技术知识的创造者和使用者之间的互利,并在一定程度上有助于社会和经济福利及权利义务的平衡。"

②　张建邦. WTO 发展中成员在 TRIPS-plus 协定下的知识产权保护义务研究[J]. 武大国际法评论,2009(1):55-80.

中实施比本协定要求的更广泛的保护，只要此种保护不违反本协定的规定。成员方有权在其各自的法律制度和实践中确定实施本协定规定的适当方法。由此条文可以看出，成员方有权利但无义务提供更高水平的知识产权保护。也正是基于此，发达国家开始进一步地扩张知识产权，推行更高的知识产权保护标准，最主要的表现形式是在 FTA 框架内推行 TRIPS-plus 条款。基于 TRIPS 最低保护标准，发达国家的 TRIPS-plus 条款具备形式合法性，没有违背 TRIPS 关于知识产权保护标准的规定。而对发展中国家而言，虽然非物质文化遗产资源没有被纳入 TRIPS 的保护客体范围，但是发展中国家完全可以借鉴发达国家推行更高标准的 TRIPS-plus 的策略，在 FTA 框架内推进非物质文化遗产知识产权的保护。将非物质文化遗产纳入 FTA 框架是在 TRIPS 最低保护标准的基础上，通过权利保护客体的扩大来构建更高标准的知识产权保护。这与发达国家在 FTA 框架内通过采取各种措施推行 TRIPS-plus 条款具有异曲同工的效果，因此可以认为是发展中国家的 TRIPS-plus，这符合 TRIPS 最低保护标准的要求，在形式上具备合法性。总而言之，TRIPS 知识产权保护最低标准的定位为其本身知识产权保护水平的提高、保护范围的拓展留下了立法空间，也为后 TRIPS 时代不论是发达国家还是发展中国家推行更高保护标准的 TRIPS-plus 条款奠定了基础。

三、FTA 框架下非物质文化遗产国际知识产权保护的优势条件

（一）发展中国家开始走向主动联合

在 TRIPS 签订时，发达国家以市场准入和投资机会为诱饵，使发展中国家被迫接受 TRIPS，但 TRIPS 规定的知识产权保护标准超出了发展中国家的实际承受能力，给发展中国家带来了沉重的执法负

担,引发了发展中国家对 TRIPS 的严重不满。此外,发达国家并没有满足于 TRIPS 所确立的国际知识产权保护标准,这只是其推行知识产权高标准保护的开始。后 TRIPS 时代,发达国家开始继续使用其在国际谈判中惯用的体制转移和场所转换的策略,在 FTA 框架内推行更高的知识产权保护的 TRIPS-plus 标准,使发展中国家承担的知识产权保护执法压力更为沉重,雪上加霜。面对此种国际形势,发展中国家开始主动联合,积极表达自身意愿,形成一股与发达国家强硬知识产权保护政策相抗衡的南南合作力量。一方面,在国际多边体制框架内,发展中国家的南南合作形成对发达国家的强有力的抗衡力量,由此,发达国家企图在多边体制框架内继续推行更高标准的意图难以实现;另一方面,发展中国家的南南合作力量开始在其他国际组织内联合发声,就与自身利益密切相关的议题达成一系列软法文件,形成了一定的国际影响力。发展中国家南南合作的强大力量同样可以在 FTA 体制内发挥影响力,为构建非物质文化遗产知识产权保护作出积极贡献。另外,南南合作不仅有利于进一步强化发展中国家的集体立场,增强发展中国家的集体谈判实力,也有利于杜绝或减少发展中国家被动接受发达国家在 FTA 框架内限制非物质文化遗产保护条款的情况。

（二）发展中国家具备共同的利益基础

FTA 可以根据国别关系优先选择具有共同利益基础的国家开展国际合作,可以更为有效地协调利益关系。发展中国家在 FTA 框架内的合作具备共同的利益基础,这也奠定了发展中国家在 FTA 框架内构建非物质文化遗产知识产权保护机制的基础。从整体上说,发展中国家普遍在非物质文化遗产资源储量方面较之发达国家而言具有优势,这决定了发展中国家之间在非物质文化遗产资源的保护上存在共同的利益基础和利益诉求。正如目前大多数发展中国家要求在

TRIPS 框架下建立有约束力的非物质文化遗产资源保护规则,希望改变自身占优势地位的传统资源被排除在 TRIPS 保护范围之外的现状。因此,从这一角度看,非物质文化遗产保护领域内的南南合作具有现实基础和内在动力,发展中国家可以通过 FTA 制定属于自己的"游戏规则",争取自身在国际知识产权规则制定中的话语权。在 FTA 框架内谈判能够维护发展中国家非物质文化遗产更高标准保护的共同利益,有利于达成国际合作。

(三)FTA 框架内更容易达成共识

FTA 可以更具体、更灵活地约定缔约双方的权利和义务,更有针对性地协调缔约方的利益,推进国际合作[①]。FTA 所代表的双边体制主要是通过双方直接谈判以及缔结双边协定的方式形成并推广其国际贸易政策,通常只涉及双方当事人,利益博弈相对简单,更容易达成共识。从谈判进度和成功率的角度分析,FTA 具有比多边体制更容易达成协议的优点[②]。基于此,发达国家试图将在 WTO 多边体制内难以达成一致的问题转移到 FTA 双边体制内,利用 FTA 双边体制相对容易达成一致意见的特点,对发展中国家各个击破,从而实现自身追求的更高知识产权标准。同时,双边体制也是发达国家阻挠发展中国家在 WTO 体制内联合自强行动的策略选择[③]。发展中国家希望在多边谈判场合一起发力实现国际知识产权制度的彻底变革无论是在理论上还是实践中都是不可行的。借助 FTA 反而可以形成有效合

① 龚思进."一带一路"建设中我国海外利益的国际法治保障研究——双边条约的视角[D].北京:外交学院,2022.

② 张猛.知识产权国际保护的体制转换及其推进策略——多边体制、双边体制、复边体制[J].知识产权,2012(10):80-89.

③ 张建邦."TRIPS-递增"协定的发展与后 TRIPS 时代的知识产权国际保护秩序[J].西南政法大学学报,2008(2):17-25.

作①。后 TRIPS 时代,发达国家选择通过体制转换和谈判场所转移的方式在 FTA 框架内寻求更高的 TRIPS-plus 国际知识产权保护标准。其中能够顺利推进的原因之一在于 FTA 双边体制谈判本身的特点,即 FTA 体制没有现成的文本限制,在议题的选择上更为自由,且更容易达成一致。如果发展中国家灵活运用 FTA 谈判体制的特点以及发达国家国际知识产权立法体制转换的策略,在具有共同利益基础的国家之间达成非物质文化遗产知识产权保护的规则,这将会在一定程度上推动全球范围内非物质文化遗产知识产权的保护,使得国际知识产权立法朝着有利于发展中国家的方向推进,进而实现利益均衡的目标。

(四)FTA 框架内非物质文化遗产国际知识产权保护具有迫切性

从当前的国际形势来看,不论发展中国家还是发达国家均开始在 FTA 框架内开展非物质文化遗产保护的谈判,初步构建非物质文化遗产的保护规则。可以说,FTA 体制已经成为非物质文化遗产保护的重要平台。以美国为首的发达国家已经将其在多边体制框架内难以获得支持的非物质文化遗产保护主张贯彻到 FTA 双边体制内。美国在 WTO 多边体制框架内主张以合同的方式解决传统知识保护的问题,该主张受到发展中国家的普遍反对,发展中国家认为双方谈判实力的悬殊有可能使自身重蹈 TRIPS 谈判利益失衡的覆辙,导致实质上的不公平。美国转而转向 FTA 体制,采取各个击破的思路,将其在多边体制内的主张优先在双边体制内推进,从而逐步扩大影响力。就发展中国家而言,虽然许多发展中国家也开始在 FTA 框架下涉及非物质文化遗产保护的相关条款,但没有做出积极和实质性的推进,

---

① 梅术文.FTA 知识产权国际保护体制探析[J].现代经济探讨,2015(4):20-24.

因此面临一种被发达国家"先下手为强"的处境。基于此,本书认为发展中国家在FTA体制内积极有效地推进非物质文化遗产保护的谈判具有迫切性。

本章小结

WTO体制内非物质文化遗产的知识产权保护涉及发达国家与发展中国家重大利益关系的调整。非物质文化遗产的知识产权保护势必需要发达国家为使用的非物质文化遗产资源支付使用费,同时需要获得使用许可。所以,发达国家很难轻易妥协,在发达国家与发展中国家艰难的利益博弈下,WTO体制内关于非物质文化遗产知识产权保护的谈判在短期内难以取得突破性进展。虽然当前WTO多边体制不是发展中国家当前推进非物质文化遗产知识产权保护谈判的最优场所和有效选择,但是基于WTO体制将国际知识产权保护与国际贸易相结合,适用国际贸易的争端解决机制,具有强有力的执行机制特点,以及具备自身的制度优势,WTO体制可以作为非物质文化遗产知识产权保护制度构建的长远和最终目标。同样,WIPO体制作为非物质文化遗产知识产权保护的主要推动者,在非物质文化遗产制度构建中具备优势条件。WIPO具有丰富的知识产权国际保护经验,并且作为联合国的专门机构,相对不容易被发达国家所主导。但是WIPO-IGC成立以来,仅仅为非物质文化遗产的保护问题提供了一个对话与交流的平台,虽然陆续通过了一系列软法文件,但是谈判各方对非物质文化遗产知识产权保护的相关议题迟迟没有达成一致意见。另外,WIPO所管辖的公约没有强制执行力,即使在WIPO框架内达成相关协定,执行力方面也没有强有力的保障。最后,WIPO只关注知识产权保护问题,往往无法形成谈判议题之间的关联。对于非物质文化遗产的谈判涉及发达国家与发展中国家利益的重大调整的,需要双方找到利益平衡点和妥协点,如果没有国际贸易背景下一揽子协定的联合妥协,只是单纯让发达国家知识产权利益削减,将难以达成有效的谈判结果。基于此,本章提出当前发展中国家选择在 FTA 体制内构建非物质文化遗产国际知识产权保护机制具有应然性。

当前国际知识产权体制逐渐呈现出由多边 WTO 体制向双边 FTA 体制转移的趋势,发达国家借助 FTA 体制推行更高标准的 TRIPS-plus 条款,削减了发展中国家 TRIPS 内的弹性条款,提高了发展中国家的实施成本,甚至使得发展中国家后 TRIPS 时代的变革成果化为泡影。在此种国际背景下,发展中国家在 FTA 框架内构建非物质文化遗产知识产权的保护制度顺应了当今国际知识产权的发展趋势。这既是发展中国家积极应对 TRIPS-plus 扩张的有力举措,也是维护自身知识产权利益、重建国际知识产权体制利益平衡的需要。另外,在 FTA 体制内构建非物质文化遗产的知识产权保护制度具有理论依据、制度依据以及诸多的优势条件。在 FTA 体制内构建非物质文化遗产知识产权保护制度符合 TRIPS 非歧视的原则。非物质文化遗产作为智力成果,理应受到与现行知识产权制度保护的新知识同等的对待。同时,发展中国家在 FTA 体制内构建非物质文化遗产知识产权的保护机制是联系权力的重要表现。另外,FTA 体制具有利益博弈相对简单、更容易达成共识的特点。如果发展中国家灵活运用 FTA 体制谈判的特点以及发达国家国际知识产权保护体制转换的策略,将会推动在具有共同利益基础的国家之间达成非物质文化遗产知识产权保护的制度协议,从而有效提升非物质文化遗产的国际保护水平。

综上所述,鉴于在 WTO 以及 WIPO 多边体制内非物质文化遗产知识产权保护的艰难推进以及短期内难以取得实质性进展,FTA 框架基于自身的体制优势具备承担该议题谈判的应然性。另外,双边谈判有助于谈判国家之间逐渐形成共同的立场,从而有助于促进多边主义,达成多边协定。发展中国家在 FTA 体制中就知识产权问题发声,还有利于为未来在知识产权国际秩序建构上发挥能动作用进行"议程奠基"[①]。值得指出的是,FTA 框架内双边或区域性贸易协定的达成并非止步于此,其会产生示范效应,尤其是双边协定积极作用的不断积累,非遗国际保护规范既有可能被更多的国家吸收和借鉴,从而转化为国际习惯或区域合作规则,最终在区域范围内形成非遗国际保护的共同行动准则[②]。基于此,发展中国家应当主动运用国际法治手段重塑非遗国际保护规则,在未来国际知识产权保护谈判以及国际知识产权规则的构建中掌握话语权和主动权,充分发挥能动作用,积极表达对于国际治理和国际秩序的主张,不断推进知识产权国际保护规则的重构。

---

① 梅术文.FTA 知识产权国际保护体制探析[J].现代经济探讨,2015(4):20-24.

② 龚思进."一带一路"建设中我国海外利益的国际法治保障研究——双边条约的视角[D].北京:外交学院,2022.

第六章　FTA 场域内非物质文化遗产国际知识产权保护的模式选择与制度构建

第一节　FTA 框架下非物质文化遗产保护的国际实践

后 TRIPS 时代,经济全球化搁浅,主要发达国家开始转向双边或多边自由贸易协定,以推行自身贸易战略,发展中国家也在体制外发起缔结一系列软法性质的决议。目前越来越多的 FTA 谈判也开始涉及传统知识保护的问题,不同国家在 FTA 谈判中对传统知识的保护有着不同的保护态度与立场,下文将梳理代表性国家和地区 FTA 谈判中有关传统知识保护条款的内容及特点。由此,发展中国家在 FTA 框架内构建自身的非物质文化遗产保护规则之前,一方面,要了解利益对抗方 FTA 框架内的规则实践及特点,从而做到"知彼";另一方面,要研究分析我国 FTA 框架内的规则现状,从而做到"知己",并在此基础上进一步思考未来在 FTA 框架内构建非物质文化遗产保护制度的路径选择。

一、美国FTA中非物质文化遗产条款的内容及特点

后TRIPS时代,美国作为FTA谈判体制的发起国和最为活跃的国家之一,美国已生效的FTA中有两个协定涉及遗传资源及传统知识保护条款,分别为《美国—秘鲁贸易促进协定》和《美国—哥伦比亚贸易促进协定》。这体现了美国在传统知识保护问题上的消极态度,也与美国在WTO有关传统知识保护问题上的立场相吻合。同时也反映了美国在FTA框架内推行TRIPS-plus条款的客体扩张存在选择性,其仍旧选择自身占据优势地位的现代知识产权,而基本不涉及传统资源的保护。美国FTA甚至对相关传统资源的保护施加限制,降低其保护水平,主张通过合同的方式来解决资源获取及惠益分享问题就是鲜明的体现。这使得发达国家与发展中国家之间的利益失衡加剧,发展中国家处于更不利的局面。

(一)《美国—秘鲁贸易促进协定》

2006年4月,秘鲁与美国签订了《美国—秘鲁贸易促进协定》。有关遗传资源和传统知识的保护问题在该协定所附的《关于生物多样性和传统知识的谅解》中作了相关规定,其中提到,缔约双方认可传统知识及生物多样性的重要性,以及传统知识和生物多样性对文化、经济和社会发展的潜在贡献。与之前《美国—多米尼加—中美洲自由贸易协定》的内容相比,美国的态度有所缓和。该文件紧接着规定缔约双方承认下列事项的重要性:第一,获得遗传资源应当经过事前同意;第二,平等分享传统知识和遗传资源的惠益;第三,全面推进专利实质审查以确保专利授予的权利得到满足。仅仅从这一条款的规定来看,美国似乎在传统知识保护问题上作出了让步。但所附的谅解规定,缔约双方承诺可以通过由遗传资源或传统知识的使用者与提供者订立反

映双方共同意愿的合同的方式充分解决此类资源或知识的获取及其惠益分享问题①。这为以私人契约的方式订立合同解决传统知识使用问题留下了适用余地,拓展了可操作的空间。所以,总体来看,美国在立场上有所妥协和让步,虽然策略有所不同,肯定了秘鲁在谈判中所关注事项的重要性,但其本质仍然体现了在国际社会的固有立场。

(二)《美国—哥伦比亚贸易促进协定》

哥伦比亚和秘鲁均是安第斯共同体的成员方。2007 年,哥伦比亚与美国签订的《美国—哥伦比亚贸易促进协定》关于遗传资源、传统知识保护的问题同样规定在了该协定所附的《关于生物多样性和传统知识的谅解》中。与《美国—秘鲁贸易促进协定》中的规定一致,第一,规定缔约双方承认传统知识及生物多样性的重要性,以及传统知识和生物多样性对文化、经济和社会发展的潜在贡献。第二,要求双方承认以下事项的重要性:一是获得遗传资源应当经过事前同意;二是平等分享传统知识和遗产资源的惠益;三是全面推进专利实质审查以确保专利授予的权利得到满足。紧接着使用了与美国和秘鲁签订的文件中完全相同的措辞,肯定了用合同方式就可以充分解决传统知识保护问题②。可以说,《美国—哥伦比亚贸易促进协定》与《美国—秘鲁贸易促进协定》在体例和内容上均一脉相承。安第斯地区的哥伦比亚、厄瓜多尔、秘鲁三国本来计划采取集体行动,在与美国签订的 FTA 中争取让美国接受他们在保护传统知识方面的主张,但最后在美国的施压下,三国阵营出现分裂,秘鲁接受了美国有关传统知识保护的主张,

---

① Understanding Regarding Biodiversity and Traditional Knowledge[EB/OL].(2006-04-12)[2022-03-06]. https://ustr. gov/sites/default/files/uploads/agreements/fta/peru/asset _ upload _ file719_9535. pdf.

② Understanding Regarding Biodiversity and Traditional Knowledge[EB/OL].(2006-11-22)[2022-03-06]. https://ustr. gov/sites/default/files/uploads/agreements/fta/colombia/asset_upload_file953_10182. pdf.

优先达成贸易协定,一年后哥伦比亚也妥协了[①]。秘鲁和哥伦比亚在协定中放弃了发展中国家一贯坚持的来源披露主张,转而迎合美国固有的国际立场,使遗传资源、传统知识的保护处于更为不利的局面。

(三)美国 FTA 中非物质文化遗产条款的特点

1. 条款结构体例特点

从体例上来看,不论是《美国—秘鲁贸易促进协定》,还是《美国—哥伦比亚贸易促进协定》,均在《关于生物多样性和传统知识的谅解》中规定了遗传资源、传统知识的保护条款,并且没有出现在协定的正文之中,从条款效力角度来看,弱化了获取与惠益分享规则的法律效力[②]。这也反映了美国与秘鲁及哥伦比亚自由贸易谈判中的相互妥协。美国的态度有所缓和,开始在自由贸易协定中直接肯定遗传资源和传统知识来源披露及惠益分享的重要性,但让步的余地有限,仅仅将这些内容规定在附属谅解协定中。

2. 条款内容特点

就传统知识的保护而言,发达国家与发展中国家之间长期存在分歧,发展中国家主张根据《生物多样性公约》中的事先知情同意原则、惠益分享原则修改 TRIPS,在专利申请中披露传统知识来源,而美国一贯主张利用合同的方式解决传统知识保护问题。总结上述美国自由贸易协定中有关遗传资源、传统知识保护条款的内容,其最大的特点在于美国坚持在该领域以合同的方式解决资源获取以及惠益分享的问题,将被发展中国家诟病的私法合同模式在区域贸易协定中正当化,并试图通过在 FTA 框架内各个击破的方式打破发展中国家在《名古屋议定书》中取得的成果,动摇发展中国家在 WIPO、WTO 框架内

---

　　① 魏艳茹.晚近美式自由贸易协定中的传统知识保护研究[J].知识产权,2007(2):87-92.

　　② 赵富伟,蔡蕾,臧春鑫.遗传资源获取与惠益分享相关国际制度新进展[J].生物多样性,2017(11):1147-1155.

集体行动的主张,剥夺相关发展中国家的传统知识利益。美国虽然将遗传资源、传统知识的保护问题纳入 FTA 框架,但从内容来看,是对其保护的弱化。

采用合同方式解决传统知识的保护问题,由于合同双方谈判实力悬殊,相关谈判协议偏向于保护使用者(主要为发达国家)的相关利益,而忽视传统知识持有者(主要为发展中国家)的利益,进一步加剧国际知识产权体制下发达国家与发展中国家之间的利益失衡。发展中国家采取集体行动,在《生物多样性公约》及《名古屋议定书》的努力下,对专利来源披露制度、遗传资源事先同意以及惠益分享制度做出了重要推进。发展中国家坚定的集体行动和集体立场同样在 FTA 传统知识谈判中具有关键作用。如果越来越多的发展中国家接受带有此种条款的 FTA,将阻碍发展中国家在多边体制内传统知识保护谈判的进一步推进,也将使美国主张以通过合同的方式解决传统知识保护问题的立场加强,对发展中国家而言是尤为不利的。发展中国家的话语权将因此受到极大削弱,重蹈 TRIPS 谈判利益失衡的覆辙,也严重地抵消了发展中国家一直以来寻求的在国际层面解决传统知识保护问题的努力。

二、欧盟 FTA 中非物质文化遗产条款的内容及特点

欧盟也是当今区域自由贸易协定的主要推动者和参与者,其具有丰富的地理标志资源。相比美国而言,欧盟在传统知识保护方面持有更为积极的立场。

(一)提出以特殊制度保护传统知识

由欧盟与安提瓜和巴布达、巴哈马、巴巴多斯、伯利兹、多米尼加共和国、格林纳达、牙买加、圣基茨和尼维斯、圣卢西亚、圣文森特和格

林纳丁斯、苏里南、特立尼达和多巴哥等国家签订的自由贸易协定(简称《欧盟和加勒比自由贸易协定》)中的第 150 条提到了遗传资源、传统知识和民间文学艺术的保护问题,其中,第 1 款强调了尊重、保护和维持传统知识的重要性,指出其与生物多样性保护密切相关,强调在传统知识所有者参与和同意的前提下促进其使用,并鼓励公平分享惠益。在此基础上,第 2 款指出,缔约方应当认识到采取适当措施保护传统知识的重要性,规定在国内立法的基础上保护传统知识,并同意致力于发展国际上商定的特殊制度模式以保护传统知识。第 5 款还规定,缔约方应与 WTO、WIPO 以及 CBD 等相关多边谈判定期交换观点和信息,分别是:WIPO 框架内 WIPO-IGC 讨论处理的相关议题;WTO 框架内有关 TRIPS 与《生物多样性公约》的关系以及传统知识与民间文学艺术的保护议题。这些规定为传统知识保护提供了清晰的框架,具有现实性和可操作性,对于推动传统知识国际保护具有重要作用。

(二)通过地理标志保护传统知识

美国和欧盟在知识产权保护问题上具有多数共同的利益,但由于欧盟具有丰富的地理标志资源,以及期望对地理标志提供更为广泛的保护,双方在地理标志保护问题上长期存在利益分歧。TRIPS 第 22 条和第 23 条关于区别葡萄酒、烈酒与其他产品地理标志保护标准的规定也是美国和欧盟相互妥协的结果。欧盟拥有上千种地理标志,在目前的多哈回合谈判中,欧盟仍致力于继续提高地理标志保护水平[①]。以欧盟为代表的国家积极支持地理标志的延伸保护,多哈回合谈判的议题之一就是地理标志的特殊保护是否应当延伸到葡萄酒和烈酒以外的其他产品。地理标志特殊保护的范围扩大将有利于地理标志的

---

① 李晓玲,陈雨松.国际知识产权贸易谈判的新方略[J].环球法律评论,2011(1):150-160.

生产者和普通的消费者,符合欧盟利益。而以美国为代表的一些移民国家地理标志资源相对比较缺乏,因此反对扩大地理标志的特殊保护。以印度为代表的一些发展中国家支持欧盟扩大地理标志特殊保护的立场,不同的是,他们主张将地理标志的特殊保护延伸到包括传统知识在内的其他地理标志产品。

近年来,欧盟缔结的 FTA 中关于地理标志设置了大量的 TRIPS-plus 条款,其中不仅提出以特殊制度保护传统知识的模式,还提出以地理标志保护相关的传统知识,并且规定实施措施,保障规则的落实。《欧盟和加勒比自由贸易协定》知识产权章节中的第 164 条 C 款规定了地理标志的保护,并提请成员方注意通过地理标志的确立方式保护和保存传统知识与生物多样性,从而开辟出在 FTA 中通过地理标志保护传统知识的新路径。目前通过地理标志保护传统知识的学术研究及国际实践都比较少。有学者曾提出以地理标志保护传统知识的优势,比如,地理标志具有群体性,以及地理标志的保护期限不受时间限制等都与传统知识特征相契合。但是我们应当看到,并非所有的非物质文化遗产都可以通过地理标志来保护,只有由地理名称所承载的传统知识才能通过地理标志来保护,主要是与地理来源有关的传统技术和工艺[①]。

（三）肯定专利来源披露和惠益分享制度

2012 年欧盟与哥伦比亚、秘鲁签署了自由贸易协定,并分别于 2013 年 3 月 1 日和 8 月 1 日生效。在知识产权部分的第一章规定了知识产权保护的一般性条款,第二章规定了生物多样性和传统知识的保护。第 201 条第 1 款规定,缔约方承认生物多样性以及与之相关联的传统知识、各民族或传统社区实践活动的重要性,承认 CBD 所确立

---

① 陈杨. 传统知识的地理标志法律保护[J]. 上海财经大学学报,2015(1):105-112.

的权利义务,尊重遗传资源的获得规则以及惠益的公平分享。第 3 款规定,缔约各方应按照 CBD 第 8 条的规定尊重、保存和维护各民族和社区的知识、创新和实践,促进广泛应用以取得持有者的事先同意为条件,并且鼓励惠益的公平分享。第 4 款要求缔约方采取措施实现遗传资源惠益的公平分享。第 5 款要求缔约方在进一步澄清滥用遗传资源及与之相关的传统知识的相关概念及问题上加强合作,根据国际法和国内法的规定找到解决这一问题的适当措施。另外,第 9 款规定双方之间积极交换在专利申请及授予过程中有关遗传资源以及与之相关的传统知识的信息,并在专利实质性审查过程中,尤其是现有技术审查中充分考虑这些信息。

(四)规定专门的实施条款

《欧盟和加勒比自由贸易协定》中规定了保障协定中知识产权规则有效实施的措施和程序,并指出实施条款的目的是确保签署国的立法给予加勒比国家和欧盟的相关权利人提供有效的权利捍卫工具,其中包括民事措施、行政措施以及边境措施。这些具体执行措施的规定为知识产权相关权利的获得提供了切实有效的保障。相反,如果没有相关的执行措施和实施条款,相关权利规则的设置可能会因停留于纸面而落空。

(五)欧盟 FTA 中对非物质文化遗产的规制特点

欧盟 FTA 中包含传统知识的保护条款不仅体现在与发展中国家签署的 FTA 中,也体现在与发达国家签署的 FTA 中,比如韩国。欧盟缔结的 FTA 中将传统知识作为知识产权章节中的重要问题,承认惠益分享和事先告知同意原则。欧盟对传统知识的保护采取了比较积极的立场,尤其是对自身占资源优势地位的地理标志。具体分析欧盟 FTA 中对非物质文化遗产条款内容的规制特点如下所示。

第一,从结构设置的角度来看,欧盟 FTA 中对传统知识的保护提出了较为清晰明确的框架,分散在贸易协定的各条款中,并主要集中在知识产权部分。另外,在协定附件情况说明中也有相关内容。

第二,从保护的内容角度分析,一是肯定专利来源披露和惠益分享制度反映了与美国以合同方式解决事先同意和惠益分享主张截然不同的立场。欧盟自由贸易协定中为传统知识提供了知识产权保护的防御性措施,在专利审查环节要求传统知识来源的披露。二是欧盟 FTA 中对传统知识设置了积极的知识产权保护措施。首先,在现有的知识产权制度领域内为传统知识寻求保护。比如,利用地理标志制度保护传统知识,为一部分与地理名称和地理来源相关的传统知识提供现有知识产权制度下的保护。其次,同意并致力于发展国际上商定的特殊制度模式以保护传统知识。虽然欧盟 FTA 中对特殊保护制度没有作出具体规定,但明确提出并肯定特殊保护制度模式仍然具有进步意义。

第三,就欧盟 FTA 中涉及的非物质文化遗产种类来看,主要涉及生物多样性与传统知识的保护,而没有涉及其他非物质文化遗产(诸如民间文学艺术)的保护。

三、我国 FTA 中非物质文化遗产保护的相关条款分析

根据中国自由贸易区服务网提供的数据,截至 2023 年,我国已签订 20 个自由贸易协定,其中 8 项协定[①]于知识产权章节中涉及非物质文化遗产保护的相关条款。但这些条款只是倡导缔约方采取适当措

---

① 包含非物质文化遗产条款的 FTA 协定分别为《中华人民共和国政府和格鲁吉亚政府自由贸易协定》(简称《中国—格鲁吉亚自由贸易协定》)、《中华人民共和国政府和澳大利亚政府自由贸易协定》(简称《中国—澳大利亚自由贸易协定》)、《中华人民共和国政府和大韩民国政府自由贸易协定》(简称《中国—韩国自由贸易协定》)、《中华人民共和国和瑞士联邦自由贸易协定》(简称《中国—瑞士自由贸易协定》)、《中华人民共和国政府和哥斯达黎加共和国政府自由贸易协定》(简称《中国—哥斯达黎加自由贸易协定》)、《中华人民共和国政府与秘鲁共和国政府自由贸易协定》(简称《中国—秘鲁自由贸易协定》)、《中华人民共和国政府和新西兰政府自由贸易协定》(简称《中国—新西兰自由贸易协定》)、《区域全面经济伙伴关系协定》。

施保护非物质文化遗产，并未规定具体的强制性实施条款。可以说，我国 FTA 中关于非物质文化遗产保护的规定只是在表面上超出了 TRIPS，但实质上并未超出 TRIPS，并不构成 TRIPS-plus 条款①。此外，一些自由贸易协定中基本没有涉及非物质文化遗产的保护问题，例如《中华人民共和国政府和新加坡共和国政府自由贸易协定》（简称《中国—新加坡自由贸易协定》）、《中华人民共和国与东南亚国家联盟全面经济合作框架协议》（简称《中国—东盟全面经济合作框架协议》）、《中华人民共和国政府和巴基斯坦伊斯兰共和国政府自由贸易协定》（简称《中国—巴基斯坦自由贸易协定》）。下文将选取我国代表性的自由贸易协定进行分析，总结我国当前 FTA 框架内非物质文化遗产保护的现状及特点。

（一）我国 FTA 中非物质文化遗产保护条款的内容分析

1. 原则性宣示采取适当措施保护

2008 年，我国和新西兰签订的《中华人民共和国政府和新西兰政府自由贸易协定》（简称《中国—新西兰自由贸易协定》）是我国第一个与发达国家签订的 FTA，也是最早规定遗传资源、传统知识和民间传说保护的 FTA。该协定中的第 165 条规定，各方可根据其国际义务，采取适当的措施保护遗传资源、传统知识和民间传说。从术语选择层面看，该协定使用了"遗传资源、传统知识和民间传说"的表述，其中"民间传说"这一术语使用不够准确。从规制内容来看，《中国—新西兰自由贸易协定》对非物质文化遗产保护只是作出了采取适当措施的原则性规定，并未明确规定切实可行的保护措施，可操作性不强。之后，2015 年生效的《中华人民共和国政府和澳大利亚政府自由贸易协

①　孙玉红. 南北型自由贸易协定非贸易问题演化趋势和中国的对策[M]. 北京：中国社会科学出版社，2015.

定》(简称《中国—澳大利亚自由贸易协定》)第11章知识产权部分第
17条规定了遗传资源、传统知识和民间文艺的保护,但仅包括两个条
款,一是规定采取适当措施保护遗传资源、传统知识、民间文艺,二是
规定未来进一步讨论相关问题。基本与2008年《中国—新西兰自由
贸易协定》规定一致,差别在于增加了未来进一步讨论的条款,但没有
实质性改变与进步。2017年,我国与格鲁吉亚签署了自由贸易协定,
这是我国与欧亚地区国家签署的第一个自由贸易协定,也是"一带一
路"倡议后我国启动并达成的第一个自由贸易协定。《中国—格鲁吉
亚自由贸易协定》第11章知识产权部分第16条规定了遗传资源、传
统知识、民间文艺的保护:第一,缔约双方可以根据各自的国际义务和
国内法律,采取适当措施保护遗传资源、传统知识和民间文艺。第二,
缔约双方同意根据多边协定和各自国内法律未来的发展,探索进一步
讨论遗传资源、传统知识和民间文艺保护相关问题的可能性。从条款
内容来看,内容比较简略,仅仅规定了采取措施保护以及就相关问题
进一步讨论。其中,对CBD的原则及与TRIPS的关系,以及遗传资
源和传统知识的来源披露与惠益分享问题的态度等未在条款中提及,
这基本与2015年《中国—澳大利亚自由贸易协定》中的规定一致。

2. 承认 CBD 原则并鼓励建立与 TRIPS 的关系

2010年生效的《中国—秘鲁自由贸易协定》第11章知识产权部分
第145条和2011年生效的《中国—哥斯达黎加自由贸易协定》第10
章知识产权部分第111条均规定了遗传资源、传统知识、民间文艺的
保护。协定中均要求双方认识到遗传资源、传统知识和民间文艺对科
学、文化和经济发展作出的贡献;承认《生物多样性公约》确立的原则
和规定,并鼓励建立 TRIPS 与《生物多样性公约》之间相互支持的关
系,至于专利申请中遗传资源的来源披露以及事先知情同意义务问
题,则留给未来进一步讨论。两个自由贸易协定非遗保护条款的不同

之处在于《中国—哥斯达黎加自由贸易协定》第 111 条第 3 款规定,采取措施保护生物多样性,公平分享、利用与保持生物多样性及持久使用其组成部分有关的传统知识、创新和实践中产生的惠益。这一款规定基本肯定了 CBD 有关传统知识惠益分享的相关内容,但没有进一步规定如何采取措施,而《中国—秘鲁自由贸易协定》第 145 条没有提及惠益分享问题。换言之,《中国—哥斯达黎加自由贸易协定》虽然增加了对惠益分享制度的明确肯定并规定采取促进措施,但就以遗传资源为基础的发明创造是否授予权利等实质性问题,采取的是进一步讨论和协商的态度。

3. 初步探讨遗传资源和传统知识的来源披露及惠益分享问题

2013 年中国和瑞士签订了《中国—瑞士自由贸易协定》,该协定于 2014 年生效。其中在第 11 章知识产权部分第 11.9 条规定了遗传资源和传统知识保护。《中国—瑞士自由贸易协定》将客体范围仅仅涵盖在遗传资源和传统知识两个方面,而将民间文艺排除在外。首先,该协定第 1 款延续了《中国—秘鲁自由贸易协定》《中国—哥斯达黎加自由贸易协定》的规定,肯定了《生物多样性公约》中的原则,鼓励促进 TRIPS 和《生物多样性公约》之间互相支持的关系。第 3 款规定公平地分享遗传资源和传统知识的使用所带来的利益,这一款与《中国—哥斯达黎加自由贸易协定》规定的内容大体一致。不同之处在于《中国—哥斯达黎加自由贸易协定》仅规定了与生物多样性相关的传统知识的惠益分享,而《中国—瑞士自由贸易协定》在本款中规定了遗传资源及传统知识的惠益分享,条款内容更为全面,这与 CBD 的保护范围相契合。同时,进一步细化、强化了来源披露制度:第一,细化来源披露制度的条件;第二,对违反来源披露制度的行为作出了规制,即给予其一定的纠正缺陷的期限,逾期未予纠正的,可驳回该申请或视为该申请被撤回;第三,授予专利后发现申请没有披露来源或蓄意提交了虚假信息或违反了其他相关法律法规,缔约双方可规定适当的法律后果。由此可见,《中国—瑞士自由贸易协定》对遗传资源和传统知识条款的规定更为详细。其中,不仅重申了 CBD 的原则,还强化了缔约双方的来源披露义务,同时对违反来源披露的行为作出了规制和制裁措施,相较于之前自由贸易协定中的非遗保护条款而言更具有进步意义。此外,本协定在术语选择上,采用"遗传资源和传统知识"的表述,并未提及民间文艺的保护问题。之后,2015 年生效的《中国—韩国自由贸易协定》延续了《中国—秘鲁自由贸易协定》《中国—哥斯达黎加自由贸易协定》《中国—瑞士自由贸易协定》的规定,强调遗传资源、传统知识和民间文艺的重要价值,重申《生物多样性公约》确立的原则,尊重事先知情同意制度和惠益分享制度的要求,促进 TRIPS 和公约之间互相支持的关系。其中,第 3 款规定缔约双方可采取或者保持促进生物多样性保存以及公平分享利用遗传资源和传统知识所产生的惠益的措施,基本延续了《中国—瑞士自由贸易协定》中所做的范围修改,使惠益分享制度范围涵盖遗传资源与传统知识两个方面,但没有延续《中国—瑞士自由贸易协定》对于来源披露制度的细化规定。

4. 对遗传资源、传统知识和民间文学艺术的保护作出具体的制度安排

2020 年 11 月,我国签署的《区域全面经济伙伴关系协定》(Regional Comprehensive Economic Partnership,简称 RCEP)第 11 章知识产权部分第 7 节第 53 条专门规定了遗传资源、传统知识和民间文学艺术的保护,开创性地在多边自由贸易协定中探讨非物质文化遗产保护的相关问题,反映了以东盟、中国、印度等为代表的新兴经济体和发展中国家在国际知识产权规则重构中的重要主张与要求①。由于

---

① 褚童.巨型自由贸易协定框架下国际知识产权规则分析及中国应对方案[J].国际经贸探索,2019(9):80-95.

多哈议程搁浅,有关遗传资源、传统知识和民间文学艺术的保护在WTO 框架内至今尚未取得进展。RCEP 首次在多边贸易体制内纳入遗传资源、传统知识和民间文学艺术的保护问题,反映了发展中国家及最不发达国家的利益,这在知识产权保护国际协调层面是一个突破,体现了对遗传资源、传统知识和民间文学艺术进行适当保护的多边主义趋势[①]。RCEP 第 53 条共有三个条款,分别可以概括为适当保护、来源披露、在先技术。第 1 款鼓励缔约方采取适当措施保护遗传资源、传统知识及民间文学艺术。第 2 款将来源披露与专利制度相联结,以脚注形式进一步明确了事先知情同意证据、获取和惠益分享证据属于来源披露范围,然而该条款并没有进一步明确未进行来源披露的法律后果。第 3 款明确规定遗传资源来源披露、与遗传资源相关的传统知识有关的在先技术披露、建立与遗传资源相关的传统知识数据库或数字图书馆等。其中,在专利质量审查时,明确将可公开获得的遗传资源相关文献、遗传资源相关传统知识技术作为在先技术来源。相较于之前的双边贸易协定,RCEP 对于遗传资源、传统知识和民间文学艺术的保护作出了更为具体的制度安排,可实施性更强,对于我国未来在自由贸易协定内进一步推进非物质文化遗产的保护具有示范作用。

(二)中国 FTA 中非物质文化遗产保护条款的特点

2008 年中国与新西兰自由贸易协定中开始涉及遗传资源、传统知识、民间文艺保护的相关条款,但目前仅有不足一半的 FTA 将其列入保护范围。可见,当前我国在自由贸易协定中对于非物质文化遗产的保护态度相对保守,FTA 谈判中对非物质文化遗产保护的重视不够,非遗保护并未成为 FTA 知识产权章节的必备条款,条款内容偏向

---

①　张乃根.与时俱进的 RCEP 知识产权条款及其比较[J].武大国际法评论,2021(2):1-25.

于原则性规定,可操作性不强,尚未形成具体的保护模式。具体体现在以下几个方面。

1. 从条款结构来看,布局于知识产权章节,尚未成为必备条款

涉及非物质文化遗产保护的自由贸易协定均将非物质文化遗产保护的相关条款置于知识产权部分之下,以单独的条款存在。2015年《中国—韩国自由贸易协定》虽然将遗传资源、传统知识和民间文艺保护独立成章,在结构上有所进步,在一定程度上体现了非物质文化遗产的保护在FTA谈判中越来越受到重视,但该节中仅有一条涉及相关内容,所以仅仅是在形式上取得独立成章的进步,在内容上没有实质性进步。FTA作为国际贸易谈判场所,在其框架内构建遗传资源、传统知识、民间文艺的保护路径在于寻求知识产权保护。我国签订的FTA中涉及非物质文化遗产,也是在努力为非物质文化遗产在国际保护层面拓展一种私法保护路径,只是目前在推进效果上仍不尽如人意。目前,我国签订的自由贸易协定中仍有一半以上没有提及非物质文化遗产的保护问题,如2019年生效的《中国—新加坡自由贸易协定》《中国—东盟全面经济合作框架协议》《中国—巴基斯坦自由贸易协定》以及2021年生效的《中华人民共和国政府和毛里求斯共和国政府自由贸易协定》(简称《中国—毛里求斯自由贸易协定》)等。可见,我国FTA谈判中对非物质文化遗产保护的关注度仍然不够,非物质文化遗产保护条款并没有成为我国FTA的必备条款。

2. 从条款内容来看,各协定之间没有固定性和延续性

通过对目前中国签订的上述代表性FTA中有关遗传资源、传统知识、民间文艺保护条款的分析可知,虽然在某些内容上,一些先后签订的协定之间具有延续性,比如最初的术语选择的"民间传说"的表述基本为后来签订的FTA中的"民间文艺"的表述所替代,但2013年《中国—瑞士自由贸易协定》只涵盖了遗传资源和传统知识两个方面的表述。再比如，我国自 2008 年与新西兰签订自由贸易协定后，后来几年签订的自由贸易协定均对 CBD 的原则及与 TRIPS 的关系作出积极肯定，并就事先披露及惠益分享问题作出了规定。但在 2017 年签订的《中国—格鲁吉亚自由贸易协定》中没有延续先前自由贸易协定中所作出的发展性的规定，基本又回到 2008 年与新西兰签订的自由贸易协定的模式。从这一角度看，中国签订的 FTA 中有关遗传资源、传统知识、民间文艺的保护条款在内容上没有固定性和延续性。从条款内容来看，与非物质文化遗产相关的 FTA 条款仅仅原则性地肯定非物质文化遗产保护的重要价值，肯定《生物多样性公约》的相关规定，尊重惠益分享制度、事前告知同意制度、遗传资源来源披露制度等，形式上表现为原则性的概括式规定，可操作性不强。这种原则性的规定不具有强制性和有效的约束力，留给双方较大的政策空间，并不利于形成发展中国家区域知识产权保护的良好范本，以及与美欧等国家的 TRIPS-plus 规则相抗衡[①]。

3. 从保护措施来看，仅仅规定防御性保护措施，欠缺积极性保护措施

从内容层面来看，目前我国签订的 FTA 对传统知识的保护仅仅作出了原则性的规定，明确建立符合 TRIPS 和 CBD 的传统知识保护制度，承认并肯定惠益分享、事先同意、来源披露等制度。虽然《中国—瑞士自由贸易协定》中对来源披露制度规定了违反制裁措施，具有一定的进步意义，但从本质上看，它仍然停留在专利权防御性保护措施的层面。这种防御性保护措施的特点在于其具有消极性，只有在违反相关规定的前提下，才会被撤回申请或承担相应的法律后果，而不是为非物质文化遗产提供积极的保护措施。就实质性保护制度而言,目前我国签署的 FTA 中对非物质文化遗产总体秉持保持协商的基本立场,采取交换信息、进一步讨论的协商态度。我国目前签订的 FTA 中缺乏特殊知识产权保护模式,这种单纯依靠消极性保护措施的模式不能为非物质文化遗产提供有效的保护。为此,应当考虑积极性保护措施,在国际多边体制框架内赋予非物质文化遗产私权保护措施,将其纳入知识产权保护客体范围,从而平衡不同国家间的利益。

四、当前 FTA 框架下非物质文化遗产国际保护实践的启示意义

非物质文化遗产关涉传统资源的保护,由于各国基于自身国家利益的考量,长期以来对待非物质文化遗产的态度不一。在多哈回合谈判中,发展中国家主张修改 TRIPS,在专利申请中建立遗传资源来源披露制度,而欧盟、美国反对以专利制度解决遗传资源的保护问题,该议题在 WTO 多边体制内的讨论无果。即使在双边或区域性自由贸易协定中,对于遗传资源及传统知识的保护,美国和欧盟的态度也有差异,呈现出两种不同的保护模式。因此,发展中国家在 FTA 框架内有效推进非物质文化遗产保护首先应当明确保护模式。

(一)明确非物质文化遗产知识产权保护的模式

美国在 FTA 谈判中继续秉持其在多边体制框架内的立场,主张以合同的方式解决事先同意及惠益分享的问题。欧盟对传统知识的保护表现出比较积极的态度,在其签订的 FTA 中明确规定采用地理标志保护传统知识以及传统知识特殊保护制度。与此不同,欧盟缔结的 FTA 中将传统知识作为知识产权部分的重要问题,承认惠益分享和事先告知同意原则,明确提出并肯定特殊保护制度模式。欧盟的实践对于发展中国家在 FTA 框架内构建非物质文化遗产知识产权保护的模式具有启发意义。发展中国家 FTA 框架内非物质文化遗产的知

识产权保护首先应当明确保护模式的选择问题,进而在此模式的基础上构建具体的保护制度。否则,FTA框架内非物质文化遗产知识产权保护的谈判仍将停留在原则层面,不会取得实质性进展。

（二）明确保护客体的范围

就保护客体而言,目前各国在其FTA中所涉及的保护范围及术语选择均有所差别。美国和欧盟签订的FTA中更多地关注遗传资源和传统知识保护,对民间文艺的保护则没有涉及。发展中国家未来在FTA框架内构建非物质文化遗产知识产权保护的制度应当首先明确保护客体的范围。目前,WIPO-IGC已经将遗传资源、传统知识、民间文艺分开讨论,并分别就传统知识和民间文艺制定了相关保护草案。笔者认为,发展中国家在FTA中应当明确对传统知识及民间文艺的保护,毕竟民间文艺也具有巨大的经济价值,同时这种保护思路基本秉持了WIPO-IGC的分类保护思路,且更为全面。

（三）注重发挥事先同意及惠益分享制度的作用

中国、美国、欧盟签署的FTA中多数均明确肯定了传统知识保护的重要性及其价值,同时也肯定了事先同意原则和惠益分享原则。比如,中国—哥斯达黎加、中国—韩国、中国—秘鲁、中国—瑞士、美国—秘鲁、欧盟—秘鲁、欧盟—哥伦比亚等一系列自由贸易协定中均明确肯定了传统知识保护的重要性。不同的是,美国虽肯定事先同意原则和惠益分享原则,但主张以合同方式解决,将主动权紧紧掌握在自己手中。欧盟、中国签订的FTA对事先同意制度和惠益分享制度作出了明确规定,但从具体内容来看,仍停留在CBD确立的事先同意原则和惠益分享原则层面,对具体制度没有作出安排。当前FTA框架内的条款保护现状为发展中国家在FTA框架内的努力提供了两点启示:第一,明确了事先同意原则和惠益分享原则,注重发挥其防御性知识产权保护的作用。第二,应当对事先同意和惠益分享作出具体的制度安排,而不能仅仅停留在肯定基本原则方面。实际上,国际社会就遗传资源及相关传统知识的事先同意与惠益分享已经在 CBD 的基础上取得了一定的进展,尤其是《名古屋议定书》中作出的相关制度安排。基于此,笔者认为,发展中国家在 FTA 框架内构建非物质文化遗产知识产权保护制度的过程中应当注重发挥防御性知识产权保护的作用,同时利用《名古屋议定书》取得的进展,对防御性知识产权保护作出具体的制度安排。

(四)注重谈判对象选择的地缘考量

从目前涉及非物质文化遗产保护条款的 FTA 的地理分布特点来看,美国涉及传统知识相关条款的三项 FTA 分别是与多米尼加、秘鲁、哥伦比亚三个国家签订的。这几个国家的共同特点是位于中美洲或南美洲。同样,欧盟有五项 FTA 中涉及传统知识保护等相关条款,这五项 FTA 分别是与秘鲁、哥伦比亚、加勒比、ESA 以及韩国签订的。其中,秘鲁、哥伦比亚、加勒比位于中美洲和南美洲的东北部,ESA 是指东部和南部非洲,只有韩国是与欧盟签订了含有传统知识保护条款的 FTA 的唯一发达国家。与我国签订的 FTA 中涉及传统知识保护条款的国家包括智利、秘鲁、哥斯达黎加、新西兰、冰岛、澳大利亚、韩国、瑞士等。总体分析,非物质文化遗产保护条款基本成为南美洲国家 FTA 的必备条款,与中美洲、南美洲国家签订的 FTA 中含有非物质文化遗产条款的占比较大。中美洲及南美洲国家特殊的地理位置决定了其具有丰富的非物质文化遗产资源,而且许多国家在国内立法方面也相对完善和先进。比如,巴拿马、秘鲁在保护非物质文化遗产资源方面均通过了特殊保护制度。可以说,目前全球涉及非物质文化遗产保护条款的 FTA 的地理分布特点在一定程度上反映了 FTA 谈判中地缘政治的考量。因此,未来发展中国家在 FTA 框架内构建非物质文化遗产知识产权保护制度的过程中应当将这些国家优先列为谈判对象,尤其是中美洲、南美洲的这些本身国内具有较为先进的立法保障的国家。总之,发展中国家应当首先注重南南合作,优先与具有共同利益基础和共同立场态度的国家就非物质文化遗产的保护达成协议。

第二节　非物质文化遗产国际知识产权保护的模式选择

目前国际社会对非物质文化遗产应否保护这一问题没有争议,而争议主要在于如何保护。虽然国际上未就非物质文化遗产的保护模式达成共识,但诸如世界知识产权组织、非洲知识产权组织等已经开始进行一系列的积极探索,并取得了一定的进展。此外,突尼斯、巴拿马、秘鲁等国家相关的国内立法也相继出台。当前发展中国家在构建非物质文化遗产国际知识产权保护模式的过程中可以从这些国际组织和各国国内的立法实践与探索中吸取经验,从而选择更优的知识产权保护模式。

一、直接知识产权保护模式

所谓直接知识产权保护模式,就是将非物质文化遗产纳入现有的知识产权保护客体中,通过一定的解释或者适当地修改现行的知识产权制度,以现有的知识产权制度(诸如著作权、专利权、商标权等制度)保护非物质文化遗产。根据 WIPO-IGC 对成员方的调查,澳大利亚、日本、法国、新西兰、美国、瑞士等国家认为可以利用现有知识产权制度保护传统知识。此外,有些国际组织或国家已经开展了相关立法实践,利用现行的版权制度为民间文学艺术提供特殊版权的保护模式。

(一)《突尼斯示范法》

1976 年,在 UNSECO 和 WIPO 的协助下,突尼斯政府通过了《突尼斯示范法》,该示范法的目标是为发展中国家提供民间文艺保护的示范性标准。该示范法明确了保护客体,其中的第 1 条第 3 款将民间文学艺术作品界定为一种独立于现代著作权客体的特别客体,具有由传统族群创作、代代相传的特点,有别于普通作品。另外,该示范法第 17 条引入了"付费公有领域"制度,民间文学艺术的使用者必须向主管部门支付报酬。《突尼斯示范法》将民间文学艺术明确界定为一类独立于普通作品的特别客体,并相应地在普通作品保护规则之外设置独立的特别规则。示范法并未将民间文学艺术纳入普通版权保护体系,而是另外设置独立的特别条款,虽然将民间文学艺术的保护纳入版权法框架内,但在权利主体与行使方式、权利保护期限以及权利的救济方式等方面均作出与普通版权不同的规定。由此,《突尼斯示范法》在现有的版权法体系内为民间文学艺术设立了一种特别版权保护制度。《突尼斯示范法》创设的民间文学艺术特别版权保护模式产生了广泛影响,但主要集中于非洲国家,并没有引起非洲知识产权组织之外的其他国家的注意①。而且在现行的著作权体系内为民间文学艺术提供保护在理论层面存在疑问,毕竟民间文学艺术与现代著作权保护的作品存在诸多冲突,在著作权制度框架内作出与一般规则差异较大的规定可能会动摇原有制度的根基。

(二)《班吉协定》

1977 年,非洲知识产权组织的非洲法语国家在班吉通过了《班吉协定》,这是第一个全面涉及工业产权和著作权的区域性公约。由于

---

① 管育鹰.知识产权视野中的民间文学艺术保护[M].北京:法律出版社,2006.

民间文学艺术在知识产权多边体制中的明确保护规定尚属空白,《班吉协定》也是第一个明确提出对民间文学艺术采取知识产权保护的区域性公约。随着所有非洲知识产权组织成员加入 TRIPS,1999 年《班吉协定》进行了修改,新《班吉协定》的附件七中涉及民间文学艺术的保护问题[①]。其中附件七第 5 条明确规定了"民间文学艺术表达及其衍生作品是版权保护的客体",引入了较为具体的"付费公有领域"制度保护民间文学艺术表达。《班吉协定》是迄今为止对民间文学艺术进行明确、直接的知识产权保护的唯一区域性公约,该协定将民间文艺视为一种特殊作品,纳入现有版权制度,在著作权框架内专门为民间文学艺术提供特别版权保护制度,对民间文学艺术特别版权保护模式进行了积极探索。

(三)突尼斯《文学艺术产权法》

突尼斯是《伯尔尼公约》的十个创始国之一,也是其中唯一的第三世界国家。1966 年突尼斯《文学艺术产权法》颁布,规定利用国内著作权法保护民间文学艺术,成为世界范围内第一个利用著作权模式保护民间文学艺术的国家。该法明确规定,民间文学艺术是国家遗产的重要组成部分,除那些代表公众利益的国家组织外,任何具有营利目的的使用均需取得文化部门的授权;以营利为目的使用民间文学艺术作品,除需征得文化部门的许可外,还需缴纳一定的使用费。对于民间文学作品著作权的保护期限规定为永久保护,不受现行著作权法保护期限的限制。1994 年,突尼斯修改了其版权法,对民间文艺的保护规则主要体现在第 7 条,该条对民间文学艺术的内涵作出了界定,同时也规定了相关使用规则,设置了事先许可制度,即民间文学艺术的营利性使用应当取得文化部门的许可,并且应当向相应的版权保护机

---

① 张耕.民间文学艺术的知识产权保护研究[M].北京:法律出版社,2007.

构支付一定的费用。从这一点来看,突尼斯版权法实质上赋予了民间文学艺术专有权的属性。在此之后,一些拉美和非洲发展中国家纷纷效仿突尼斯,在国内著作权法或地区性著作权条约中对民间文学艺术给予知识产权保护,将民间文学艺术纳入著作权保护客体范围。

二、特殊知识产权保护模式

所谓特殊知识产权保护模式,是指在传统的知识产权法之外,通过创设新的知识产权类型、制定专门的法律制度来保护非物质文化遗产。这种量身定制的特殊保护模式能在一定程度上克服利用知识产权制度保护的障碍。特殊知识产权保护模式仍属于知识产权制度领域,但与传统的知识产权制度相平行。两者在立法理念上也存在差别,现代知识产权制度旨在通过权利配置来激励信息生产和传播,而非物质文化遗产知识产权保护制度侧重于非物质文化遗产的维护与传承。非物质文化遗产与传统知识产权之间存在诸多矛盾,利用传统知识产权制度保护非物质文化遗产也存在诸多缺陷。鉴于知识产权制度本身的弹性,借鉴保护集成电路布图和植物新品种的经验,在知识产权框架内建立专门的保护制度,这样可以根据非物质文化遗产自身的特点来设计具体的规则,既不会被旧的模式所掣肘,也能避免在传统的知识产权制度下削足适履。

(一)1982 年 UNESCO 与 WIPO 的《示范条款》

1982 年 UNESCO 与 WIPO 的《示范条款》第 14 条明确指出,将民间文学表达的保护从著作权法保护中独立出来,为其建立特别法保护模式具有必要性①。至此,第一个由国际组织协商制定的、以特别法

---

① 周安平,陈云.国际法视野下非物质文化遗产知识产权保护模式选择[J].知识产权,2009(1):3-9.

保护模式保护民间文艺的示范条款正式诞生。该示范条款共 14 条，涉及民间文学艺术的保护客体、权利主体、权利内容、权利限制、权利救济措施等问题，涵盖内容较为全面。在保护客体方面，该示范条款的第 2 条规定将保护客体界定为民间文学艺术表达，即由一国的某社群或是能体现该社群传统艺术诉求的个人所发展和保有的传统艺术遗产的特征性因素所构成的成果①。另外，该示范条款采用"民间文学艺术表达"而非"民间文学艺术作品"的措辞，其目的是强调民间文学艺术创作与著作之间的区别，也是为了回应对其应当采取不同于著作权保护模式的特殊保护模式。在保护主体方面，该示范条款将权利主体界定为不具有确定个体身份的社群或是代表它们的国家特设主管机构。其中，国家主管机构与民间文艺表达并无自然关联，更不具有来源主体的地位，仅仅代表国家或民族行使许可权②。在保护内容方面，示范条款未明确规定专有权，回避了"权利"的表述。示范条款第 3 条和第 4 条设置了具有专有权性质的事先许可制度，这在规范性质和具体内容方面均与现代版权制度的经济权利类似，第 5 条没有明确规定精神权利，而是通过为使用者规定相关的义务，设置了类似现代版权制度精神权利的制度。在救济措施方面，该示范条款的第 6—8 条规定了行政、刑事以及民事责任的救济，形成了较为完整的救济制度。

　　总之，该示范条款首次在知识产权体制内设置了一个独立于版权法的特别法律框架，不同于非洲知识产权组织确立的民间文学艺术特别版权保护制度，开创了民间文学艺术特别知识产权保护模式。虽然特别版权保护制度具有独立于现代版权的特点，但不能忽视其属于知识产权类型的一面，示范条款的立法模式在性质上仍属于知识产权范

---

　　①　杨鸿.民间文艺特别知识产权保护的国际立法实践研究[D].上海：华东政法大学，2010.
　　②　杨鸿.民间文艺的特别知识产权保护——国际立法例及其启示[M].北京：法律出版社，2011.

畴。虽然这种模式得到了 WIPO 和 UNESCO 的支持与推荐,但各国在立法实践中采纳此种模式的并不多见,《示范条款》即使是对发展中国家的立法影响也是非常有限的①。

(二)WIPO-IGC 的相关立法努力

WIPO-IGC 的工作主要围绕遗传资源、民间文学艺术、传统知识等三个方面展开。就民间文学艺术而言,WIPO 于 2000 年拟定了《保护民间文学表现形式/民间传统文化的核心目标和原则(草案)》,其中涉及保护传统文化的国家政策目标、具体知识产权保护模式选择等内容,对民间文学艺术的保护进行了积极探讨,它以 1982 年《示范条款》为蓝本制定传统文化表现形式特殊权利保护制度②。另外,传统知识的特殊保护问题也一直是 WIPO-IGC 的议题,WIPO-IGC 第八次会议拟定并公布了《传统知识保护条款草案》,该草案分为立法目的、指导准则、实质条款三个部分。WIPO-IGC 早期的论坛偏向防御性保护措施,专利审查人员在专利审查阶段将传统知识作为现有技术审查从而避免不当专利的授予以及传统知识文献化问题的探讨③。早在 2001年 WIPO-IGC 第一次会议上,就已将传统知识产权保护的可行性作为讨论主题,以巴西为代表的一些发展中国家指出,在现有知识产权制度下的传统知识保护不够充分,主张传统知识保护的特殊制度探讨。2002 年 WIPO-IGC 第三次会议首次提出以积极的特殊立法制度保护传统知识,并发布了题为"以特殊制度保护传统知识要素分析"的报告。传统知识保护条款草案的公布经历了一个漫长的过程,2001—2004 年,WIPO-IGC 对成员方保护传统知识的现行制度进行了调查,

---

① 吴汉东.论传统文化的法律保护——以非物质文化遗产和传统文化表现形式为对象[J].中国法学,2010(1):50-62.

② 管育鹰.民间文学艺术保护模式评介[J].中国版权,2007(2):11-14.

③ Dutfield G, Suthersanen U. Global Intellectual Property Law[M]. Cheltenham: Edward Elgar, 2008.

并对成员方传统知识保护的现状作出了分析。之后的近十年时间里
(2004—2011 年),WIPO-IGC 集中讨论起草保护传统知识的政策目标
以及特殊制度,目前该草案仍在磋商和修订期。就该草案的内容而
言,在发达国家与发展中国家的利益分歧下,对于传统知识的保护对
象问题,该草案尚未达成一致意见。因此,目前草案对传统知识的保
护对象没有明确规定,而只是在第 1 条规定了传统知识的特性①。根
据第 2 条的规定,保护的受益人是指创造、拥有、维持、使用和发展传
统知识的原住民和当地社区或国家。欧盟、加拿大等发达国家反对将
国家作为受益人,因此,在权利受益人方面,成员方之间也存在分歧。
虽然该草案尚未通过,但它为传统知识的特殊保护制度做出了重要
探索。

(三)《南太平洋示范法》

2002 年 11 月,太平洋岛国论坛秘书处与太平洋共同体秘书局在
UNESCO 的协作下,起草了《太平洋地区保护传统知识和传统文化表
达形式的框架协议》(简称《南太平洋示范法》)。该示范法是为传统知
识和传统文化表达形式确立了示范性的条款草案。《南太平洋示范
法》在立法模式上突破了现有的知识产权制度,为传统知识和传统文
化表达形式创设了一种新的权利,建立了一种特殊的知识产权保护制
度。从立法体例看,《南太平洋示范法》针对传统知识和传统文化表达
形式规定了一套共同的保护制度,将保护客体分为传统知识和传统文
化表达形式两大类。在权利主体方面,将权利主体界定为传统所有权
人,根据第 6 条及第 13 条第 1 款,传统所有权人即传统文化权与精神
权利的权利人。第 4 条进一步界定了传统所有权人的范围:第一,群

---

① 《传统知识保护条款草案》中的第 1 条规定,以由原住民和当地社区集体创造和维持的,与
原住民和当地社区的文化和社会认同有关联的,代代相传的,不断发展的传统知识作为保护对象。

体、氏族或社区居民;第二,由群体、氏族或社区居民依据其法与习惯实践认定为受托保管传统知识与文化表达形式的个人①。在权利内容方面,该示范法提供了一种新型权利保护——传统文化权。传统所有权人还拥有独立于其传统文化权之外的精神权利,根据该示范法第 13 条的规定,精神权利包括:对其传统知识与传统文化表达形式的所有权的归属权;禁止将传统知识与传统文化表达形式错误归为属于自身的权利;保护传统知识及传统文化表达形式不受贬损权。另外,该示范法还明确规定了权利限制制度,如其中的第 7 条第 4 款规定了五类不适用的情形:现场教学、批评评论、新闻与时事报道、私法程序、附带使用。在救济制度方面,该示范法规定了相关民事、刑事和行政制裁措施,以惩罚侵害传统文化权和精神权利的行为。

总而言之,《南太平洋示范法》是非物质文化遗产特别知识产权保护制度的延伸发展。其借鉴 1982 年 WIPO 与 UNESCO 的《保护民间文学艺术表达形式、防止不正当利用和其他侵害行为的国内示范条款》中的规定②,将非物质文化遗产从现行知识产权制度中独立出来,以专门的立法对其进行保护,在区域性立法中创立了特殊权利保护模式。制度内容较为完整,涉及权利主体、权利客体、权利内容、例外情形、救济制度等内容,为国际社会非物质文化遗产的保护提供了一种新的思路。值得注意的是,《南太平洋示范法》的保护客体包括传统知识和传统文化表达形式两大类。但考察示范法保护的内容,其传统文化权的内容在实质上与版权经济权利几乎没有差别,且这些权利是因文学艺术表达而存在的,显然不适用于被纳入技术、程序等范畴的传

---

① 杨鸿.民间文艺的特别知识产权保护——国际立法例及其启示[M].北京:法律出版社,2011.
② 朱祥贵.非物质文化遗产知识产权的法律保护模式变迁评析[J].贵州民族研究,2010(4):9-14.

统知识。对传统知识与文化表达形式规定统一、无差别的保护方式会淡化两者之间本应有的巨大差异,带来法律适用上的混淆与不协调①。笔者认为,虽然《南太平洋示范法》的保护客体涵盖了传统知识与传统文化表达形式,但其设置的传统文化权制度仅适用于传统文化表达形式,赋予其类似版权经济权利相关的内容。传统知识不适用于现有传统文化权制度,很难想象复制、表演、展览、广播、翻译等权利适用于传统知识。

（四）巴拿马

国际社会保护民间文学艺术的立法实践发展迅速,但大多数仍旧选择特殊版权保护的立法模式。1982 年 WIPO 与 UNESCO 的《示范条款》开创的特殊知识产权保护模式虽然得到了 WIPO 与 UNESCO 的推荐和支持,但各国立法实践采纳此例的并不多见,《示范条款》即使是对发展中国家的立法影响也是非常有限的②。除了前文提到的《南太平洋示范法》,在国家或地区层面,巴拿马、秘鲁、阿塞拜疆等也进行了积极立法。

2000 年,巴拿马颁布了《巴拿马特别知识产权法》。随后,2001年,巴拿马政府针对该部法律颁布了《巴拿马特别知识产权法实施条例》,对特别知识产权法中未澄清的一些问题加以明确与细化。《巴拿马特别知识产权法》及其实施条例的保护范围涉及与生物多样性相关的遗传资源、传统知识、民间文学艺术等方面,是一部针对遗传资源、传统知识和民间文学艺术进行综合性特别知识产权保护的立法③。《巴拿马特别知识产权法》的前言及第 1 条明确了该法的立法目标,即

---

① 杨鸿.民间文艺的特别知识产权保护——国际立法例及其启示[M].北京:法律出版社,2011.

② 黄玉烨.民间文学艺术的法律保护[M].北京:知识产权出版社,2008.

③ 管育鹰.知识产权视野中的民间文艺保护[M].北京:法律出版社,2006.

通过特别注册登记体系保护原住民社群创造成果中的知识产权集体权利与传统知识。在保护客体方面,该法以列举的方式规定了受保护的客体,范围极为广泛,其中包括基于原住民社群传统的服装、乐器、音乐、舞蹈等表演形式、口头或书面表达、工艺或技术等[1]。此外,该法第2条规定,构成文化资产的习惯、传统、信念、精神事物、宗教信仰、民俗表达形式、艺术表现、传统知识及其他任何形式的原住民社群的传统表达也在保护范围之内。在权利主体方面,权利主体为创造、保存、传承传统文化的原住民。在获得权利程序方面,根据该法第6条和第7条的规定,法律所列保护对象在登记后产生了集体权利,而申请注册事项由一般代表大会或当地代表代为申请,一经注册,由国家授予排他性的权利。另外,在保护期限方面,依据该法第7条的规定,相关客体经注册产生的权利永久有效,保护期限不受时间限制。在使用程序方面,根据该法第20条的规定,他人使用注册登记的集体权利需要获得一般代表大会及原住民委员会的事先同意及授权契约,并且需要经过工商部门许可。《巴拿马特别知识产权法》为传统文化提供了一套基于特别注册制度的特别权利保护制度,由相关权利人申请注册,在注册后获得排他性的权利。它是世界上第一部涵盖了遗传资源、传统知识和民间文艺的综合性特别知识产权保护法,其保护范围广泛,明显有别于突尼斯等国家在现有知识产权制度中仅为民间文学艺术提供知识产权保护的模式。

（五）阿塞拜疆

2003年,阿塞拜疆颁布了《阿塞拜疆民间文艺表达保护法》,以专门法的形式为民间文艺提供了一种特别知识产权保护模式。该法在序言中明确指出,民间文艺表达作为文化遗产的一部分,构成了一种

---

① 杨鸿.民间文艺特别知识产权保护的国际立法实践研究[D].上海:华东政法大学,2010.

特别类型的知识产权。《阿塞拜疆民间文艺表达保护法》的实质性特点体现为一套仅围绕精神利益保护的使用规则及其救济制度,并非完整的、可控制商业使用的权利制度①。就权利主体来看,该法并未直接赋予社群任何明确的权利。就保护内容来看,该法强调对民间文艺相关精神利益的保护,第2章中使用规则主要体现为在相关使用中指明民间文艺表达的来源、维护民间文艺表达的要素与内容不受侵害等精神利益的保护。就保护期限来看,根据该法第2条第2款的规定,受保护的民间文艺表达没有法律保护期限的限制。就权利救济方面,该法设置了综合的民事、行政与刑事责任救济制度,尤其是民事救济制度方面规定了类似惩罚赔偿的方式,建立了有效的救济制度。

此外,该法由阿塞拜疆版权局起草,并且是与WIPO和UNESCO共同合作的成果,在一定程度上体现了与1982年《示范条款》的密切关系。总之,《阿塞拜疆民间文艺表达保护法》为民间文艺保护创设了一套独立于普通知识产权制度同时又具有知识产权特征的保护制度②。

（六）秘鲁

秘鲁拥有丰富的生物多样性资源,发达国家选择在此地区利用生物传统知识开展生物科技研发,但遗传资源的提供者与传统知识的持有者并未获得相关的利益补偿,由此引发了一系列传统知识保护以及惠益分享之间的矛盾,这成为秘鲁通过保护传统知识专门法的最大诱因。2002年,秘鲁通过了保护原住民从生物资源中得到的集体知识的《秘鲁集体知识法》,采用了"集体知识"的表述,规定了传统知识权利的创设、登记制度、惠益分享制度、防御性保护等内容,建立了关于传统知识的特殊保护制度。在保护客体方面,《秘鲁集体知识法》第3

---

① 杨鸿.民间文艺特别知识产权保护的国际立法实践研究[D].上海:华东政法大学,2010.

② Torsen M. Intellectual Property and Traditional Cultural Expressions: A Synopsis of Current Issues[J]. Intercultural Human Rights Law Review,2008(3):199.

条规定,该法的保护对象为与生物资源有关的原住民集体知识。一方面,强调了传统知识的集体性特征;另一方面,秘鲁对传统知识的保护并不包括所有类型的传统知识,而是仅限于与生物资源有关的传统知识。在保护主体方面,该法第 2 条(a)款规定集体知识权利的主体是各民族及社群,并且第 10 条进一步明确规定集体知识的权利属于相应的民族,具有集体性质,并非属于该族中的特定个人或数人。另外,第 14 条规定,各民族需要通过代表机构行使权利。在集体知识的特殊权利的内容方面,《秘鲁集体知识法》为其原住民传统知识特别权利规定了传统知识的所有权、利用与发展权、转让权等内容。其中,传统知识的所有权是专门权利的首要内容和其他权利的前提基础,该法第 1 条对所有权进行确认,利用发展权保障了传统知识的存续与发展。此外,该法将事先同意制度和惠益分享制度纳入规则体系,根据该法第 6 条的规定,任何希望获取、开发和利用原住民传统知识的行为必须获得相关代表机构的事先知情同意,该法第 8 条和第 27 条规定了惠益分享的相关内容。最后,为了保障公平的转让权,该法第 25 条规定了许可合同的登记制度,即集体知识的所有人与使用人之间的许可合同使用应在国家机关设立的登记处强制登记,国家机关通过对许可合同进行登记的形式发挥监督作用,这在一定程度上改变了集体知识所有人的弱势地位。在集体知识权利获得方式方面,该法第 24 条规定了三种注册登记方式:第一,公开的集体知识注册登记;第二,保密的集体知识注册登记;第三,地方的集体知识注册登记。根据该法第 19 条的规定,任何人均需要通过代表机构向主管机关申请集体知识的注册登记。另外,根据第 15 条以及第 16 条(a)款的规定,秘鲁实行登记制度的宗旨在于维护各民族集体知识及相关权利,而不是为了确认原住民的集体知识权利。可以看出,秘鲁集体知识的登记制度是一种宣示性登记,秘鲁原住民传统知识不是通过登记获得的,而是自然存在的,并非政府授予。前文提到的《巴拿马特别知识产权法》中的登记制度属于创设性登记。

总而言之,《秘鲁集体知识法》创设的特殊知识产权保护制度涵盖原住民对其传统知识的所有权、利用与发展权、转让权、同意权和惠益权等内容,建立了一套较为完整的传统知识特殊权利制度[①]。首先,该法承认各民族对于传统知识有一定的权利,但并未直接明确权利的内涵。另外,从该法的主要保护制度来看,登记制度(即授权契约)是为了避免他人未经合法授权而使用传统知识,具有较强的防御性保护色彩。其次,该法的保护对象仅限于与生物资源有关的传统知识,与生物资源不相关的传统知识以及传统知识之外的其他非物质文化遗产均不在该法的保护范围之列,因此该法的保护范围有限。

三、两种模式之间的对比分析

(一)直接知识产权保护模式的优缺点

民间文学艺术作品与现代著作权法所保护的作品具有一定的相似性,比如民间故事传说与口述作品、民歌与音乐作品、民间雕塑与美术作品、民间舞蹈与舞蹈作品、民间建筑与建筑作品等。直接知识产权保护模式的特点在于在现行的知识产权制度框架内,通过对现行的知识产权制度进行修改或解释的方式,就能够为非物质文化遗产资源提供保护。这种模式的优点在于可以充分利用现行的知识产权制度,避免因非物质文化遗产资源专门立法而导致立法的重复或者不同部门法之间协调困难的问题,同时也可以节约大量的司法成本。虽然在保护客体方面存在一定的相似性,但是民间文学艺术作品与著作权法

---

① 秦天宝.秘鲁对遗传资源相关传统知识的保护及对我国的启示[J].科技与法律,2005(4):89-93.

保护的对象在诸多方面存在差异性。直接知识产权保护模式也存在诸多局限性:第一,只有有限的非物质文化遗产可以得到现有知识产权制度的保护,直接知识产权保护模式所能发挥的作用极其有限。就目前的国际实践来看,为非物质文化遗产资源提供知识产权保护的实践集中于民间文学艺术保护领域,在现有的著作权领域内探讨民间文学艺术的特殊版权保护制度。就传统知识领域而言,目前尚未有国家将其纳入现行知识产权制度的立法实践。第二,非物质文化遗产与传统的知识产权保护客体之间存在诸多不协调之处,比如,民间文学艺术的保护范畴要大于著作权保护的作品,有些民间文学艺术形式并不属于作品范畴;民间文学艺术的权利性质为集体性权利;民间文学艺术的保护期限为永久保护等。可见,民间文学艺术与著作权法所保护的客体在诸多方面存在差异,虽然有国际实践赋予民间文学艺术以特别版权的保护模式,但是与其为了在著作权框架内给予民间文学艺术以保护而动摇了著作权法相关制度的根基,倒不如直接为民间文学艺术单独制定专门的保护制度。

另外,就专利制度保护客体与传统知识的冲突来看,传统知识难以满足专利新颖性、创造性和实用性的要求,尽管有些传统医药知识可以通过专利权获得保护,但专利法的保护对象不是传统医药知识本身,而是在传统医药知识基础上的衍生物。此外,只有自然人和法人可以申请专利,传统知识作为集体权利,不满足现行专利制度的权利申请人条件。就商标制度而言,除了自然人和法人,集体也可以申请商标。但通过集体商标制度保护非物质文化遗产的范围十分有限,其仅限于使用非物质文化遗产生产的商品的商标,而不是非物质文化遗产本身,所以集体商标为非物质文化遗产提供的是一种间接保护[①]。

---

①　许颢信.环境法视角下的传统知识保护制度研究[D].青岛:中国海洋大学,2015.

同样，地理标志为部分非物质文化遗产提供的保护也仅限于商品的地理名称，而不是非物质文化遗产本身。所以，基于商标法和地理标志所能提供的保护仅仅是进入市场竞争环境和商业化的非物质文化遗产。另外，通过反不正当竞争法对非物质文化遗产进行保护的前提条件是相关非物质文化遗产仍处于保密状态，如一些传统的秘方，保护范围十分有限。

综上所述，不论是从国际社会相关立法实践，还是从实践尚未触及的其他类型的现行知识产权对非物质文化遗产的保护来看，在保护范围方面均存在有限性，这种模式探索仅仅局限在民间文学艺术保护领域，将民间文学艺术纳入著作权保护框架。通过现行的知识产权制度，只能为有限的非物质文化遗产类型提供保护，而在现行知识产权制度下，其所能获得的仅仅是一种间接保护，即通过保护由非物质文化遗产衍生的商品而间接保护相关非物质文化遗产。同时，非物质文化遗产的本质属性与现代知识产权制度存在诸多冲突与不相容之处，因此要采取有别于现行知识产权制度的保护模式以避开可能动摇现代知识产权制度根基的法律变动[①]。在直接知识产权保护模式下，非物质文化遗产本身难以获得充分、有效的保护。

（二）特别知识产权模式优缺点

非物质文化遗产知识产权特殊保护模式为非物质文化遗产的保护提供了一种新的保护思路，其模式建立以非物质文化遗产的本质特征及内涵为基础，并考虑了非物质文化遗产本身多元性和复杂性的特点，是专门针对非物质文化遗产保护而创立的制度，针对性强，为非物质文化遗产量身定做知识产权保护规则。它将所有可知识产权性的

---

① 吴汉东.论传统文化的法律保护——以非物质文化遗产和传统文化表现形式为对象[J].中国法学，2010(1):50-62.

非物质文化遗产保护客体纳入保护范围,这在实现非物质文化遗产的文化价值和经济价值的过程中发挥了重要作用。具体言之,第一,特别知识产权保护模式在现行的知识产权保护制度之外,为非物质文化遗产构建了专门的、与现行的知识产权制度相平行的知识产权保护制度。该模式的优点在于它基于非物质文化遗产自身的基本特征而专门设置保护规则,具有更强的针对性。第二,特别知识产权保护模式的制度实践将民间文学艺术和传统知识均纳入保护范围,保护范围更广。第三,特别知识产权保护模式通过构建专门的保护制度,可以避免由于两者保护客体的诸多差异而造成的对现行知识产权理论和制度的冲击。当然,特别知识产权保护制度也存在明显的缺陷,建立专门的非物质文化遗产知识产权保护制度将会对现行的知识产权体系造成冲击,不同法律体系之间需要相互协调,这有可能造成法律资源的浪费,同时专门的非物质文化遗产保护模式也会增加立法和执法成本。当然,不论是直接知识产权保护模式还是特别知识产权保护模式,它们有着共同的缺点,即容易忽视非物质文化遗产的文化属性。知识产权制度的特性决定了非物质文化遗产的知识产权保护侧重于对经济利益的保护,对非物质文化遗产的文化保存的目标关注度不够。另外,并非所有的非物质文化遗产均可采用知识产权保护模式,对于没有商业价值或者说不具有可知识产权性的非物质文化遗产,知识产权保护制度难以发挥作用。综上所述,知识产权保护模式是非物质文化遗产保护路径中极为重要的路径,它关注非物质文化遗产的经济价值及经济价值所引发的利益的公平分配问题。非物质文化遗产保护的根本目的在于文化保存与传承,文化保存的目标以及不具有可知识产权性的非物质文化遗产可以依靠以行政公法为主导的其他保护模式综合发挥作用。基于本书的研究范围,上述直接知识产权保护模式和特别知识产权保护模式反映了知识产权制度路径的有限性,需要与其他路径互相配合,共同发挥作用,从而实现非物质文化遗产资源的有效保护。

四、综合知识产权保护模式的选择

受欧盟 FTA 中有关非物质文化遗产保护的启发,本书主张对非物质文化遗产的国际知识产权保护采取综合的知识产权保护模式。本书对综合保护模式的界定是指对非物质文化遗产的知识产权保护采取综合性的保护手段,既包括防御性的保护措施,也包括积极性的保护措施。两者均属于知识产权保护模式,是融合防御性保护措施与专门性知识产权保护措施的综合性保护模式。综合知识产权保护模式的特点在于不在现行的知识产权框架内赋予非物质文化遗产积极的保护,即不在现有的著作权、专利权、商标权等框架内赋予非物质文化遗产相关知识产权保护,而仅仅在现行的知识产权框架内增加对非物质文化遗产防御性保护的规定。同时,在现行的知识产权制度之外,通过积极的知识产权保护措施为非物质文化遗产提供专门的立法保护,这种特别的知识产权保护模式无须局限于现行知识产权制度的相关规定,可以根据各国的具体国情,为非物质文化遗产建立更为广泛的权利保护体系[①]。综上所述,本书没有完全摒弃现行的知识产权制度,就非物质文化遗产的衍生产品来看,可以在现行知识产权框架内获得保护。但就非物质文化遗产本身而言,本书选取的综合性知识产权保护模式既注重发挥现行知识产权制度的防御性保护作用,同时对于非物质文化遗产专门权利保护问题采取以特别知识产权保护模式另行专门立法。

---

① Posey D A, Dutfield G. Beyond Intellectual Property: Toward Traditional Resource Rights for Indigenous Peoples and Local Communities[J]. Journal of Nursing Science, 1996(1):33-43.

第三节　非物质文化遗产国际知识产权保护的具体制度构建

非物质文化遗产知识产权保护可以分为两个层面:积极性保护和防御性保护。积极性保护是指赋予非物质文化遗产持有人特殊的知识产权形式,通过特定权利内容的设置实现非物质文化遗产的保护;防御性保护,又称消极性保护,是为了防止传统群体外的第三者取得知识产权而采取的保护措施。不论是在 TRIPS 框架内,还是在 WIPO 框架内,构建非物质文化遗产知识产权保护的法律制度都将是一个循序渐进的过程。有些发展中国家为了在国际范围内形成舆论压力,以及更好地与发达国家进行对抗谈判,争取早日将非物质文化遗产纳入保护范围,已试图在国内先行建立非物质文化遗产相关的保护制度,为捍卫本国利益做出积极应对。目前国际社会有关国家或地区的 FTA 中对非物质文化遗产的保护均有所涉及,但大多是防御性保护措施的规定。虽然欧盟肯定了特殊保护制度模式,但对该特殊保护制度的内容没有作出具体规定。因此,本书将对发展中国家于 FTA 框架内构建非物质文化遗产知识产权保护制度的内容进行具体探究,使发展中国家在为自身利益积极发声的过程中实现更为有效的推进。

一、非物质文化遗产防御性知识产权保护制度的构建

构建防御性保护制度的主要目的在于避免他人盗用、滥用非物质文化遗产而获得不当知识产权。防御性保护制度的重点在于专利制度,其目的是确保基于遗传资源和传统知识的技术或发明不被第三人以不合法或不合理的方式获得专利。目前国际组织讨论和各国采取

的主要防御性保护措施包括专利来源披露制度和传统知识资料库
制度。

（一）专利来源披露制度

专利来源披露制度是一种与专利制度结合使用的传统知识特别
保护制度。专利来源披露制度要求专利申请人在专利申请过程中，对
根据相关传统知识研发出的智力成果明确披露来源，并提供证据表明
该传统知识的获得已取得传统知识持有者的事先同意以及已达成公
平合理惠益分享的证据。专利来源披露制度要求遗传资源或传统知
识的使用者指出获取资源的来源，尊重了传统知识持有者的人格尊
严，保护了传统知识持有者精神上的权利，是保护传统知识和遗传资
源权利人精神权利的重要内容①。同时，来源披露制度通过惠益分享
的安排，保障了传统知识持有者经济上的利益。CBD 最早确立了有关
遗传资源和遗传资源利用相关的传统知识的来源披露原则，但仅仅作
出了原则性的规定，而《名古屋议定书》将其明确为一项国际制度，是
目前国际社会有关传统知识保护取得的最富有成效的成果。在 WTO
多边体制内，有些发展中国家在多哈回合谈判中主张修改 TRIPS，使
其与 CBD 的规定相一致，而美国作为非物质文化遗产资源的主要使
用国，一贯认为如果将信息披露和专利联系在一起，将会加重专利审
查机构和申请人的负担以及专利制度本身的不确定性，因此反对来源
披露制度，主张通过合同的方式解决非物质文化遗产资源的利用问
题。当前，在发达国家与发展中国家不同利益的抗衡下，该问题在
WTO 多边体制内尚未取得实质性进展。

目前，专利来源披露制度在国际层面取得的成效十分有限，但不
少国家的国内立法实践中已开始引入专利来源披露制度，并且依据披

---

①　邓富国，易继松.传统知识来源披露产生机理研究[J].河北法学，2008(12):100-103.

露内容及强制力的不同,具体可以分为"弱度""中度"和"强度"三种①。"弱度"方式是指披露来源是值得鼓励和期望的,但不是必需的,专利申请中未披露或公开来源并不会导致专利申请被驳回或专利权被宣告无效。1998 年的《欧盟生物技术发明保护指令》第 27 条的规定中描述了此种模式,鼓励披露来源,但不做强制要求。"中度"方式是指专利披露来源是义务性的、强制性的,专利申请人未披露来源将会导致授予的专利被撤销或宣告无效。印度 2002 年的专利法修正案第 25 条规定,未清楚披露专利申请中涉及的传统知识来源或误写来源所在地,以及该项发明可从印度或其他地方的本土社区获得的口头或其他知识推知的,任何利益相关人均可在规定的期限内向专利局提出异议②。"强度"方式是指专利申请人不仅要披露来源,而且必须提供获得事先同意或许可使用的文件,否则将导致专利申请被驳回或获得的专利权被宣告无效③。其中以 2000 年安第斯同盟第 391 号决议案为代表。根据该决议案的规定,若未获得许可认证,则对任何传统知识的持有与利用均视为无效。

总而言之,专利来源披露制度作为防御性知识产权保护手段在非物质文化遗产保护方面发挥着重要作用。一方面,可以在专利申请阶段有效地防止传统知识持有者以外的人不当获取和使用传统知识、独占传统知识产生的利益的行为;另一方面,尊重传统知识持有者的人格尊严,维护了传统知识持有者的精神利益。如果跨国公司通过商业化将惠益分享给作为知识来源的各民族,这将是"双赢"的局面。传统

---

① 丁丽瑛.传统知识的权利设计与制度构建——以知识产权为中心[M].北京:法律出版社,2009.

② 姚忻.印度专利法修正案(2002)中与遗传资源、传统知识相关条款介绍[EB/OL].(2019-04-06)[2018-01-13].http://china.findlaw.cn/chanquan/zccqfg/qtzccqf/29134.html.

③ 丁丽瑛.传统知识的权利设计与制度构建——以知识产权为中心[M].北京:法律出版社,2009.

知识仅在各民族内部使用并不能充分地发挥其商业价值。如果跨国公司可以利用传统知识获益，并与各民族分享收益，则从民族、社区的角度来看，可能也并非坏事，关键是如何设置一套机制，以确保跨国公司与各民族惠益的分享①。

(二)传统知识资料库制度

建立传统知识资料库来保护传统知识是指以数据库的形式将收集的传统知识进行系统的整理，为专利审查员在专利实质审查中提供现有技术判断中的参考。WIPO将现有技术具体定义为在一项发明申请某项工业产权所有权主要是专利、产品模型和工业设计的存档日期之前，或在申请优先权的情况下，在优先日期之前，公众所能得到的所有知识的总体②。国际社会形成统一的现有技术含义，由于传统知识天然地与一个国家的生物多样性相关联，将传统知识视为现有技术也会使相关资源得到保护，同时也有利于专利申请程序的统一③。另外，《专利合作条约》第15条规定，对国际专利申请进行国际搜索的目的在于发现相关的现有技术，以此作为发明是否具有新颖性的判断标准，从而判定是否授予专利。传统知识具有世代传承的特点，但大多缺乏文献记载，这造成了专利审查上的阻碍。如要实现专利审查机构的上述目标，就必须将传统知识文献化，并视为现有技术。传统知识资料库的建立便于专利审查人员检索与专利申请相关的传统知识信息，防止与现有的传统知识密切相关的技术被授予专利。有学者明确提出，应当效仿印度建立数字图书馆，为国外专利审查者提供现有技

---

① Ghosh S. Globalization, Patents and Traditional Knowledge[J]. Columbia Journal of Asian Law, 2003(1):115-117.

② 陈志诚. 传统知识法律保护[D]. 北京:中国政法大学, 2009.

③ Longacre E. Advancing Science While Protecting Developing Countries from Exploitation of Their Resources and Knowledge[J]. Fordham Intellectual Property, Media and Entertainment Law Journal, 2003(3):963-1018.

术信息,利用数据库阻止相关专利申请的通过①。

在国际层面,WIPO 就传统知识资料库的建立进行了一系列积极探索。2001 年,WIPO-IGC 第一次会议将审查传统知识相关文献揭露暨公之于众的方式可否以更有效的方式整合为可检索的现有技术,特别是整合为已分类、可检索的非专利文献资源纳入工作计划。2001 年底,WIPO-IGC 第二次会议上提出通过简化传统知识文献记述的方式提高现有技术的传统知识检索的可能性与有效性②。2002 年 6 月,WIPO-IGC 第三次会议上讨论了根据《专利合作条约》进行国际检索的最低文献标准,听取了中国、印度等成员方关于数据库的管理经验并讨论了传统知识数据库的使用方案。另外,WIPO-IGC 针对建立传统知识资料库的提议也给出了相关参考建议,比如,建立传统知识资料库应当取得传统知识利害关系人的同意;公开内容应当尽可能详尽以及在何种程度上公开等问题③。可见,传统知识资料库的建立是 WIPO-IGC 推动传统知识进行知识产权保护的措施之一,WIPO-IGC 在国际论坛中也在积极发挥防御性知识产权保护措施的作用。

从各国国内的立法实践来看,2001 年印度建立传统知识数字图书馆(Traditional Knowledge Digital Library,简称 TKDL),旨在记录印度传统医药方法,将处于公共领域的传统医药资料以数据化的方式加以保存,提供了传统医药知识的检索,从而让印度及世界各国的专利审查人员都能检索到印度的传统知识,避免不当专利的产生。目前,德国、美国、英国、加拿大和澳大利亚等国家均可进入印度传统知识数字图书馆,各国知识产权局的专利审查员均可以检索和审查为目

---

① Haider A. Reconciling Patent Law and Traditional Knowledge: Strategies for Countries with Traditional Knowledge to Successfully Protect Their Knowledge from Abuse[J]. Case Western Reserve Journal of International Law, 2016(1-2):366-368.

② 许颢信. 环境法视角下的传统知识保护制度研究[D]. 青岛:中国海洋大学,2015.

③ 陈志诚. 传统知识法律保护[D]. 北京:中国政法大学,2009.

的使用传统知识数字图书馆数据,在国际专利审查中对传统知识进行事先检索。传统知识数字图书馆的建立使得专利审查人员能够在专利核准过程中检索传统知识,可以有效防止"生物剽窃"现象的发生,并且为传统知识持有人提供惠益分享的基础。此外,2002 年,我国国家知识产权局建立的中国中药专利数据库及其检索系统是典型的传统医药专利数据库,该数据库收录了从 1985 年到 2001 年 6 月间的共1.2124 万件中药专利申请,其中包括 3 万多个中药方剂。整个资料库设有 27 个检索入口,这个资料库有中药材资料库作为主库的强大辅助文档,可进行中药材名称的多文种检索①。传统知识资料库建构的主要目标在于尽量将传统知识文献化,使其能够作为专利核准机关的现有技术,以此判断发明是否具有新颖性与进步性,从而有效阻止不当专利权的授予。2004 年 8 月,该资料库完成了英文版本的翻译,并且具有更加强大的资料检索功能。整体来看,发展中国家就传统知识资料库的构建取得的成就仍然有限。因此,发展中国家在 FTA 体制内构建非物质文化遗产知识产权保护规则的过程中应当继续关注传统知识资料库构建的重要作用,为专利审查提供更为全面的检索信息,充分发挥防御性保护措施在非物质文化遗产保护中的作用。

(三)防御性保护制度的评价

作为防御性保护制度的专利来源披露制度和传统知识资料库制度,其所追求的立法宗旨和目标主要在于防止传统知识被盗用以及就传统知识获得不当的知识产权。其虽能够避免依据传统的知识产权制度获得排他性知识产权,却没有采取积极性措施授予传统知识持有者专门的权利。防御性保护制度对传统知识的保护具有一定的积极作用,但仅仅依靠防御性保护措施是远远不够的,防御性保护措施对

---

① 陈志诚.传统知识法律保护[D].北京:中国政法大学,2009.

传统知识的保护具有针对性,不具有广泛性或普遍意义,因而存在保护上的不确定性[①]。另外,传统知识资料库制度也受到一些质疑,比如,有些传统知识具有秘密性,若仅将其纳入资料库而未采取充分的措施加以保护,将会加剧传统知识的盗用。综上所述,防御性保护制度在非物质文化遗产保护中发挥的作用有限,继续探讨非物质文化遗产的积极性保护制度,直接赋予传统知识持有者相关权利,对非物质文化遗产的保护具有重要意义。

二、非物质文化遗产积极性知识产权保护制度的构建

积极性知识产权保护制度指积极地赋予非物质文化遗产持有人专有权,使其享有一定的权利或利益。赋予非物质文化遗产特别知识产权保护模式,就该专有权的名称来看,目前学术界对其有不同的界定。有学者主张采用传统文化权[②],有学者主张采用非物质文化遗产特别权利,该特别权利不仅包括民间文学艺术特别权利,还包括传统知识特别权利[③]。多数学者则主张采用民间文学艺术权或传统知识权[④]。可以说,目前学术界对非物质文化遗产特殊知识产权保护模式下所赋予的特殊权利,在权利名称上尚未达成一致意见,笔者认为特殊知识产权保护模式下,更重要的是探究具体制度设计以及特殊权利的主要内容。

---

① 丁丽瑛.传统知识的权利设计与制度构建——以知识产权为中心[M].北京:法律出版社,2009.

② 卓仲阳,杨正文.民族传统文化保护与知识产权[J].科技与法律,2003(4):77-79.

③ 李墨丝.非物质文化遗产保护法制研究——以国际条约和国内立法为中心[D].上海:华东政法大学,2009.

④ 刘胜红,王林.试论民间文学艺术权[J].中央民族大学学报(哲学社会科学版),2004(6):31-34;王林,毛向荣,肖力.民间文学艺术权初探[J].中南民族大学学报(人文社会科学版),2005(3):53-56;刘华,胡武艳.民间文学艺术及其特别保护体系研究[J].华中师范大学学报(人文社会科学版),2004(3):41-46.

（一）权利主体制度

"法律关系的主体是指在法律关系中享有权利和履行义务的个人或组织。主体是法律关系的主导因素。没有主体，法律关系就无从谈起。"[①]非物质文化遗产的法律保护归根结底是对非物质文化遗产权利的保护，权利保护的首要因素是确立非物质文化遗产的权利主体。如果非物质文化遗产的权利主体不明确，就可能导致其使用人以主体不明确为由拒绝获得同意或分享惠益。因此，明确非物质文化遗产的权利主体是寻求知识产权私法保护的前提条件，也是实现事前知情同意和惠益公平分享机制的关键要素。

1. 权利主体的认定

非物质文化遗产是共同创造的智力成果，是各民族在长期的地理、历史、文化基础上形成的，是群体生活、民族文化和民族习惯的共同反映，并在岁月的长河中代代传承。因此，非物质文化遗产具有不特定性和群体性，不可能由任何单独的个人对其主张"创造者的权利"[②]。关于非物质文化遗产的权利主体，目前主要有两种意见：一是把国家作为非物质文化遗产的权利主体，如哥斯达黎加设立生物多样性研究所作为该国传统知识及其有关生物资源的权利主体；二是把原住民群体作为非物质文化遗产的权利主体。持有这一观点的国际立法实践较多，根据 CBD 第 8 条(j)款的规定，传统知识是与生物多样性的保存和可持续利用相关的、体现传统生活方式的各民族与地方社区的知识、创新和做法。一般将传统知识的持有人确认为各民族或地方社区，而不是个人，虽然个人或具体家庭可能是代表集体的保管人[③]。

---

① 张文显.法理学[M].北京：法律出版社，2007.
② 陈志诚.传统知识法律保护[D].北京：中国政法大学，2009.
③ 李墨丝.非物质文化遗产保护法制研究——以国际条约和国内立法为中心[D].上海：华东政法大学，2009.

1997 年菲律宾《原住民权利法案》主要保护原住民对其传统知识和其他文化财产的社区知识产权,将文化社区和原住民部族作为权利主体。2000 年,《巴拿马特别知识产权法》第 1 条规定了保护土著社区和原住民的集体权利。2002 年,《秘鲁集体知识法》第 2 条(a)款规定集体知识权利的主体是各民族。2002 年,《南太平洋示范法》第 6 条规定,将有关传统知识及文化表达形式的传统文化权赋予传统文化所有者。另外,WIPO-IGC 在第七届会议中对保护的资格进行了以下阐释——按照保护的资格所描述的关系,进行传统知识保护主要是为了保护传统知识持有人的利益。由此可见,各民族、部落或社区是目前国际社会立法实践广泛接受的权利主体。

基于此,笔者将非物质文化遗产的权利主体确定为各民族、部落或社区。非物质文化遗产绝大多数是由集体创造的,是集体智慧的结晶,为集体所有;当然也存在由个人创造或传承的情形,在此种情形下,其权利主体为个人,如一些传统医药的家传秘方。概言之,非物质文化遗产知识产权保护的权利主体一般为集体,但也存在为个人的例外情形。此外,作为非物质文化遗产权利主体的群体虽然对其资源享有权利,却不一定拥有行使权利的能力。大多数非物质文化遗产的来源群体具有松散性,并没有像部落议会一样可以代表群体行使有关权利的组织机构,这导致在权利行使和司法救济方面存在障碍。因此,非物质文化遗产知识产权保护模式需要建立集体权利的代理制度,以保障集体权利的实现。所以要注意区分权利主体和权利行使主体,即使各民族、部落或社区不能直接成为权利的行使主体,但不影响其权利主体的地位。

2. 其他相关权利人的权利认定

在分析非物质文化遗产知识产权的权利主体时,除了创造主体,也应当保护传承人、改编者以及整理汇编者等非物质文化遗产知识产权相关的权利人的权利。就改编者而言,如果对非物质文化遗产进行了新的创造,形成了新的作品,就应当获得相关权利,当然前提是获得了非物质文化遗产持有人的许可。另外,就整理汇编者而言,其在收集、整理非物质文化遗产后进行了科学合理的包含组织、排序、编辑、恢复的整理汇编工作,付出了一定的创造性劳动,应当获得相应的权利。最后,传承人在非物质文化遗产的传播和传承过程中具有重要作用,尤其是对民间文学艺术和传统工艺的传承而言,传承人发挥着至关重要的作用。传承人不是机械地复制前人的智力成果,而是在学习的基础上继承和发扬非物质文化遗产,传承与创作的界限十分模糊,多数民间文学艺术的传承活动都是民间文学艺术的发展或再创作过程,因此传承人对其传承的民间文学艺术有权主张适当的权利[1]。总而言之,非物质文化遗产的群体性特征决定了非物质文化遗产的权利主体为群体。非物质文化遗产知识产权专有权的权利归属并不排除个人享有的形式,但群体所有是其基本原则,并处于核心地位[2]。非物质文化遗产的集体主义知识产权模式不仅保存了非物质文化遗产,也保护了产生非物质文化遗产的历史文化[3]。目前国际立法实践多以部落、民族整体作为权利主体,并通过代表组织行使权利。

(二)权利客体制度

我国《非物质文化遗产法》将非物质文化遗产划分为六大类,即传统口头文学以及作为其载体的语言;传统礼仪、节庆等民俗;传统技艺、医药和历法;传统体育和游艺;传统美术、曲艺、音乐、戏剧、舞蹈、书法和杂技;其他非物质文化遗产。需要注意的是,并非所有的非物

---

[1]　张耕.论民间文学艺术版权主体制度之构建[J].中国法学,2008(3):55-64.

[2]　Von Lewinski S. Indigenous Heritage and Intellectual Property: Genetic Resources, Traditional Knowledge and Folklore[M]. Amsterdam: Kluwer Law International, 2004.

[3]　Riley A R. Recovering Collectivity: Group Rights to Intellectual Property in Indigenous Communities[J]. Cardozo Arts and Entertainment Law Journal, 2000(1):175-226.

质文化遗产均具有知识产权意义。非物质文化遗产知识产权保护制度的保护客体范围主要涵盖各族人民世代相传并视为其文化遗产组成部分的各种民间文学艺术表现形式、传统知识及传统标记。对于非物质文化遗产知识产权保护制度的模式选择,我国学术界存在不同的主张。有些学者主张建立单一模式的非物质文化遗产知识产权保护制度,即涵盖民间文学艺术、传统知识等的综合的知识产权保护制度①。有些学者主张建立具有多种保护体制的非物质文化遗产知识产权保护制度,即根据不同类型的非物质文化遗产建立不同的、具有针对性的制度②。有学者也提出构建单一的保护制度来保护非物质文化遗产,以保留其自身的完整性,立意甚佳,但缺点在于需要处理不同保护客体之间的差别,较难构建针对不同客体并且共同适用的规则③。笔者认为,民间文学艺术、传统知识及传统标记知识产权保护所涉及的问题不同,在权利客体性质方面存在差异,民间文学艺术的保护主要与著作权法有关,传统知识的保护主要与专利法相关,传统标记的保护与商标权及地理标志相关。单一的保护机制难以适用于不同客体的保护,目前 WIPO 已将民间文学艺术和传统知识列为不同的保护客体,并分别公布了相应的保护性文件。鉴于此,本书支持针对不同保护客体建立多种保护机制的非物质文化遗产知识产权保护制度。

(三)权利内容制度

非物质文化遗产知识产权保护的权利内容应当包含精神权利和

---

① 管育鹰.非物质文化遗产的法律保护探讨[EB/OL].(2008-12-18)[2024-04-03].http://iolaw.cssn.cn/zxzp/200812/t20081218_4601629.shtml.

② 费安玲.非物质文化遗产法律保护的基本思考[J].江西社会科学,2006(5):12-16;李顺德.非物质文化遗产的法律界定及知识产权保护[J].江西社会科学,2006(5):7-12;徐康平,程乐.民间文学艺术的法律界定[J].北京工商大学学报(社会科学版),2005(5):89-92.

③ Correa C M. Traditional Knowledge and Intellectual Property: Issues and Options Surrounding the Protection of Traditional Knowledge[C]. Geneva: The Quaker United Nations Office,2001.

经济权利两个方面。从国际社会相关立法判例来看,精神权利主要包括:第一,要求使用者注明出处的权利。1982 年《示范条款》第 5 条对注明出处作出明确规定,要求在一切向公众传播的印刷出版物中,必须用适当的方式注明民间文学艺术明确的出处,即指出所使用的民间文学艺术的居民团体或其地理位置。注明出处能够确定非物质文化遗产与其来源群体之间的联系,从而有效控制他人对非物质文化遗产的使用。同时,CBD 规定的遗传资源披露制度也是对要求使用者注明出处权利的肯定。第二,禁止歪曲、滥用的权利。非物质文化遗产作为集体智慧的结晶,具有民族性,往往与特定的民族信仰密切相关,非物质文化遗产的歪曲、滥用会伤害特定群体的宗教信仰、风俗习惯。因此,商业利益驱动下的非物质文化遗产的歪曲、滥用行为应当被禁止。国际社会有关特殊知识产权保护模式的立法实践也积极响应了这一点。例如,根据 1982 年《示范条款》的规定,任何人直接或间接地公开使用民间文学艺术表现形式时,有意歪曲该形式以至损害相关社区文化利益的,将受到惩罚。第三,公开发表的权利。从现有的非物质文化遗产保护立法实践看,大多数并没有赋予权利主体以公开发表的权利,如《示范条款》《突尼斯示范法》《巴拿马特别知识产权法》等文件中都没有规定这一权利。但非物质文化遗产的民族性也决定了有些非物质文化遗产只能在特定的群体和地域范围内传播,未经许可擅自公开发表和传播可能会伤害特定群体的宗教信仰和感情。未经许可的非法传播行为和滥用、歪曲行为都应当禁止。因此,赋予非物质文化遗产公开和传播的权利可以防止未经授权(或同意)的非法公开传播行为。

就经济权利而言,主要包括:第一,使用许可权。使用许可权是指使用相关非物质文化遗产应当取得权利主体的同意,从而防止非法使用行为的发生。《示范条款》第 3 条规定,以营利为目的并在其传统习惯范围之外使用民间文学艺术需要事先取得授权,不论这种授权是主管当局还是来自相关社区。《巴拿马特别知识产权法》第 20 条规定,他人使用原住民集体知识产权和传统知识必须获得一般代表大会与原住民委员会的事先明示同意及使用登记集体权利的授权合同,并经工商部门许可。《南太平洋示范法》第 14 条规定对于在传统习惯范围之外使用传统知识及文化表达形式的使用者,无论是否具有商业目的,均应向文化主管部门申请获得所有人的事先知情同意,使用者应当支付使用费。第二,取得报酬权。取得报酬权是指非物质文化遗产知识产权权利主体通过授权使用而获得相应的经济补偿、取得相应报酬的权利。但是,非物质文化遗产的权利主体通过取得报酬权利所获得的报酬通常不能由权利主体独享,也不能直接在来源群体成员间进行分配,只能用于传承、发展非物质文化遗产或促进文化事业发展的公益活动。

非物质文化遗产是由各民族、部落或地方社区的生存方法、生活习惯、民族文化等长期积累而成的,是集体智慧的结晶和人类的宝贵财富。随着时间的推移,非物质文化遗产的价值会不断增加,在时间上其价值是无法预期的[①]。因此,对其采取的保护措施不应当受到保护期限的限制,而应当设置永久性的保护期限。目前国际社会相关立法实践中也采纳了永久保护的制度。《突尼斯示范法》明确规定民间文学艺术作品的保护不受任何期限限制。

(四)权利获得方式

目前就国际社会的立法实践来看,非物质文化遗产知识产权保护的权利获得方式为注册登记。其中,注册登记包括两种类型,一是创制性注册登记,是指经注册创设出排他性的专有权,即未经注册登记

---

① 陈志诚.传统知识法律保护[D].北京:中国政法大学,2009.

就不产生权利取得、变动的效力。二是宣示性注册登记,是指传统知识权利人的权利来源于法律的规定,并非政府授予,注册登记不过是对该权利的宣示或确认。《巴拿马特别知识产权法》中规定的权利获得方式也是创制性注册登记。与此相反,2002年《秘鲁集体知识法》中设立了国家公开登记、国家秘密登记和地方登记三种类型的登记方式①。就传统知识权利的获得方式而言,根据《秘鲁集体知识法》第15条以及第16条(a)款的规定,秘鲁集体知识的登记制度是一种宣示性注册登记,秘鲁原住民传统知识的获取不是通过登记获得的,而是自然存在的,并非政府授予。

虽然目前国际社会存在两种不同的立法实践,也有学者认为秘鲁为保护集体知识所创设的特殊权利具有先验性,即传统知识的专门权利是现实存在的,而不是创造的,它仅仅因为与遗传资源有关的文化实践和知识的存在即可得到法律的承认②。但笔者倾向于创制性注册登记制度,即自登记之日起获得权利的授权。首先,该种模式有利于处理权利溯及力问题,即在登记获得授权之前权利不存在,对之前的行为无溯及力。而宣示性注册登记制度意味着,在登记之前,权利已客观存在,登记只是对权利的确认,那么对登记之前的侵权行为处理会变得复杂。其次,在宣示性注册登记制度下,权利自然享有,不论是否登记,权利均应受到保护,由此可能会引发注册登记怠惰的情形。因此,笔者建议在权利获得方式方面采取创制性注册登记的模式。

---

① 管育鹰.民间文学艺术保护模式评介[J].中国版权,2007(2):11-14.
② 秦天宝.秘鲁对遗传资源相关传统知识的保护及对我国的启示[J].科技与法律,2005(4):89-93.

第四节　我国 FTA 框架下非物质文化遗产国际知识产权保护的推进策略

后 TRIPS 时代,自由贸易协定成为引领全球新一轮国际知识产权规则谈判的主要平台。我国具有丰富的非物质文化遗产资源,将遗传资源、传统知识、民间文学艺术的延伸保护引入并作为我国 FTA 谈判中的进攻性利益条款对我国具有重要意义[①]。目前我国 FTA 中虽已开始涉及对传统知识的保护条款,但多停留于原则性承认层面,对实质性问题仍采取对话协商的立场。在当前发达国家 FTA 框架内 TRIPS-plus 的扩张已延伸到限制传统知识保护的国际形势下,探究我国如何在 FTA 框架内有效推进国际谈判具有现实意义。

一、我国非物质文化遗产国内立法的现状考察

探究我国如何在 FTA 框架内推进非物质文化遗产国际知识产权保护问题首先要了解我国非物质文化遗产知识产权保护的国内立法保护现状。我国作为非物质文化遗产资源丰富的大国,在非物质文化遗产立法保护方面起步较晚,最早于 2000 年颁布的《云南省民族民间传统文化保护条例》中确立了民族民间传统文化的概念。近年来,非物质文化遗产的保护成为我国国家政策关注的重点,并已在政策和立法方面积极推动非物质文化遗产的保护工作,国家层面陆续出台一系列法规及政策文件,并制定了《非物质文化遗产法》。在地方层面,目前多数省份均颁布了非物质文化遗产保护条例,具体细化并贯彻实施

---

① 杨静,朱雪忠.中国自由贸易协定知识产权范本建设研究——以应对 TRIPS-plus 扩张为视角[J].现代法学,2013(2):149-160.

国家层面的立法。

（一）有关非物质文化遗产保护国家层面的早期立法及宏观政策

1997年，国务院颁布了《传统工艺美术保护条例》，这是一部保护非物质文化遗产中传统工艺美术的行政法规。该条例规定了国家保护传统工艺美术的原则、传统工艺美术的收藏制度、保密制度、"传统工艺美术大师"命名等具体制度，有效地促进了传统工艺美术的振兴与发展。2003年联合国教科文组织通过了《保护非物质文化遗产公约》，我国于2004年成为该公约缔约方并开始大力推进非物质文化遗产的相关保护工作。2005年国务院办公厅发布了《国务院办公厅关于加强我国非物质文化遗产保护工作的意见》及其附件《国家级非物质文化遗产代表作申报评定暂行办法》，其中对非物质文化遗产保护的重要性及紧迫性、工作目标和方针、名录制度、工作机制等作出了全面规定，也对非物质文化遗产的范围、代表作评定标准等重点问题进行了详细规定。这是我国最高行政机关首次就非物质文化遗产保护工作发布的权威性意见，对我国非物质文化遗产法律保护体系进行了细化和完善，初步形成了我国非物质文化遗产保护工作的目标、原则、机制和制度，在我国非物质文化遗产立法保护过程中具有重要的阶段性意义。2006年发布的《国家级非物质文化遗产保护与管理暂行办法》中规定了非物质文化遗产名录项目的保护单位、代表性传承人、建立国家级非物质文化遗产数据库等内容，规范了国家级非物质文化遗产的保护与管理。2008年发布的《国家级非物质文化遗产项目代表性传承人认定与管理暂行办法》对确立传承人的条件、程序、传承人义务以及撤销已经认定的传承人的程序等作出了规定。由此可见，我国在有关非物质文化遗产专门立法通过之前，尤其是在我国加入《保护非物质文化遗产公约》之后，在非物质文化遗产保护方面进行了一系列立法,推进了非物质文化遗产的保护工作。

在宏观政策方面,2008 年出台的《国家知识产权战略纲要》将完善遗传资源、传统知识、民间文艺和地理标志等方面的知识产权法律法规作为国家知识产权战略重点提上日程,充分说明了国家非常重视非物质文化遗产的知识产权保护工作。2016 年《中华人民共和国国民经济和社会发展第十三个五年规划纲要》明确提出,要加强非物质文化遗产的保护与传承,振兴传统工艺,传承发展传统戏曲。2017 年发布的《关于实施中华优秀传统文化传承发展工程的意见》第一次以中央文件的形式专题阐述中华优秀传统文化传承发展工作,将非物质文化遗产保护作为重点任务。该意见中的第 8 条明确提出应当完善非物质文化遗产、馆藏革命文物普查建档制度。第 10 条更是明确提出保护传承文化遗产的具体措施,如:实施非物质文化遗产传承发展工程,进一步完善非物质文化遗产保护制度;实施传统工艺振兴计划;大力推广和规范使用国家通用语言文字,保护传承方言文化;开展少数民族特色文化保护工作,加强少数民族语言文字和经典文献的保护和传播等。2017 年发布的《中国传统工艺振兴计划》指出,传统工艺是非物质文化遗产的重要组成部分,蕴含着中华民族的文化价值观念、思想智慧和实践经验,其中还规定了传统工艺振兴的基本原则及具体措施,如:建立国家传统工艺振兴目录;扩大非物质文化遗产传承人队伍;加强传统工艺相关学科专业建设和理论、技术研究;鼓励各地对传统工艺集中的乡镇、街道和村落实施整体性保护等。2021 年 5 月发布的《"十四五"非物质文化遗产保护规划》进一步加强了非物质文化遗产保护传承工作。2021 年 8 月,中共中央办公厅和国务院办公厅印发《关于进一步加强非物质文化遗产保护工作的意见》,进一步阐释非遗在文化强国建设中的重要性和需要采取的措施。2021 年 9 月发布的《知识产权强国建设纲要(2021—2035 年)》强调要构建响应及时、保护合理的新兴领域和特定领域知识产权规则体系,关于非遗的相关表述为"加强遗传资源、传统知识、民间文艺等获取和惠益分享制度建设,加强非物质文化遗产的搜集整理和转化利用"。

(二)《非物质文化遗产法》

2011 年通过的《非物质文化遗产法》是我国第一部专门针对非物质文化遗产保护的法律,以立法的方式明确了我国非物质文化遗产保护的基本原则与具体途径,结束了长年以来主要依靠地方性条例保护非物质文化遗产的历史,标志着我国非物质文化遗产的保护进入一个新阶段。实际上,我国有关非物质文化遗产法的起草工作始于 1998 年,当时该法的名称为《民族民间传统文化保护法(草案)》。后来,由于我国在 2004 年加入了《保护非物质文化遗产公约》,遂将草案名称进行了调整①。这也与中国吸收联合国教科文组织主导的文化理念及文化遗产的国际法保护机制密不可分。《非物质文化遗产法》共六章 45 条,涵盖总则、非物质文化遗产的调查、代表性项目名录、传承与传播、法律责任等。就非物质文化遗产的具体保护制度而言,《非物质文化遗产法》规定了调查制度、非物质文化遗产代表性项目名录制度、代表性传承人制度、合理利用制度以及制裁措施。

《非物质文化遗产法》吸收借鉴了《保护非物质文化遗产公约》的相关经验,形成了一套完整的行政保护法规,在兼顾中国特色的同时,做到了与国际法的接轨。它是一部行政法,主要用于规范和调整政府、国家在保护民族民间传统文化方面的职责与行为,涉及非物质文化遗产的普查、建档、保存、传承、扶持等行为以及政府所需要提供的财政、行政、技术等方面的支持,形成了我国保护非物质文化遗产的基本法律制度。但该法仍存在诸多问题与不足,比如,该法第四十四条

---

① 朱兵.关于非物质文化遗产法中的民事保护问题[J].中国版权,2011(6):13-16.

仅仅规定"使用非物质文化遗产涉及知识产权的,适用有关法律、行政法规的规定"。由此可见,该法对非物质文化遗产的私权保护问题仅略有提及,并没有作出实质性的规定。

(三)地方层面非物质文化遗产的立法保护现状

为了保障《非物质文化遗产法》的贯彻实施,目前全国大部分省份已陆续颁布了保护非物质文化遗产的地方性条例。实际上,有些省份非物质文化遗产保护的地方性立法走在了国家立法的前面。比如,云南省和贵州省分别于 2000 年和 2002 年通过了《云南省民族民间传统文化保护条例》和《贵州省民族民间文化保护条例》。自《非物质文化遗产法》通过后,我国多数省份相继通过了地方性非物质文化遗产保护条例,各省份非物质文化遗产保护条例在条文结构上基本延续了《非物质文化遗产法》的安排,只是在具体制度方面结合自身实际对《非物质文化遗产法》的相关规定作出了细化并体现了各自的立法特色。其中,针对非物质文化遗产的知识产权保护问题,一些省份的非物质文化遗产保护条例中设置了知识产权保护条款,但不同省份在立法体例上有所不同。有些省份直接采取《非物质文化遗产法》的立法模式,或在附则部分作出衔接性法律规定,如山东、陕西;或对其作出一定的细化、变通,如江苏、浙江、福建、广西、宁夏、四川、内蒙古等。而有些省份在政府相关部门的职责中强调对非物质文化遗产知识产权保护的指导,如广东、重庆、云南;还有些省份采取政府相关部门的职责规定和附则衔接性规定相结合的综合模式,如上海、河南。

总结各省份非物质文化遗产保护条例的立法特点可以看出,它们基本延续了《非物质文化遗产法》行政法保护的特点,并结合地方特色对其作出了进一步细化。然而对于非物质文化遗产的知识产权保护问题,各省份的非物质文化遗产保护条例并没有做出实质性推进,仍停留在主要依靠行政公法保护的层面。

二、我国 FTA 中非物质文化遗产国际保护的问题检视

如前文所述,目前我国在与一些国家签署的 FTA 中已涉及非物质文化遗产的保护问题,但非物质文化遗产保护条款并没有成为我国 FTA 的必备条款,我国 FTA 框架内非物质文化遗产的保护仍存在诸多不足之处,需要未来进一步完善。

(一)相关概念使用不够严谨

我国 FTA 中对非物质文化遗产相关概念及范围界定不够严谨、统一。中国和新西兰的自由贸易协定中使用的是遗传资源、传统知识和民间传说。中国和秘鲁、哥斯达黎加、韩国的自由贸易协定中使用的是遗传资源、传统知识和民间文艺。而中国和瑞士的自由贸易协定中使用的是遗传资源和传统知识。由此看出:第一,在概念使用的术语上有差别、不统一;第二,对与知识产权相关的非物质文化遗产范围界定不一,有些协定包括了遗传资源、传统知识和民间传说三个部分,而有些协定仅仅包括遗传资源和传统知识两个部分。"民间文艺"一词由英文"folklore"翻译而来,其含义较为广泛,包括民间文学和民间艺术两个部分。1982 年的《示范条款》规定了民间文艺的四种形式,其中一类为民间传说①。可见,民间传说所涵盖的范围比民间文艺的窄。中国和新西兰的自由贸易协定中使用"民间传说"这一术语缩小了该类非物质文化遗产所能够涵盖的范围,也缩小了相应的权利范围。同样,自 WIPO-IGC 成立以来,有关非物质文化遗产知识产权的保护从遗传资源、传统知识和民间文学艺术三个方面进行了探究。近年来,WIPO-IGC 更是就传统知识和民间文学艺术分别通过了保护草

---

① 杨鸿.民间文艺的特别知识产权保护——国际立法例及其启示[M].北京:法律出版社,2011.

案。中国和瑞士的自由贸易协定中仅仅提及遗传资源和传统知识的保护问题,没有涉及民间文艺,缩小了与知识产权相关的非物质文化遗产保护的范围,实乃一大缺陷。

(二)非物质文化遗产保护条款处于非核心地位

第一,从我国目前签署的 FTA 来看,虽然多数 FTA 中均对非物质文化遗产保护有所涉及,但仍有一些 FTA 没有涉及非物质文化遗产保护的相关条款。这从某些角度反映出非物质文化遗产保护条款在 FTA 框架中的地位并不显著,并非核心必备条款。第二,从涉及非物质文化遗产保护的条款结构来看,有些 FTA 中对非物质文化遗产资源的保护一笔带过。例如,《中国—秘鲁自由贸易协定》将其列为单独条款,《中国—韩国自由贸易协定》虽然在实质性内容上没做出巨大推进,但在结构形式上将其独立成一节。第三,从条款内容来看,有关非物质文化遗产保护条款内容的规定多停留在宣示性的原则性规定层面,并未就实质性问题表态,而是秉持进一步讨论协商的立场。从这些方面可以看出,在目前我国签订的 FTA 中非物质文化遗产保护条款并非处于核心条款地位。

(三)仅仅原则性规定防御性保护措施,欠缺积极性保护措施

我国签订的一些 FTA 中肯定了现有国际公约的惠益分享制度、事前同意制度以及来源披露制度。但大多数 FTA 只是对这些制度作出宣示性的承认性规定,中国和瑞士签订的自由贸易协定中对来源披露制度规定了违反制裁措施,具有一定的进步意义,但本质上仍然是一种专利防御性保护措施。与此不同,欧盟签署的相关 FTA 中明确提出以特殊制度保护非物质文化遗产,赋予其积极性保护措施。我国目前签订的 FTA 中缺乏对特殊知识产权保护模式的认可,原因之一可归结于目前我国国内缺乏相关立法实践,关于民间文学艺术知识产

权保护问题的草案尚未取得进展。同样,欧盟也尚未通过有关非物质文化遗产特殊知识产权保护的立法,但并不影响其在 FTA 中明确肯定特殊制度保护模式的态度。

三、我国 FTA 中非物质文化遗产国际知识产权保护的规范建构

国际经贸环境复杂多变,国际知识产权格局正经历变动与震荡。发达经济体的知识产权策略给我国带来了新的压力和挑战,但其中也蕴藏着我国在知识产权国际规则制定与运行中提高话语权的机遇。我国在遗传资源、传统知识和民间文学艺术等领域具有资源优势,因此我国应当在 RCEP 有关遗传资源、传统知识和民间文学艺术保护的制度安排和国际合作基础上,进一步深化 FTA 框架内非物质文化遗产保护的国际合作,深度参与知识产权全球治理,重构知识产权国际规则,避免出现发达国家片面输出知识产权强化保护规则的局面。

(一)协定体例上,将非物质文化遗产保护条款作为必备条款

我国签订的 FTA 中有关非物质文化遗产保护的条款缺乏一致性,不同协定在规则表述及内容方面存在明显不同,规则承继性不足。我国有效参与 FTA 知识产权谈判的关键在于确立明确、统一、稳定的知识产权规则范式。我国以往的 FTA 框架内的知识产权条款中存在知识产权类别不明确、不同协定的保护内容不一致以及具体条款措辞不严谨等问题[1],削弱了中国方案在国际规则谈判中的可预见性和影响力。因此,在未来的 FTA 谈判中,中国应当逐步完善并形成一套稳定的规划方案,提升自身在知识产权国际保护规则重构中的影响力。

---

① 王衡,肖震宇. 比较视域下的中美欧自贸协定知识产权规则——兼论"一带一路"背景下中国规则的发展[J]. 法学,2019(2):107-128.

后 TRIPS 时代,越来越多的国家转向 FTA 体制,并在 FTA 体制内构建传统知识保护的相关规则,维护自身的国家利益。虽然我国具有丰富的非物质文化遗产资源,但目前我国在 FTA 中对于非物质文化遗产保护的关注不够,导致我国签订的 FTA 中有相当一部分没有涉及非物质文化遗产的保护问题。为此,建议未来我国在推进 FTA 谈判时将非物质文化遗产保护问题列为谈判的优先关注事项,将遗传资源、传统知识、民间文学艺术的延伸保护引入并作为我国 FTA 谈判中的进攻性利益条款①。将非物质文化遗产保护条款列为 FTA 谈判的必备条款,提升非物质文化遗产在自由贸易协定谈判中的地位。

(二)协定内容上,防御性保护措施与积极性保护措施相结合

如前文所述,一些国家签署的 FTA 中明确强调了传统知识保护的重要性及其价值,并提出了事先同意和惠益分享原则。不同的是,美国虽肯定事先同意和惠益分享,但主张以合同方式解决,将主动权紧紧掌握在自己手中。从目前我国 FTA 中有关非物质文化遗产保护的条款现状来看,基本集中于防御性保护措施,而且关于这种防御性保护措施的规定也多停留于宣示性的原则规定层面。CBD 虽然确立了遗传资源获取的事先知情同意及惠益分享原则,但其仅仅是一个框架性文件,缺乏法律约束力。2010 年,《名古屋议定书》对事先知情同意及惠益分享作出了相关制度安排,取得了一定成果,但其仍存在局限性。我国 FTA 中多肯定《生物多样性公约》的相关规定,尊重惠益分享制度、事前告知同意制度、遗传资源来源披露制度。本书认为,未来我国 FTA 中有关非物质文化遗产的防御性保护措施不应当停留于宣示性层面,而应作出更为具体的规则及惩罚措施规定,只有这样,防

---

① 杨静,朱雪忠.中国自由贸易协定知识产权范本建设研究——以应对 TRIPS-plus 扩张为视角[J].现代法学,2013(2):149-160.

御性机制才能发挥切实效用,而不是停留在口号层面。虽然我们看到发达国家与发展中国家有关传统资源事先知情同意及惠益分享问题尚未取得重要进展,但多边谈判领域内的立场不应照搬到区域谈判中。未来我国在区域贸易谈判中应当把握主动权和话语权,对于在多边谈判中因与发达国家存在利益分歧而受到阻挠的提案,尝试在具备共同利益基础的区域内初步达成合作。除此之外,我国在未来的FTA 谈判中应当借鉴欧盟的经验,对非物质文化遗产采取特殊保护模式,构建积极性保护措施。

(三)谈判策略上,既要重视南南合作,又要正视国家之间的博弈

1. 重视南南合作,构建新型 TRIPS-plus 规则,保护非物质文化遗产

TRIPS 偏向于发达国家利益的保护,这导致了不同国家之间的利益失衡。发达国家转向 FTA 框架继续推行其知识产权保护战略,TRIPS-plus 条款的扩张提高了现代知识产权保护的标准,进一步加剧了不同国家之间的利益失衡。在争取国际经济新秩序的斗争中,发展中国家"舍韧性的南南联合自强,别无他途可循"[①]。为此,我国应当将非物质文化遗产作为南南合作的重要议题,积极推动构建新型TRIPS-plus 规则,将发展中国家占优势的可知识产权性的非物质文化遗产纳入国际知识产权保护客体范围。发展中国家具有共同的利益基础,即在传统文化资源方面占据比较优势。实际上,RCEP 中关于专利申请所涉及的遗传资源来源的披露要求及规则即为中国原

[①]　陈安.南南联合自强五十年的国际经济立法反思——从万隆、多哈、坎昆到香港[J].中国法学,2006(2):85-103.

创①；WIPO 框架内有关遗产资源、传统知识以及民间文学艺术保护的成果也是发展中国家积极推动的结果。此外，其他多边国际机制，如亚太经合组织、金砖国家合作等，也为中国积极提出知识产权合作倡议、凝聚知识产权共同价值观提供了平台②。同时，"一带一路"倡议也为中国参与国际知识产权规则重构带来了机遇和挑战。我国作为当前最大的发展中国家，具有丰富的非物质文化遗产资源，有效推进非物质文化遗产的国际保护规则的构建应当注重南南合作，采取集体行动，优先与具有共同利益基础的发展中国家达成协议，在贸易谈判中对发达国家形成牵制，重建利益平衡的国际规则。除此之外，我国在FTA 谈判中应当正视不同国家之间的差异，考虑不同发展水平参与国的现实需求。根据不同国家的具体国情，设定有层次的协调标准，打造多层次、多类型、灵活多样的国际合作方式③。区分合作伙伴，在区域合作层面"循序渐进、由小及大"④，从而不断推动 FTA 框架内非物质文化遗产保护水平的提高，发出更多中国声音、注入更多中国元素。

2.正视"南北博弈"，积极设置鼓励性条款，达成合作博弈

在知识产权保护的国际协调中，发达国家和发展中国家之间一直存在利益冲突和博弈。面对不同国家间的利益冲突，应当思考有效的谈判策略。各国利益并非泾渭分明，更可能是相互交织⑤，为此应当致力于求同存异，加强合作共赢。面对发达国家的 TRIPS-plus 条款扩

① 张惠彬，王怀宾.高标准自由贸易协定知识产权新规则与中国因应[J].国际关系研究，2022(2)：84-108，157-158.

② 李俊，崔艳新.新一轮国际知识产权规则重构下的中国选择——以知识产权强国建设为目标[J].知识产权，2015(12)：10-16.

③ 张博，刘亚军."一带一路"倡议下中国双边 FTA 中传统知识保护的完整性问题[J].社会科学家，2021(10)：131-136.

④ 马忠法，王悦玥."一带一路"倡议下的知识产权国际协调法律制度[J].上海财经大学学报，2022(2)：122-136.

⑤ 廖凡.全球治理背景下人类命运共同体的阐释与构建[J].中国法学，2018(5)：41-60.

张,发展中国家应当采取合作博弈的态度,既不消极接受,也不联合抵制。合作博弈即基于合作或相互妥协的原则进行反复博弈,最终达成双方或多方满意的协议①。在具体实施路径上,可以通过设置鼓励性条款达成合作博弈。当前,鼓励性条款与约束性条款均是多边或双边经贸协定的重要组成部分。虽然鼓励性条款与约束性条款相比并没有强制性,但其最终被保留在条约中,这也在一定程度上反映了成员方对条款目标及其所体现的价值的认同。鼓励性条款在推进国际合作与弥合分歧方面具有不可替代的重要作用,可以在国际治理进程中发挥凝聚共识、触发行动的重要作用②。不同发展水平国家之间进行谈判时将争议较大的内容设置成鼓励性条款更容易促成条约的签订,同时也能将存在争议的内容保留下来,若较多成员主动实施,未来也能够逐渐发展为约束性条款③。2022 年生效的 RCEP 中的知识产权部分包含 60 项约束性条款和 25 项鼓励性条款。RCEP 第 53 条首次在国际条约中规定可以制定适当的措施保护遗传资源、传统知识和民间文学艺术,指出成员应努力使披露遗传资源的来源或起源的相关法律法规和程序可获得。通过设置鼓励性条款,调和了不同国家间的利益矛盾,体现了对遗传资源、传统知识和民间文学艺术进行适当保护的多边主义趋势,成为知识产权保护国际协调中的一个突破④。对于不同国家之间存在较大利益分歧的问题,往往会因引发激烈的竞争和博弈而被搁置。以遗传资源、传统知识、民间文学艺术保护为例,不同国家之间围绕其的讨论从 TRIPS 时代以来一直未达成一致。基于

---

① 廖丽.国际知识产权制度的发展趋势及中国因应——基于博弈论的视角[J].法学评论,2023(2):187-196.

② 赵骏,孟令浩.百年未有之大变局下国际法功能的时代要义[J].武大国际法评论,2022(4):61-82.

③ 马忠法,王悦玥. RCEP 与 CPTPP 鼓励性知识产权条款与中国因应[J].云南社会科学,2022(4):142-153.

① 张乃根.与时俱进的 RCEP 知识产权条款及其比较[J].武大国际法评论,2021(2):1-25.

此,针对非物质文化遗产的国际保护,在不具备共同利益基础的国家之间的谈判策略上,建议通过积极设置鼓励性条款来代替约束性条款。这样更有利于协议的达成,从而将发达国家与发展中国家间争论已久的遗传资源、传统知识、民间文学艺术的保护问题通过鼓励性条款的方式设置于知识产权国际条约中,以维护发展中国家及最不发达国家的利益,打破发达国家在知识产权全球治理上的垄断话语权,逐步推动国际知识产权规则的重构。

四、"一带一路"倡议下非物质文化遗产国际知识产权保护的初步探索

"一带一路"倡议是我国在顺应时代发展的前提下提出的宏观发展战略部署。"一带一路"倡议的主要宗旨在于力图实现沿线各国的经济合作与繁荣,加强文明交流互鉴,促进世界和平。共建"一带一路"国家多为发展中国家,具有相当大的发展规模与增长潜力。我国"一带一路"倡议的传播有利于区域经济一体化和经济全球化的发展,改变世界经济发展不平衡的现状,促进国际经济贸易多极化发展,加快国际贸易新格局的形成。"一带一路"建设是我国倡导互利共赢合作观、践行人类命运共同体发展理念的重要阵地,也是我国推动建立国际政治经济新秩序、新规则的平台。"一带一路"为推动国际法运用和创新发展提供了契机,将有助于中国从既有国际规则的采纳者和追随者逐步成长为创新型规则的共同制定者与重塑推动者。

就共建"一带一路"国家非物质文化遗产领域的国际合作基础来看,共建"一带一路"国家中有相当一部分已加入《保护非物质文化遗产公约》。此外,共建"一带一路"国家申报及入选非遗名录项目的比

例高于全球平均水平①。由此可见,共建"一带一路"国家具备推进非物质文化遗产保护国际合作的共同利益基础。

（一）共建"一带一路"国家非物质文化遗产保护的国际合作现状

1.沿线国家实施多国联合申报制度

国际合作在非物质文化遗产保护中发挥着重要作用,当前共建"一带一路"国家已经采取了一些国际合作方式,积极推动非物质文化遗产保护,并初步取得一定成效,例如实施多国联合申报制度、开展非物质文化遗产跨国传播及展演、非物质文化遗产公益推广和调查行动等方式。本部分主要介绍多国联合申报制度。鉴于我国与不少共建"一带一路"国家共同拥有同源共享的非物质文化遗产资源,近年来,我国积极推进多国联合申报项目,共同传承发展同源共享的非物质文化遗产资源。例如,2005 年中国与蒙古国成功申报了蒙古族长调民歌,成为我国与周边国家联合申报的成功范例;2020 年我国与马来西亚联合申报"送王船"非遗项目取得成功。联合国教科文组织《实施〈保护非物质文化遗产公约〉的业务指南》第一章对多国联合申报材料事项作出规定:"如果遗产项目存在于一个以上的缔约方领土之上,则鼓励相关缔约方联合提交急需保护的非物质文化遗产名录和人类非物质文化遗产代表作名录的多国申报材料。"并且多国联合申报项目享有优先评审的地位。由此可见,国际立法层面明确鼓励非物质文化遗产多国联合申报。实践中,跨国性的非物质文化遗产并不少见,但因缔约方之间非物质文化遗产保护的差异及各国对话合作平台有限,当前多国联合申报的项目仅占较少的比例。由此可见,目前非物质文化遗产多国联合申报项目总体实施情况并不理想,但共建"一带一路"

---

① 朝戈金."一带一路"话语体系建设与文化遗产保护[J].西北民族研究,2017(3):5-16.

国家间联合申报的积极性相对较高。

　　共建"一带一路"国家在非物质文化遗产保护的多国联合申报方面取得的成效既反映了共建"一带一路"国家为推进非物质文化遗产的国际保护付出的努力，也在一定程度上彰显了共建"一带一路"国家在非物质文化遗产保护的国际合作领域潜藏着的巨大合作空间与可能性。对此，"一带一路"沿线各国应当进一步发挥各国文化交流的潜能，继续推进非物质文化遗产联合申报制度，加强国际合作，推进共同保护，最终实现非物质文化遗产的传承与发展。但是多国联合申报制度并非共建"一带一路"国家唯一的国际合作路径。多国联合申报制度是在《保护非物质文化遗产公约》下开展的国际合作，通过名录申报制度积极为非物质文化遗产保护探索行政公法层面的国际合作。除此之外，共建"一带一路"国家也可以积极探索非物质文化遗产知识产权私法保护层面的国际合作，使得公法与私法保护层面的国际合作相辅相成，共同推动共建"一带一路"国家非物质文化遗产的有效保护。

2. 沿线国家 FTA 中原则性提及

　　我国与共建"一带一路"国家之间签署 FTA 是实施"一带一路"倡议的重要措施。截至 2023 年 3 月，我国已与智利、新西兰、新加坡、巴基斯坦、格鲁吉亚、韩国、马尔代夫等 18 个共建"一带一路"国家签署了自由贸易协定[①]。我国与共建"一带一路"国家签订的 FTA 数量还很少，而且从地理位置的角度分析，主要集中于东亚地区。我国在"一带一路"倡议下的 FTA 战略是要逐步构筑起立足周边、辐射"一带一路"、面向全球的自由贸易区网络[②]。"一带一路"是我国 FTA 战略布

[①]　商务部:不断扩大面向全球的高标准自由贸易区网络[EB/OL].(2023-03-23)[2024-04-03].http://www.cnhubei.com/content/2023-03/23/content_15612280.html.

[②]　习近平:加快实施自由贸易区战略 加快构建开放型经济新体制[EB/OL].(2014-12-06)[2023-11-16].http://politics.people.com.cn/n/2014/1206/c1024-26160831.html.

局中的重要一环。同时,当前由《全面与进步跨太平洋伙伴关系协定》和《跨大西洋贸易与投资伙伴关系协定》重构的贸易投资新规则使一些共建"一带一路"国家面临被边缘化的风险,我国的"一带一路"倡议为共建国家提供经济增长动力,使其避免了被边缘化的风险。可以说,"一带一路"倡议背景下的我国 FTA 谈判充满了机遇。同时共建国家的不稳定因素、美国的战略围堵、印度的战略不合作、日本的战略搅局也使得我国推进"一带一路"倡议下的 FTA 建设充满了挑战①。

　　我国早期与东盟、新加坡、巴基斯坦签订的自由贸易协定主要涉及货物、贸易、投资三个领域,开放合作水平比较低,更没有涉及相关非物质文化遗产的保护问题。2015 年《中国—韩国自由贸易协定》中对非物质文化遗产保护作出了相关规定,要求缔约双方认识到遗传资源、传统知识和民间文艺对科学、文化和经济发展作出的贡献;承认并重申《生物多样性公约》确立的原则,尊重事先知情同意制度和惠益分享制度的要求,促进 TRIPS 和公约之间互相支持的关系,以及未来进一步讨论遗传资源相关事宜;要求双方可采取或者保持促进生物多样性保存以及公平分享利用遗传资源和传统知识所产生的惠益的措施。2017 年《中国—格鲁吉亚自由贸易协定》第 11 章知识产权部分第 16条规定了遗传资源、传统知识、民间文艺的保护,在内容上基本延续了《中国—韩国自由贸易协定》的条款内容。2017 年《中华人民共和国政府与智利共和国政府关于修订〈自由贸易协定〉及〈自由贸易协定关于服务贸易的补充协定〉的议定书》是我国与拉美国家的第一个自贸区升级协定,有关非物质文化遗产的保护问题并没有体现在该议定书中。2019 年《中国—毛里求斯自由贸易协定》的知识产权章节仅有简单的五个条款,也没有提及非物质文化遗产的保护问题。综上可见,

---

　　① 竺彩华,韩剑夫."一带一路"沿线 FTA 现状与中国 FTA 战略[J].亚太经济,2015(4):44-50.

目前我国在"一带一路"倡议下实施的 FTA 谈判中对非物质文化遗产保护的关注度仍然不够,非物质文化遗产保护条款并没有成为我国与共建"一带一路"国家 FTA 的必备条款。尽管中国与韩国、中国与格鲁吉亚的自由贸易协定中对遗传资源、传统知识、民间文艺的保护有所涉及,但在保护方式上也只是作出了原则性的规定,仅停留在宣示性的层面,并没有作出具体的制度安排。

与此不同的是,2020 年 11 月,我国签署的《区域全面经济伙伴关系协定》第 11 章知识产权部分规定了遗传资源、传统知识和民间文学艺术的保护,回应了发展中国家的关切。其中,该协定允许各国在知识产权框架外制定适当的保护措施,拓宽了保护措施的范围;此外,该协定明确规定遗传资源来源披露,以及与遗传资源相关的传统知识有关的在先技术披露,以此将遗传资源的来源作为相关专利审查的必要信息;建立与遗传资源相关的传统知识数据库或数字图书馆,辅助专利质量的审查。由此可见,RCEP 对于遗传资源、传统知识和民间文学艺术的保护作出了更为具体的制度安排,更具有可实施性。RCEP 现有 15 个成员方,其中东盟十国均与中国签署了共建"一带一路"合作协议。鉴于此,我国未来在与共建"一带一路"国家的自由贸易协定谈判过程中,应当在借鉴 RCEP 有关遗传资源、传统知识和民间文学艺术保护的制度安排和国际合作基础上,进一步深化共建"一带一路"国家非物质文化遗产保护的国际合作。

(二)"一带一路"倡议下非物质文化遗产国际保护的现实问题

虽然当前共建"一带一路"国家已经初步开展了非物质文化遗产保护的相关国际合作,积累了一定的实践经验,但现实中暴露出一些问题,并成为深化共建国家国际合作与文化交流的障碍。

1. 沿线国家的国际合作方式较为单一

当前共建"一带一路"国家非物质文化遗产国际合作方式以多国

联合申报制度为主,国际合作方式上总体呈现出较为单一的特点。我们应当认识到,多国联合申报制度并非共建"一带一路"国家非物质文化遗产保护国际合作的唯一选择。多国联合申报制度仅仅是在《保护非物质文化遗产公约》下开展的国际合作,其旨在通过名录申报制度为非物质文化遗产提供行政公法层面的保护。而单纯依靠政府力量的行政公法保护方式具有局限性,忽视了非物质文化遗产的重要经济价值及其惠益分配。虽然目前我国与共建"一带一路"国家签订的少数 FTA 中对遗传资源、传统知识、民间文艺的保护有所涉及,但在保护方式上仅仅作出了原则性的规定,并没有触及非物质文化遗产知识产权保护的问题。基于此,未来我国应当深化与共建"一带一路"国家间的国际合作,将非物质文化遗产保护与构建区域知识产权新体制关联起来,积极探索非物质文化遗产知识产权保护层面的国际合作,将共建"一带一路"国家对话平台作为推进非物质文化遗产知识产权国际保护的有效谈判场所,从而构建行政公法与知识产权私法保护制度并行的非物质文化遗产国际保护机制,切实提高共建"一带一路"国家非物质文化遗产保护水平。

2. 沿线国家的保护态度及水平不一

自 2004 年我国加入《保护非物质文化遗产公约》以来,我国政府高度重视非物质文化遗产的保护工作。2020 年,随着太极拳和"送王船"申遗成功,我国已有超 40 个非物质文化遗产项目列入联合国教科文组织非物质文化遗产名录,总数位居世界第一。"一带一路"倡议涵盖中东欧、东南亚、南亚、中亚、西亚、北非等地区的多个国家。沿线各国的国家差异、文化差异明显,经济文化发展水平不均衡。由此,各国对非物质文化遗产保护也有着不同的认知及投入。一些贫穷落后的国家受制于自身经济发展水平,对非物质文化遗产保护的财政投入有限,缺乏构建非物质文化遗产保护机制的内生动力及经济基础,非物质文化遗产法治保障水平较低。有些共建国家更是由于受到社会动荡、贫病交加、移民频繁等历史遗留和现实问题的影响,政府主要关注亟待解决的现实问题,非物质文化遗产保护方面的活动几乎陷入停滞状态,这也将使非物质文化遗产保护的国际合作无法推进①。即便是对非物质文化遗产保护具备物质基础保障的国家,对非物质文化遗产保护的重视程度也不一。因此,未来我国在深化共建"一带一路"国家合作的进程中,应当根据共建国家的不同国情,构建有针对性的国际谈判策略,突破现实困境,从而有效推进沿线各国间的国际合作。

(三)"一带一路"倡议下非物质文化遗产国际知识产权保护的中国道路

1. 创新区域合作机制,推进国际合作进程

(1)遵循人类命运共同体理念,创新区域合作实施机制

长期以来,各领域的全球治理体系主要是发达国家起主导作用。"一带一路"倡议是以发展中国家利益为目标的国际法律秩序,其共商、共建、共享的精神决定了该区域内国际制度的达成具有不同于以往国际制度形成的路径与模式。"一带一路"倡议是全球治理中合作原则的重要实践,也进行了超越零和博弈、试图达到合作共赢的制度性尝试②。"一带一路"倡议下以何种路径推进国际合作,如何结合"一带一路"倡议的特点及优势找到有效的中国国际制度供给模式,促进国际合作机制的创新与发展,形成具有中国特色的全球治理体系建构的新模式成为区域合作有效开展的关键。笔者认为,"一带一路"倡议下非物质文化遗产保护国际合作机制的构建应当遵循"共商共建共享"原则以及人类命运共同体理念,并且将人类命运共同体作为价值共识基础。人类命运共同体是一个高度综合的共同体,涉及政治、安

① 谢中元."一带一路"建设与非物质文化遗产保护问题探论[J]. 理论导刊, 2017(7):78-82.
② 何志鹏."一带一路"与国际制度的中国贡献[J]. 学习与探索, 2016(9):49-56,158.

全、经济、文化和生态环境等领域。非物质文化遗产保护与人类命运共同体的理念紧密相关。首先,非物质文化遗产作为不同民族和群体的文化基因,具有重要的文化价值。将人类命运共同体的理念落实于非物质文化遗产国际保护领域有利于推动实现人类命运共同体文化交流的目标;其次,中国作为非物质文化遗产资源丰富的大国,以人类命运共同体的理念作为推进非物质文化遗产保护国际合作的共识基础,秉承开放包容的原则,尊重不同文化之间的差异性,有利于维护世界文化的多样性;秉承共同繁荣的原则,有利于促进世界文化的繁荣发展。综上所述,非物质文化遗产的保护既是维护世界文化多样性的需要,也是维系人类社会可持续发展、构建人类命运共同体的需要。将人类命运共同体的理念作为非物质文化遗产国际合作的价值共识基础既有利于推动共建国家和地区的文化交流,深化非物质文化遗产保护领域的国际合作,也有利于构建非物质文化遗产保护国际合作新机制及全球治理新模式,为非物质文化遗产的国际保护供给"中国方案"。

(2)立足共同利益基础,采取多元化区域合作实施路径

首先,注重谈判策略的多元化。共建"一带一路"国家中多数具有丰富的非物质文化遗产资源,各国间具有共同的利益基础,这为在区域范围内推进非物质文化遗产保护规则构建奠定了合作基础。但正如前文所述,共建"一带一路"国家对非物质文化遗产保护的重视程度不同,各国非物质文化遗产的保护水平也不一。基于此,深化共建"一带一路"国家非物质文化遗产国际合作应当要充分考虑目标国的实际,一国一策,采取有重点、分层次、逐步推进的多元化谈判策略,稳步推进条约谈判。具体而言,应当秉持先易后难、循序渐进的原则:非物质文化遗产保护国际合作开展过程中应当根据不同国家的特点以及各国对待非物质文化遗产保护的态度进行分类谈判,选择具有共同利益基础且对非物质文化遗产保护持有积极态度的国家优先达成协议;

对于一些重心在发展国内经济、平定国内政治局势,对非物质文化遗产保护关注度不够的国家可以采取延迟谈判的方式。除此之外,法律与地域之间的相互作用也影响着非物质文化遗产知识产权保护的效果①。因此,在推动共建"一带一路"国家非物质文化遗产保护国际合作的过程中,也应注重发挥地域的影响及地缘政治的作用。比如,基于中国与东南亚地区悠久及频繁的文化交流,在中国与东盟合作的背景下,中国与东盟各国应注重凝聚共识、加强对话,不断深化非物质文化遗产保护的交流与合作,共同推动非物质文化遗产保护的制度化。

其次,应当注重软法与硬法的结合,打造多层次、多类型、灵活多样的国际合作方式。目前,共建"一带一路"国家非物质文化遗产保护水平参差不齐,因此不能用一套标准、一套规则谈判。我们应当根据不同国家非物质文化遗产保护水平,采取双方更容易达成合作协议的方式,以此提高共建"一带一路"国家 FTA 中非物质文化遗产保护条款的覆盖率,进而深化非物质文化遗产保护的国际合作。鉴于共建"一带一路"国家非物质文化遗产相关的法律制度及保护水平等方面存在较大差异,严苛的传统国际条约可能会影响一些国家加入的积极性,因此,我们应当适时引入软法协调机制。需要注意,虽然此种软法协调机制能够留给各方较大的政策制定空间,并且能够在一定程度上提高各方合作的积极性,但其既不利于形成稳固的制度基础,也不利于形成发展中国家区域非物质文化遗产保护的良好范本②。基于此,共建"一带一路"国家非物质文化遗产保护区域法律保障机制的构建应当采取软法与硬法结合的方式:既要注重积极与非物质文化遗产保

---

① Antons C. At the Crossroads: The Relationship between Heritage and Intellectual Property in Traditional Knowledge Protection in Southeast Asia[J]. Law in Context: A Socio-Legal Journal, 2013(1):74-94.

② 杨静,朱雪忠.中国自由贸易协定知识产权范本建设研究——以应对 TRIPS-plus 扩张为视角[J].现代法学,2013(2):149-160.

护重视程度及保护标准较高的共建国家优先达成双边或小范围的多边协定,从而为非物质文化遗产保护区域合作的推进与深化积累经验,又要注重优先采用较为灵活、简便的方式形成约束力较弱的软法文件以确认非物质文化遗产保护的合作共识,等待时机成熟再升级优化为有实质法律约束力的非物质文化遗产区域性公约[①]。由点到线、由线及面、循序渐进,不断推进"一带一路"区域合作范围内非物质文化遗产保护水平的提高。

2. 推行新型 TRIPS-plus 条款,建构区域合作新规则

我国具有丰富的非物质文化遗产资源,但我国目前与共建"一带一路"国家签订的 FTA 中较少涉及非物质文化遗产保护条款。当前中国在"一带一路"倡议下积极推进非物质文化遗产知识产权的国际保护,这不仅是增强自身国际知识产权话语权的重要举措,也是应对发达国家 TRIPS-plus 标准的重要策略,更是共建"一带一路"国家致力于构建区域性知识产权法律秩序的重要体现[②]。广大发展中国家应当以"一带一路"倡议为契机,在 FTA 谈判中将民间文学艺术、传统知识等非物质文化遗产保护问题列为优先关注事项,凸显非物质文化遗产的知识产权保护在区域谈判中的重要地位,变现有的松散合作模式为关注优先事项的点面结合模式,从而不断推进非物质文化遗产保护国际合作的有效开展。在具体实施上,应当在中国与共建"一带一路"国家签署的 FTA 中的知识产权部分纳入非物质文化遗产知识产权保护条款。如前文所述,我们目前与共建"一带一路"国家签订的 FTA 中较少涉及非物质文化遗产保护条款,即使有所涉及,具体条款内容也规定得比较原则。基于此,在"一带一路"倡议下构建新型 TRIPS-

---

① 王云霞,张蕊:"一带一路"倡议下文化遗产国际区域合作的法律思考[J].西北大学学报(哲学社会科学版),2018(3):90-98.

② 吴汉东."一带一路"战略构想与知识产权保护[J].法治社会,2016(5):8-13.

plus 规则应当明确将非物质文化遗产纳入知识产权保护客体范围,突破单纯依靠行政公法的保护方式,从而丰富非物质文化遗产的保护方式。当然,构建新型 TRIPS-plus 规则只是一个宏观的路径,对于具体规则体系如何搭建,以及赋予非物质文化遗产何种知识产权保护模式等问题则需要进一步深入探讨。总体而言,"一带一路"倡议下新型 TRIPS-plus 规则的构建应当坚持防御性保护措施与积极性保护措施相结合的原则。一方面,完善防御性保护措施的规则体系,制定更为具体的规则及惩罚措施,使非物质文化遗产防御机制切实发挥效用,而非仅仅停留在宣示性层面;另一方面,应当构建非物质文化遗产积极性保护措施,借鉴国际组织及其他国家的制度经验,选取适当的知识产权保护模式,并就权利主体、权利客体、权利内容以及获得权利的方式等内容作出合理的制度设计。以此为基础不断提升发展中国家在知识产权全球治理中的话语权,倡导国际合作新规则,重构知识产权国际保护新秩序。

3. 坚持"两条腿走路",统筹推进国内法治与国际法治

国际法与国内法之间存在功能性的关联关系,随着全球化的深入发展,国际法与国内法相互渗透并实现了内在互动。因此,非遗国际法治的完善首先应当统筹推进国内法治与国际法治,努力推动国际规则与国内规则的良性互动和交互支撑。

(1)完善非物质文化遗产保护国内立法

2011 年,我国通过了第一部专门针对非物质文化遗产保护的法律——《中华人民共和国非物质文化遗产法》。该法为非物质文化遗产提供了行政公法的保护,但有关非物质文化遗产知识产权的保护问题仅在第四十四条中规定:"使用非物质文化遗产涉及知识产权的,适用有关法律、行政法规的规定。"由此可见,《非物质文化遗产法》为非物质文化遗产提供了行政公法层面的保护路径,但对于非物质文化遗产的知识产权保护问题只是提及,并未作出实质性规定。参考其他部门的立法,2001 年修正后的《中华人民共和国著作权法》(简称《著作权法》)第六条规定:"民间文学艺术作品的著作权保护办法由国务院另行规定。"但相关保护办法至今没有出台,民间文学艺术作品的著作权保护实际上已被搁置,对其他类别非物质文化遗产的知识产权保护则更付阙如。2020 年第三次修正后的《著作权法》延续了 2001 年修正后的《著作权法》第六条的规定。2020 年第四次修正后的《中华人民共和国专利法》第五条第二款规定:"对违反法律、行政法规的规定获取或者利用遗传资源,并依赖该遗传资源完成的发明创造,不授予专利权。"这虽然在一定程度上肯定了遗传资源的专利权防御性保护措施,但相关规定不够具体。综上可见,我国对非物质文化遗产的保护总体来说仍处于起步阶段,仅限于行政公法层面的保护,保护力度和保护路径稍显单薄,目前我国现有的立法中均未对非物质文化遗产知识产权保护的问题作出实质性规定。

非物质文化遗产保护国际法治要与国内法治相衔接,避免出现我国国内法与我国签署的自由贸易协定规则相冲突。为此,我国应当积极推动非物质文化遗产国内立法的完善,破除民间文学艺术作品著作权保护的立法障碍,注重借鉴其他国家的制度经验,结合我国国情,推动构建符合我国实际的民间文学艺术作品的著作权保护模式,为推进 FTA 谈判做好准备。同时,加快制定中医药传统知识保护条例,在国家战略关切的重要领域优先达成传统知识保护的相关立法,不断为我国传统知识保护领域立法的推进积累经验。最后,我国应当积极推进遗传资源及相关传统知识获取与惠益分享机制的构建。我国已于 2016 年 9 月正式成为《名古屋议定书》的缔约方,为了落实国际公约的义务及我国相关产业的健康发展,我国于 2017 年 3 月公布了《生物遗传资源获取与惠益分享管理条例(草案)(征求意见稿)》,但至今尚未正式通过。基于此,未来我国需要以建构遗传资源专有权为核心加快我国生物遗传资源保护立法,实现遗传资源及相关传统知识的可持续利用。因此,立法路径上优先从特定领域着力推进相关立法,从而不断实现非物质文化遗产国内立法的完善及国内保护水平的提高。

(2)协同推进非物质文化遗产保护国内法治与国际法治

当前统筹推进国际法治与国内法治,实现国内法治与国际法治的良性互动既是我国全面推进依法治国和构建人类命运共同体的基本要求,也是构建以国内大循环为主体、国内国际双循环相互促进的新发展格局的必然要求①。关于国内法治与国际法治之间的关系,一方面,国内法治是国际法治的前提和基础,一些国内法的原则、规则或制度因受到国际社会的认可而被纳入国际法中。实践中,许多广为接受的国际规则都是由国内法发展而来的。以知识产权法为例,国际规则往往基于国内规则而产生,其旨在协调既有的国内法律规则并使示范立法国际化②。再如,环境影响评价制度最先出现在美国 1969 年的《国家环境政策法》中,随后该制度逐渐被国际组织的决议、宣言所引入并成为国际环境法的重要制度③。另一方面,国际法需要借助国内法实现其规范功能,在许多国家,国际条约须经过转化为国内立法的方式才能在国内得到实施和适用。比如,中国在《〈联合国气候变化框架公约〉京都议定书》批准之后相继出台了一系列应对气候变化的相关法律、法规和政策措施④。双边或区域性自由贸易协定作为一种国际法治手段,条约的生效需要经过相关法律程序批准,因此可以利用

① 肖永平.全面依法治国的新阶段:统筹推进国内法治与国际法治建设[J].武大国际法评论,2018(1):1-19.

② Correa C M. Traditional Knowledge and Intellectual Property: Issues and Options Surrounding the Protection of Traditional Knowledge[C]. Geneva: The Quaker United Nations Office,2001.

③ 林灿铃.环境问题的国际法律调整[J].政法论坛,2001(5):115-128.

④ 吕忠梅,吴一冉.中国环境法治七十年:从历史走向未来[J].中国法律评论,2019(5):102-123.

国际法促进非物质文化遗产保护法治的完善[①]。总之,我们需要尽快完善非物质文化遗产保护国内立法,为非物质文化遗产国际保护总结制度经验,积极参与构建国际规则,实现非物质文化遗产保护国内法治和国际法治的良性互动。除此之外,国际实践中也存在一些新兴领域内国际立法先于国内立法达成,并以国际立法引导和推动国内立法的情形。以反腐败领域为例,我国积极参与并推动《联合国反腐败公约》的达成,进而充分利用国际法治与国内法治的互动关系,运用国际法治对国内法治的引导和助推,不断完善我国反腐败领域的相关立法。因此,目前我国非物质文化遗产知识产权保护国内立法的缺失并不会阻碍 FTA 体制内相关国际立法的推进。国内法治与国际法治之间存在相互融合、相互促进的关系。非物质文化遗产知识产权保护的国内立法与国际立法应当协同共进、相互促进。非物质文化遗产知识产权治理体系的构建应当坚持"两条腿走路",既要积极推动国内立法,也要努力协同国际立法,形成两者之间的良性互动,从而逐步实现知识产权全球治理体制的变革。

"一带一路"是促进共同发展、实现共同繁荣的合作共赢之路,是增进理解信任、加强全方位交流的和平友谊之路。要秉持和平合作、开放包容、互学互鉴、互利共赢的理念,全方位推进务实合作,打造政治互信、经济融合、文化包容的利益共同体、命运共同体和责任共同体。"一带一路"的建设为共建国家非物质文化遗产的保护传承带来了新机遇。当前共建"一带一路"国家已经初步开展了非物质文化遗产保护的相关国际合作,但存在共建国家的国际合作方式较为单一、保护态度及水平不一等问题。为此,首先应当积极推进构建新型 TRIPS-plus 规则,将可知识产权性的非物质文化遗产纳入知识产权

---

① 龚思进.“一带一路”建设中我国海外利益的国际法治保障研究——双边条约的视角[D].北京:外交学院,2022.

保护客体范围,实现非物质文化遗产行政公法保护和知识产权私法保护的合力并行。其次应当充分发挥中国智慧,以人类命运共同体理念为基石,注重创新国际合作范式,推动构建有效的非物质文化遗产保护国际合作新机制,进而推动知识产权全球治理体系的变革和知识产权国际保护新秩序的重构。

本章小结

目前越来越多的国家在FTA谈判中涉及非物质文化遗产保护的问题,但不同国家在FTA体制内对非物质文化遗产的保护表现出不同的态度与立场。美国继续坚持多边体制内以合同方式解决非物质文化遗产资源获取以及惠益分享问题的固有立场,将被发展中国家诟病的合同方式在FTA中正当化。欧盟相较于美国采取了更为积极的立场,对传统知识保护采取防御性知识产权保护措施和特殊制度模式。但欧盟的FTA中主要涉及对生物多样性与传统知识的保护,对民间文学艺术的保护没有涉及。就我国而言,目前我国签订的FTA对相关非物质文化遗产的保护仅仅是作出了原则性的规定,承认并肯定惠益分享、事先同意、来源披露等制度,但就实质性保护制度而言,总体秉持保持协商的基本立场,以及采取交换信息、进一步讨论的协商态度。通过对上述国际社会代表性国家或地区FTA中非物质文化遗产保护条款的内容及特点的分析,笔者提出发展中国家在FTA框架内构建非物质文化遗产知识产权保护制度时,首先应当明确非物质文化遗产知识产权保护的模式,进而在明确保护模式的基础上讨论具体保护制度的构建。此外,发展中国家在FTA框架内构建非物质文化遗产知识产权保护制度应当明确保护客体的具体范围,使其涵盖民间文学艺术和传统知识两个方面，既要重视遏制"生物海盗"行为，也要重视遏制"文化海盗"的肆虐。发展中国家在 FTA 框架内开展非物质文化遗产知识产权保护的谈判应当注重地缘政治的考量，优先与具有共同利益基础、在非物质文化遗产保护方面持有积极立场的国家进行谈判。

在防御性知识产权保护措施与积极性知识产权保护措施并重的综合保护模式下，首先，应当注重发挥专利披露制度以及传统知识资料库制度的作用，防止他人因盗用、滥用非物质文化遗产而获得不当知识产权，使传统知识远离现代知识产权制度的威胁。其次，积极性保护措施的构建需要涵盖权利主体、权利客体、权利内容以及权利获得方式等方面。非物质文化遗产一般为各民族集体所有，当然也存在为个人所有的例外。这种集体权利模式的设置既符合非物质文化遗产具有集体性的基本特征，也有利于增强权利主体对非物质文化遗产的控制，减少损害、滥用等情形的发生，同时也得到了许多国家与地区立法实践的广泛认可。在权利客体方面就传统知识与民间文学艺术分别设置特殊的保护制度；在权利内容方面涵盖具体的经济权利和精神权利，并赋予永久的保护期限；在权利获得方式方面采取创制性注册登记的模式。最后，结合"一带一路"倡议提出我国应当注重加强南南合作，构建防御性保护措施与积极性保护措施相结合的非物质文化遗产保护制度。同时，在具体的谈判过程中将相关非物质文化遗产保护条款列为 FTA 谈判的必备条款；以共同利益为基础，按照不同国家分类谈判；注重国内立法与国际 FTA 谈判协同共进，从而不断推进非物质文化遗产知识产权保护制度的完善。

参考文献

[1]安雪梅.非物质文化遗产保护与知识产权制度的兼容与互动[J].
河北法学,2007(12):65-70.

[2]柏桦:弘扬云南民族文化,促进对外交流[EB/OL].(2023-07-26)
[2024-02-01].http://www.sky.yn.gov.cn/xsyj/zgsd/14793245276
96315541.

[3]波塞,杜特费尔德.超越知识产权:为原住民和当地社区争取传统
资源权利[M].许建初,张兰英,钱洁,等译.昆明:云南科技出版
社,2003.

[4]曹莎.非政府组织在非物质文化遗产保护中的现状探析[J].山东
省农业管理干部学院学报,2012(2):110-112.

[5]曹新明.非物质文化遗产保护模式研究[J].法商研究,2009(2):
75-84.

[6]常江,张毓强.从边界重构到理念重建:数字文化视野下的国际传
播[J].对外传播,2022(1):54-58.

[7]朝戈金."一带一路"话语体系建设与文化遗产保护[J].西北民族
研究,2017(3):5-16.

［8］陈安.南南联合自强五十年的国际经济立法反思——从万隆、多哈、坎昆到香港［J］.中国法学,2006(2):85-103.

［9］陈关超,张莹莹,严双军.太极拳文化:融入现代生活 走向世界文明——写在太极拳入选人类非物质文化遗产代表作名录之际［EB/OL］.(2020-12-18)［2024-02-27］.https://www.ihchina.cn/art/detail/id/22048.html.

［10］陈默.FTA框架下遗传资源及传统知识保护谈判与我国的应对策略［J］.河南大学学报(社会科学版),2014(5):53-61.

［11］陈杨.传统知识的地理标志法律保护［J］.上海财经大学学报,2015(1):105-112.

［12］陈志诚.传统知识法律保护［D］.北京:中国政法大学,2009.

［13］楚国帅.中国文化生态保护区建设的现状分析与未来走向［J］.民俗研究,2021(3):88-98.

［14］褚童.巨型自由贸易协定框架下国际知识产权规则分析及中国应对方案［J］.国际经贸探索,2019(9):80-95.

［15］邓富国,易继松.传统知识来源披露产生机理研究［J］.河北法学,2008(12):100-103.

［16］丁丽瑛.传统知识保护的权利设计与制度构建:以知识产权为中心［M］.北京:法律出版社,2009.

［17］钭晓东.遗传资源知识产权法律问题研究［M］.北京:法律出版社,2016.

［18］杜颖.非遗助力乡村振兴的多维体系建构［N］.中国社会科学报,2023-03-01(8).

［19］杜颖.知识产权国际保护制度的新发展及中国路径选择［J］.法学家,2016(3):114-124,179.

［20］范超.经济全球化背景下国际贸易中的知识产权保护问题研究

[D].大连:东北财经大学,2012.

[21]非遗创新发展,如何规避知识产权风险?[EB/OL].(2023-06-16)[2024-01-30].https://www.163.com/dy/article/I7C4OHCT05128393.html.

[22]费安玲.非物质文化遗产法律保护的基本思考[J].江西社会科学,2006(5):12-16.

[23]冯晓青.非物质文化遗产与知识产权保护[J].知识产权,2010(3):15-23.

[24]冯晓青.利益平衡论:知识产权法的理论基础[J].知识产权,2003(6):16-19.

[25]冯晓青.知识产权法的公平正义价值取向[J].电子知识产权,2006(7):17-20.

[26]葛佳慧,陶丽萍.文化新乡贤助推非遗传承:价值、限度与实现路径[J].文化软实力研究,2022(3):98-108.

[27]龚思进."一带一路"建设中我国海外利益的国际法治保障研究——双边条约的视角[D].北京:外交学院,2022.

[28]古祖雪.TRIPS框架下保护传统知识的制度建构[J].法学研究,2010(1):197-198,200-201,203-208.

[29]古祖雪.从体制转换到体制协调:TRIPS的矫正之路——以发展中国家的视角[J].法学家,2012(1):145-156,179-180.

[30]古祖雪.后TRIPS时代的国际知识产权制度变革与国际关系的演变——以WTO多哈回合谈判为中心[J].中国社会科学,2007(2):143-146,207.

[31]古祖雪.基于TRIPS框架下保护传统知识的正当性[J].现代法学,2006(4):136-141.

[32]古祖雪.论传统知识的可知识产权性[J].厦门大学学报(哲学社

会科学版),2006(2):11-17.

[33]顾海波,隋军.基因资源:从生物剽窃到公平获取与惠益分享——立法问题探讨[J].东北大学学报(社会科学版),2012(5):443-448.

[34]管育鹰.非物质文化遗产的法律保护探讨[EB/OL].(2008-12-18)[2024-04-03].http://iolaw.cssn.cn/zxzp/200812/t20081218_4601629.shtml.

[35]管育鹰.民间文学艺术保护模式评介[J].中国版权,2007(2):11-14.

[36]管育鹰.知识产权视野中的民间文学艺术保护[M].北京:法律出版社,2006.

[37]郭蓓.国际非物质文化遗产法律保护概况及启示[EB/OL].(2014-07-15)[2024-02-01].https://www.ihchina.cn/news_1_details/7904.html.

[38]郭翠潇.《保护非物质文化遗产公约》名录项目评审机制与非政府组织认证制度:合作、博弈与对话[J].民间文化论坛,2020(5):120-128.

[39]郭玉军,唐海清.论非物质文化遗产知识产权保护制度的新突破——以地理标志为视角[J].海南大学学报(人文社会科学版),2010(3):48-54.

[40]韩国抄袭中国榫卯技术申遗成功?[EB/OL].(2021-03-18)[2024-01-30].https://m.gmw.cn/2021-03/18/content_1302172527.htm.

[41]何志鹏."一带一路"与国际制度的中国贡献[J].学习与探索,2016(9):49-56,158.

[42]河南:让非遗"火起来""亮起来""活起来"[EB/OL].(2023-03-21)[2024-02-28].https://whgdlyj.shangqiu.gov.cn/zwdt/gzdt/conten

t_163941.

[43]河南:推动非遗发挥当代功用[EB/OL].（2024-01-05）[2024-02-28]. https://baijiahao. baidu. com/s?id=1787211973132625595&wfr=spider&for=pc.

[44]贺小勇.从《多哈宣言》到《总理事会决议》看国际知识产权保护[J].法学,2004(6):105-109.

[45]湖南:让非遗融入现代生活[EB/OL].（2022-11-28）[2024-04-09]. http://whhlyt. hunan. gov. cn/news/mtjj/202211/t20221128_29139229. html?sid_for_share=80217_3.

[46]华鹰.传统知识的法律保护模式选择及立法建议[J].河北法学,2008(8):140-144.

[47]黄永林,任正.非物质文化遗产赋能乡村文化振兴的内在逻辑与实现路径[J].云南师范大学学报（哲学社会科学版）,2023(2):115-124.

[48]黄玉烨.论非物质文化遗产的私权保护[J].中国法学,2008(5):136-145.

[49]黄玉烨.民间文学艺术的法律保护[M].北京:知识产权出版社,2008.

[50]基本文件 2003 年《保护非物质文化遗产公约》（2022 年版本）[EB/OL].（2023-07-12）[2024-04-03]. https://www. ihchina. cn/Uploads/File/2023/07/12/u64ae627c3662a. pdf.

[51]讲好非遗故事 建设文化强国[N].经济日报,2023-09-06(11).

[52]蒋多.我国非遗的国际化路径探析——基于生产性保护理论与实践的视角[J].遗产与保护研究,2016(1):84-89.

[53]莱万斯基.原住民遗产与知识产权:遗传资源、传统知识和民间文学艺术[M].廖冰冰,刘硕,卢璐,译.北京:中国民主法制出版

社,2012.

[54]李菲,陈平,宋俊华,等.非物质文化遗产保护传承与旅游利用的
若干问题探讨——"非物质文化遗产的当代适应与游憩机会"专
题学者对话录[J].旅游论坛,2023(3):1-11.

[55]李俊,崔艳新.新一轮国际知识产权规则重构下的中国选择——
以知识产权强国建设为目标[J].知识产权,2015(12):10-16.

[56]李墨丝.非物质文化遗产保护法制研究——以国际条约和国内立
法为中心[D].上海:华东政法大学,2009.

[57]李顺德.非物质文化遗产的法律界定及知识产权保护[J].江西社
会科学,2006(5):7-12.

[58]李小苹.法律视角下的非物质文化遗产分类标准研究[J].青海社
会科学,2012(2):88-92.

[59]李晓玲,陈雨松.国际知识产权贸易谈判的新方略[J].环球法律
评论,2011(1):150-160.

[60]李一丁.论生物遗传资源获取和惠益分享机制与知识产权制度
[J].河北法学,2016(1):51-59.

[61]李宗辉.非物质文化遗产的法律保护——以知识产权法为中心的
思考[J].知识产权,2005(6):54-57.

[62]梁越,段沁欣,廖兴宇.论非遗标示商标抢注问题——以《商标法》
第三十二条为视角[J].西部学刊,2021(13):79-81.

[63]廖凡.全球治理背景下人类命运共同体的阐释与构建[J].中国法
学,2018(5):41-60.

[64]廖丽.国际知识产权制度的发展趋势及中国因应——基于博弈论
的视角[J].法学评论,2023(2):187-196.

[65]林灿铃.环境问题的国际法律调整[J].政法论坛,2001(5):
115-128.

[66]林航.中国非遗国际贸易促进体系构建研究[J].兰州财经大学学报,2018(6):87-98.

[67]林继富."空间赋能":融入乡村振兴的文化生态保护区建设[J].西北民族研究,2021(4):97-109.

[68]刘华,胡武艳.民间文学艺术及其特别保护体系研究[J].华中师范大学学报(人文社会科学版),2004(3):41-46.

[69]刘鹏昱.认知论视域下的非物质文化遗产名录分类与动态调整[J].文化遗产,2022(6):18-26.

[70]刘劭君.知识产权国际规则的内在逻辑、发展趋势与中国应对[J].河北法学,2019(4):62-71.

[71]刘胜红,王林.试论民间文学艺术权[J].中央民族大学学报(哲学社会科学版),2004(6):31-34.

[72]刘银良.传统知识保护的法律问题研究[M]//郑成思.知识产权文丛(第13卷).北京:中国方正出版社,2006.

[73]刘银良.美国域外知识产权扩张中的论坛选择政策研究:历史策略与哲学[J].环球法律评论,2012(2):123-139.

[74]刘银良.怎样保护传统知识:客体的排除与选择[C]//国家知识产权局条法司.专利法研究(2005).北京:知识产权出版社,2006.

[75]刘颖.后TRIPS时代国际知识产权法律制度的"碎片化"[J].学术研究,2019(7):53-63,2.

[76]刘宇青,徐虹.非物质文化遗产原真性保护和旅游开发助推乡村文化振兴[J].社会科学家,2022(10):69-75.

[77]鲁春晓.非物质文化遗产权利流转与嬗变研究[J].民俗研究,2023(5):120-130,160.

[78]鲁春晓.非物质文化遗产知识产权跨国保护研究[J].福建论坛(人文社会科学版),2019(6):33-40.

[79]吕炳斌.知识产权国际博弈与中国话语的价值取向[J].法学研究,2022(1):153-170.

[80]吕忠梅,吴一冉.中国环境法治七十年:从历史走向未来[J].中国法律评论,2019(5):102-123.

[81]罗尔斯.正义论[M].何怀宏,何包钢,廖申白,译.北京:中国社会科学出版社,1988.

[82]罗宗奎,王芳,孟波.非物质文化遗产的商标侵害:机理和对策[J].中华商标,2021(12):50-56.

[83]马忠法,王悦玥. RCEP 与 CPTPP 鼓励性知识产权条款与中国因应[J].云南社会科学,2022(4):142-153.

[84]马忠法,王悦玥."一带一路"倡议下的知识产权国际协调法律制度[J].上海财经大学学报,2022(2):122-136.

[85]梅术文.FTA 知识产权国际保护体制探析[J].现代经济探讨,2015(4):20-24.

[86]民族文化资源富集县文旅融合发展流量密码探析[EB/OL].(2023-08-09)[2024-04-09]. http://www. guizhou. gov. cn/ztzl/lycyh/zxdt/202308/t20230809_81600281. html.

[87]普罗特.定义"无形遗产"的概念:挑战和前景[C]//中国民族学学会.民族文化与全球化研讨会资料专辑.教科文组织文化部国际标准司,2003.

[88]齐爱民.非物质文化遗产的知识产权综合保护[J].电子知识产权,2007(6):19-22.

[89]齐爱民.论知识产权框架下的非物质文化遗产保护及其模式[J].贵州师范大学学报(社会科学版),2008(1):53-58.

[90]齐爱民,赵敏.非物质文化遗产的商标权保护模式与著作权保护模式之比较——兼论我国商标法修改的相关问题[J].重庆工商

大学学报(社会科学版),2007(1):93-97.

[91]钱永平.从保护世界遗产到保护非物质文化遗产[J].文化遗产,
2013(3):23-29.

[92]秦天宝.秘鲁对遗传资源相关传统知识的保护及对我国的启示
[J].科技与法律,2005(4):89-93.

[93]任虎.FTA框架下传统知识保护模式研究[J].上海大学学报(社
会科学版),2013(5):109-120.

[94]任寰.论知识产权法的利益平衡原则[J].知识产权,2005(3):
13-18.

[95]箬横|跨越百年的小草帽,缘何走向国际大舞台?[EB/OL].
(2020-10-18)[2024-04-09].https://baijiahao.baidu.com/s?id=
16808833893861776880&wfr=spider&for=pc.

[96]宋红松.传统知识与知识产权[J].电子知识产权,2003(3):
35-40.

[97]宋俊华.非遗传承助力乡村振兴[J].群言,2022(10):21-24.

[98]宋丽华,董涛,李万杜.非物质文化遗产分类的问题解析与体系重
构[J].国家图书馆学刊,2014(3):86-92.

[99]孙玉红.南北型自由贸易协定非贸易问题演化趋势和中国的对策
[M].北京:中国社会科学出版社,2015.

[100]损失20亿 揭秘中国最大中药秘方遭美剽窃事件[EB/OL].
(2001-06-07)[2024-04-03].http://finance.sina.com.cn/b/68979.
html.

[101]谭志云,李惠芬.数字技术赋能非遗保护传承的逻辑机理与创新
路径[J].南京社会科学,2024(1):142-150.

[102]汤跃.《名古屋议定书》框架下的生物遗传资源保护[J].贵州师
范大学学报(社会科学版),2011(6):64-70.

[103]唐海清.非物质文化遗产的国际法保护问题研究[D].武汉:武汉大学,2010.

[104]陶立璠.非物质文化遗产的定义、评价与保护[C]//王文章.中国非物质文化遗产保护论坛论文集.北京:文化艺术出版社,2006.

[105]田野.杨飞:非遗扶贫是巩固脱贫成果、防止返贫的有效措施[J].文化月刊,2020(10):14-15.

[106]涂尔干,莫斯.原始分类[M].汲喆,译.上海:上海人民出版社,2000.

[107]玩转"云上购物节"浙江非遗2个月线上销售额近9亿元[EB/OL].(2020-07-09)[2024-02-29].https://www.ihchina.cn/Article/Index/detail?id=21335.

[108]王彬.非遗保护传承这十年:在新时代绽放迷人光彩[EB/OL].(2022-10-12)[2024-04-03].http://cul.china.com.cn/2022-10/12/content_42134602.htm.

[109]王鹤云,高绍安.中国非物质文化遗产保护法律机制研究[M].北京:知识产权出版社,2009.

[110]王衡,肖震宇.比较视域下的中美欧自贸协定知识产权规则——兼论"一带一路"背景下中国规则的发展[J].法学,2019(2):107-128.

[111]王林,毛向荣,肖力.民间文学艺术权初探[J].中南民族大学学报(人文社会科学版),2005(3):53-56.

[112]王若瑄.数字化生存:非遗的国际传播新形态[EB/OL].(2022-12-16)[2024-01-31].https://mp.weixin.qq.com/s/5vyjZgU5SLzsZC7YQtuTEQ.

[113]王文章.非物质文化遗产概论[M].北京:教育科学出版社,2008.

[114]王云霞,张蕊."一带一路"倡议下文化遗产国际区域合作的法律思考[J].西北大学学报(哲学社会科学版),2018(3):90-98.

[115]卫欢.传统知识法律保护的正当性:以人权保护为视角[J].太原理工大学学报(社会科学版),2010(3):32-35.

[116]魏德士.法理学[M].丁晓春,吴越,译.北京:法律出版社,2013.

[117]魏丽丽.论非物质文化遗产知识产权的法律保护模式[J].学术交流,2011(9):91-94.

[118]魏艳茹.传统知识保护之争中的非政府组织[J].法学论坛,2007(3):104-109.

[119]魏艳茹.晚近美式自由贸易协定中的传统知识保护研究[J].知识产权,2007(2):87-92.

[120]温雯,赵梦笛.中国非物质文化遗产的数字化场景与构建路径[J].理论月刊,2022(10):89-99.

[121]吴汉东.国际变革大势与中国发展大局中的知识产权制度[J].法学研究,2009(2):3-18.

[122]吴汉东.论传统文化的法律保护——以非物质文化遗产和传统文化表现形式为对象[J].中国法学,2010(1):50-62.

[123]吴汉东."一带一路"战略构想与知识产权保护[J].法治社会,2016(5):8-13.

[124]吴汉东.知识产权的私权与人权属性——以《知识产权协议》与《世界人权公约》为对象[J].法学研究,2003(3):66-78.

[125]吴汉东.知识产权法[M].北京:法律出版社,2003.

[126]吴汉东.知识产权基本问题研究[M].北京:中国人民大学出版社,2005.

[127]吴兴帜,周灵颖.非物质文化遗产村落化保护认知研究[J].云南民族大学学报(哲学社会科学版),2023(6):72-79.

[128]习近平.加快实施自由贸易区战略 加快构建开放型经济新体制[EB/OL].(2014-12-06)[2023-11-16]. http://politics. people. com. cn/n/2014/1206/c1024-26160831. html.

[129]夏玮.中国自由贸易协定知识产权规则制定的路径研究[J].上海对外经贸大学学报,2022(3):101-110.

[130]肖波,宁蓝玉.中国文化治理研究三十年:理论、政策与实践[J].湖北民族大学学报(哲学社会科学版),2023(1):42-52.

[131]肖永平.全面依法治国的新阶段:统筹推进国内法治与国际法治建设[J].武大国际法评论,2018(1):1-19.

[132]谢中元."一带一路"建设与非物质文化遗产保护问题探论[J].理论导刊,2017(7):78-82.

[133]熊琦.经济发展模式与国际知识产权体制选择[J].商事仲裁,2012(9):14-23.

[134]熊英.非物质文化遗产的界定[J].中国地质大学学报(社会科学版),2008(5):33-38.

[135]徐家力.原住民与社区传统资源法律保护研究[M].上海:上海交通大学出版社,2012.

[136]徐康平,程乐.民间文学艺术的法律界定[J].北京工商大学学报(社会科学版),2005(5):89-92.

[137]徐宁宁,陈茜.商务部:不断扩大面向全球的高标准自由贸易区网络[EB/OL].(2023-03-23)[2024-04-03]. http://www. cnhubei. com/content/2023-03/23/content_15612280. html.

[138]许颢信.环境法视角下的传统知识保护制度研究[D].青岛:中国海洋大学,2015.

[139]薛达元,崔国斌,蔡蕾,等.遗传资源、传统知识与知识产权[M].北京:中国环境科学出版社,2009.

[140]薛达元,郭泺.论传统知识的概念与保护[J].生物多样性,2009(2):135-142.

[141]严永和.论传统知识的知识产权保护[M].北京:法律出版社,2006.

[142]严永和.论商标法的创新与传统名号的知识产权保护[J].法商研究,2006(4):13-20.

[143]严永和.论我国少数民族传统名号的知识产权保护[J].民族研究,2014(5):14-26,123.

[144]严永和.论我国少数民族传统设计知识产权保护的法律模式[J].民族研究,2016(3):15-28,123.

[145]严永和.论我国少数民族非物质文化遗产知识产权保护之制度构建[J].文化遗产,2013(4):1-8,157.

[146]严永和,于映波.世界知识产权组织对传统知识内涵界定的不足及其完善[J].贵州师范大学学报(社会科学版),2017(2):145-151.

[147]杨鸿.民间文艺的特别知识产权保护——国际立法例及其启示[M].北京:法律出版社,2011.

[148]杨鸿.民间文艺特别知识产权保护的国际立法实践研究[D].上海:华东政法大学,2010.

[149]杨静,朱雪忠.中国自由贸易协定知识产权范本建设研究——以应对 TRIPS-plus 扩张为视角[J].现代法学,2013(2):149-160.

[150]杨静.自由贸易协定中知识产权保护的南北矛盾及其消解[J].知识产权,2011(10):88-91.

[151]杨明.传统知识的法律保护:模式选择与制度设计[J].法商研究,2006(1):114-120.

[152]杨明.非物质文化遗产的法律保护[M].北京:北京大学出版

社,2014.

[153]杨万卿.非遗艺术品国外成抢手货 杨家埠风筝出口额达 70%[EB/OL].(2013-01-21)[2024-02-01].http://sd.dzwww.com/weifang/201301/t20130121_7931584.htm.

[154]杨禧羡,喻国明.数字化"天下"版图:元宇宙视阈下的国际传播新范式[J].对外传播,2022(4):8-11.

[155]杨新莹.论知识产权制度下如何规制"生物剽窃"行为——以国际法和国内法为视角[J].河北法学,2010(11):111-119.

[156]杨勇胜.民间文学艺术的法律保护[M].长春:吉林大学出版社,2008.

[157]易玲,石傲胜.非物质文化遗产商标注册与使用:制度机理、现实困境及规范路径[J].知识产权,2023(12):89-103.

[158]印度专利法修正案(2002)中与遗传资源、传统知识相关条款介绍[EB/OL].(2019-04-06)[2018-01-13].http://china.findlaw.cn/chanquan/zccqfg/qtzccqf/29134.html.

[159]苑利,顾军.非物质文化遗产分类学研究[J].河南社会科学,2013(6):58-62.

[160]曾博伟,李柏文.非遗赋能乡村振兴的政策选择与措施[J].云南民族大学学报(哲学社会科学版),2023(5):52-54.

[161]张博,刘亚军."一带一路"倡议下中国双边 FTA 中传统知识保护的完整性问题[J].社会科学家,2021(10):131-136.

[162]张耕.论民间文学艺术版权主体制度之构建[J].中国法学,2008(3):55-64.

[163]张耕.民间文学艺术的知识产权保护研究[M].北京:法律出版社,2007.

[164]张海燕.遗传资源知识产权保护法律问题研究[M].北京:法律

出版社,2012.

[165]张惠彬,王怀宾.高标准自由贸易协定知识产权新规则与中国因应[J].国际关系研究,2022(2):84-108,157-158.

[166]张建邦."TRIPS-递增"协定的发展与后 TRIPS 时代的知识产权国际保护秩序[J].西南政法大学学报,2008(2):17-25.

[167]张建邦.WTO 发展中成员在 TRIPS-plus 协定下的知识产权保护义务研究[J].武大国际法评论,2009(1):55-80.

[168]张建邦.议题挂钩谈判及其在知识产权领域的运用和发展[J].政治与法律,2008(2):101-106.

[169]张猛.知识产权国际保护的体制转换及其推进策略——多边体制、双边体制、复边体制[J].知识产权,2012(10):80-89.

[170]张乃根.试析 TPP 知识产权条款的 TRIPS 追加义务[J].海关与经贸研究,2016(4):15-28.

[171]张乃根.与时俱进的 RCEP 知识产权条款及其比较[J].武大国际法评论,2021(2):1-25.

[172]张伟君.TPP 等区域贸易协定中 TRIPS-plus 条款对 WTO 成员的影响[J].东方法学,2016(1):84-95.

[173]张文显.法理学[M].北京:法律出版社,2007.

[174]张晓通,解楠楠.联系权力:欧盟的权力性质及其权力战略[J].欧洲研究,2016(3):1-29,165.

[175]张艳梅.知识产权全球治理的现实困境与路径建构——以传统知识保护为研究视角[J].求索,2015(5):76-81.

[176]张玉敏.民间文学艺术法律保护模式的选择[J].法商研究,2007(4):3-9.

[177]赵富伟,蔡蕾,臧春鑫.遗传资源获取与惠益分享相关国际制度新进展[J].生物多样性,2017(11):1147-1155.

[178]赵骏,孟令浩.百年未有之大变局下国际法功能的时代要义[J].武大国际法评论,2022(4):61-82.

[179]赵秋丽.让"非遗"产品漂洋过海[N].光明日报,2013-01-22(9).

[180]浙江非遗奏响城乡"共富曲"[EB/OL].(2022-06-24)[2024-02-29].https://m.gmw.cn/baijia/2022-06-24/35833447.html.

[181]浙江:以非遗高质量发展助力共同富裕[N].中国文化报,2023-08-31(2).

[182]郑长旭.非政府组织在社区治理中的功能性分析[J].中国经贸,2013(4):89-91.

[183]郑成思.传统知识与两类知识产权的保护[J].知识产权,2002(4):3-5.

[184]郑成思.知识产权文丛[M].北京:中国方正出版社,2006.

[185]致富路上添新彩!河南省5个非遗工坊典型案例入选国家级名单[EB/OL].(2023-02-13)[2024-02-28].http://m.henan.gov.cn/2023/02-13/2688199.html.

[186]中国榫卯积木走红海外,阿里国际站推出玩具出海专线[EB/OL].(2021-06-01)[2024-04-09].https://baijiahao.baidu.com/s?id=1701360299521987514&wfr=spider&for=pc.

[187]周安平,陈云.国际法视野下非物质文化遗产知识产权保护模式选择[J].知识产权,2009(1):3-9.

[188]周安平,龙冠中.公法与私法间的抉择——论我国民间文学艺术的知识产权保护[J].知识产权,2012(2):21-27.

[189]周方.传统知识法律保护模式比较研究[J].科技与法律,2009(2):32-37.

[190]周方.传统知识法律保护研究[M].北京:知识产权出版社,2011.

[191]周胜生.知识产权国际保护制度的扩张趋势及我国的应对策略[J].电子知识产权,2006(10):34-37.

[192]朱兵.关于非物质文化遗产法中的民事保护问题[J].中国版权,2011(6):13-16.

[193]朱刚."一带一路"倡议与非物质文化遗产保护的国际合作[J].西北民族研究,2017(3):39-47.

[194]朱继胜."南南联合"构建新型"TRIPS-plus"规则研究——以中国—东盟自由贸易区为例[J].环球法律评论,2016(6):170-186.

[195]朱祥贵.非物质文化遗产知识产权的法律保护模式变迁评析[J].贵州民族研究,2010(4):9-14.

[196]朱雪忠.传统知识的法律保护初探[J].华中师范大学学报(人文社会科学版),2004(3):31-40.

[197]竺彩华,韩剑夫."一带一路"沿线 FTA 现状与中国 FTA 战略[J].亚太经济,2015(4):44-50.

[198]卓仲阳,杨正文.民族传统文化保护与知识产权[J].科技与法律,2003(4):77-79.

[199]Antons C. At the Crossroads:The Relationship between Heritage and Intellectual Property in Traditional Knowledge Protection in Southeast Asia[J]. Law in Context:A Socio-Legal Journal,2013(1):74-94.

[200]Blake J. Commentary on the 2003 UNESCO Convention on the Safeguarding of the Intangible Cultural Heritage[J]. Cultural Heritage,2006(2):671-692.

[201]Blake J. Human Rights Dimensions of Gender and Intangible Cultural Heritage[J]. Human Rights Defender,2015(2):5-7.

[202]Bowrey K. Alternative Intellectual Property? Indigenous Protocols, Copyleft and New Juridifications of Customary Practices [J]. Macquarie Law Journal,2006(6):65-95.

[203]Boza R T. Caveat Arbiter: The U. S.-Peru Trade Promotion Agreement, Peruvian Arbitration Law, and the Extension of the Arbitration Agreement to Non-Signatories-Has Peru Gone Too Far[J]. International Trade Law Journal,2009(2):65-79.

[204]Carpenter M M. Intellectual Property Law and Indigenous Peoples: Adapting Copyright Law to the Needs of a Global Community[J]. Yale Human Rights and Development Law Journal,2004(7):51-78.

[205]Cartee A. Protecting the Indigenous Past While Securing the Digital Future: The FTAA and the Protection of Expressions of Folklore[J]. International Law Review,2003(2):203-206.

[206]Cho S. A Bridge Too Far: The Fall of the Fifth WTO Ministerial Conference in Cancun and the Future of Trade Constitution[J]. Journal of International Economic Law,2004(2):219-244.

[207]Correa C M. Traditional Knowledge and Intellectual Property: Issues and Options Surrounding the Protection of Traditional Knowledge [C]. Geneva: The Quaker United Nations Office,2001.

[208]Cottier T. The Protection of Genetic Resources and Traditional Knowledge: Towards More Specific Rights and Obligations in World Trade Law[J]. Journal of International Economic Law, 1998(4):555-584.

[209]Crump L. Negotiation Process and Negotiation Context[J].

International Negotiation,2011(2):197-227.

[210]Damodaran A. Traditional Knowledge, Intellectual Property Rights and Biodiversity Conservation: Critical Issues and Key Challenges[J]. Journal of Intellectual Property Rights,2008 (5):509-513.

[211]De Carvalho N P. From the Shaman's Hut to the Patent Office — in Search of Effective Protection for Traditional Knowledge[J]. Washington University Journal of Law and Policy, 2005 (17): 111-186.

[212]Dutfield G. TRIPS-Related Aspects of Traditional Knowledge [J]. Case Western Reserve Journal of International Law,2001 (2):233-276.

[213]Dutfield G, Suthersanen U. Global Intellectual Property Law [M]. Cheltenham: Edward Elgar,2008.

[214]Erstling J. Using Patents to Protect Traditional Knowledge [J]. Texas Wesleyan Law Review,2009(2):295-334.

[215]Farah P D, Tremolada R. Conflict Between Intellectual Property Rights and Human Rights: A Case Study on Intangible Cultural Heritage[J]. Social Science Electronic Publishing, 2016 (1): 125-177.

[216] Forsyth M. Do You Want It Gift Wrapped?: Protecting Traditional Knowledge in the Pacific Island Countries[C]// Drahos P, Frankel S. Indigenous Peoples' Innovation: Intellectual Property Pathways to Development. Canberra: Australian National University E Press,2012.

[217] Francioni F. Beyond State Sovereignty: The Protection of

Cultural Heritage as a Shared Interest of Humanity[J].
Michigan Journal of International Law,2004(4):1209-1226.

[218]Garvais D. Spiritual But Not Intellectual — the Protection of
Sacred Intangible Traditional Knowledge[J]. Cardozo Journal
of International and Comparative Law,2003(2):467-496.

[219]Gebru A K. Intellectual Property Law and the Protection of
Traditional Knowledge: From Cultural Conservation to
Knowledge Codification[J]. Asper Review of International
Business and Trade Law,2015(15):293.

[220]Gervais D. Traditional Knowledge and Intellectual Property: A
TRIPS-Compatible Approach[J]. Michigan State Law Review,
2005(1):137-166.

[221]Ghosh S. Globalization, Patents and Traditional Knowledge
[J]. Columbia Journal of Asian Law,2003(1):115-117.

[222]Gibson J. Traditional Knowledge and the International Context
for Protection[J]. Journal of Law, Technology and Society,
2004(1):58-82.

[223]Haider A. Reconciling Patent Law and Traditional Knowledge:
Strategies for Countries with Traditional Knowledge to Successfully
Protect Their Knowledge from Abuse[J]. Case Western Reserve
Journal of International Law,2016(1-2):366-368.

[224]Helfer L R. Regime Shifting: The TRIPS Agreement and New
Dynamics of International Intellectual Property Lawmaking[J].
Yale Journal of International Law,2004(1):1.

[225]Karjala D S, Paterson R K. Looking Beyond Intellectual
Property in Resolving Protection of Intangible Cultural

Heritage of Indigenous Peoples[J]. Social Science Electronic Publishing,2003(2):633-670.

[226] Kuruk P. Cultural Heritage, Traditional Knowledge and Indigenous Rights: An Analysis of the Convention for the Safeguarding of Intangible Cultural Heritage[J]. Macquarie Journal of International and Comparative Environmental Law, 2004(1):111-134.

[227] Lindstrom B. Scaling Back TRIPS-Plus: An Analysis of Intellectual Property Provisions in Trade Agreements and Implications for Asia and the Pacific [J]. New York University Journal of International Law and Politics,2010(3): 918-980.

[228] Longacre E. Advancing Science While Protecting Developing Countries from Exploitation of Their Resources and Knowledge [J]. Fordham Intellectual Property, Media and Entertainment Law Journal,2003(3):963-1018.

[229]MacKay E. Indigenous Traditional Knowledge, Copyright and Art-Shortcomings in Protection and an Alternative Approach [J]. University of New South Wales Law Journal,2009(1): 1-26.

[230] Newell P. Climate for Change: Non-State Actors and the Global Politics of the Greenhouse[M]. Cambridge: Cambridge University Press,2000.

[231]Posey D A, Dutfield G. Beyond Intellectual Property: Toward Traditional Resource Rights for Indigenous Peoples and Local Communities[J]. Journal of Nursing Science,1996(1):33-43.

［232］Quinn M L. Protection for Indigenous Knowledge：An International Law Analysis［J］. Thomas Law Review,2001(2):287-314.

［233］Riley A R. Recovering Collectivity：Group Rights to Intellectual Property in Indigenous Communities［J］. Cardozo Arts and Entertainment Law Journal,2000(1):175-226.

［234］Ryan M P. The Function-Specific and Linkage-Bargain Diplomacy of International Intellectual Property Lawmaking ［J］. University of Pennsylvania Journal of International Economic Law,1998(2):535.

［235］Torsen M. Intellectual Property and Traditional Cultural Expressions：A Synopsis of Current Issues［J］. Intercultural Human Rights Law Review,2008(3):199.

［236］Understanding Regarding Biodiversity and Traditional Knowledge ［EB/OL］.（2006-04-12）［2022-03-06］. https://ustr. gov/sites/ default/files/uploads/agreements/fta/peru/asset_upload_file719_ 9535. pdf.

［237］Understanding Regarding Biodiversity and Traditional Knowledge ［EB/OL］.（2006-11-22）［2022-03-06］. https://ustr. gov/sites/ default/files/uploads/agreements/fta/colombia/asset_upload_file95 3_10182. pdf.

［238］Von Lewinski S. Indigenous Heritage and Intellectual Property：Genetic Resources, Traditional Knowledge and Folklore［M］. Amsterdam：Kluwer Law International,2004.

［239］Von Lewinski S. The Protection of Folklore［J］. Cardozo Journal of International and Comparative Law, 2003（2）：747-768.

[240]Yang C C. A Comparative Study of the Models Employed to Protect Indigenous Traditional Cultural Expressions[J]. Asian-Pacific Law and Policy Journal,2010(2):49.

[241]Yu P K. Cultural Relics，Intellectual Property，and Intangible Heritage[J]. Temple Law Review,2008(2):433-506.

后　记

　　保护非物质文化遗产既是维护人类社会持续发展的基础，也是实现世界文化多样性的必要条件。非物质文化遗产是中华文明绵延传承的生动见证。共同富裕是社会主义的本质要求，中国特色社会主义共同富裕道路也将为发展中国家实现共同富裕提供借鉴和示范。共同富裕背景下，非物质文化遗产成为推动实现物质富足和精神富有的重要抓手。非物质文化遗产的活态传承离不开走国际化道路，非物质文化遗产的国际化保护传承离不开国际法治保障。近年来，发达国家利用自身先进的科学技术和资金优势大肆对发展中国家的非物质文化遗产资源进行掠夺，引起了发展中国家的强烈不满。随着发展中国家权利意识的觉醒，在其积极呼吁和推动下，非物质文化遗产的保护已经成为国际社会广泛关注与讨论的重要议题。不同国际组织从不同的价值选择出发，积极推动非物质文化遗产法律保护制度的构建。联合国教科文组织从文化遗产保存的视角为非物质文化遗产提供了政府主导的行政公法领域的保护措施。联合国环境规划署基于生物多样性保护的视角为与遗传资源利用相关的传统知识确立了事先同意及惠益分享的保护制度。世界知识产权组织作为非物质文化遗产知识产权保护的积极推动者，虽然针对非物质文化遗产知识产权保护问题开展了广泛的讨论与对话,并发布了一系列相关文件,但仍停留在国际对话层面,距离成为有约束力的法律文件还很遥远。世界贸易组织新一轮多哈回合谈判将传统知识、民间文学艺术的保护问题纳入理事会优先审议的议题范围,由于该议题涉及对发达国家重大利益关系的调整,发达国家反对非物质文化遗产的知识产权保护,主张以合同的方式解决事先同意及惠益分享的问题。在不同国家之间的利益博弈下,多哈回合谈判陷入停滞,关于非物质文化遗产知识产权保护的谈判在可预见的未来难以取得实质性进展。纵观之,国际社会有关非物质文化遗产的知识产权保护在多边体制框架内的推进尤为缓慢。基于此,本书探究了非物质文化遗产知识产权保护的正当性,并结合当前国际知识产权体制的发展趋势,提出发展中国家在 FTA 体制内构建非物质文化遗产知识产权的保护制度具有可行性,这也是发展中国家走出多边体制框架内非物质文化遗产保护谈判僵局的必然选择。

在非物质文化遗产知识产权保护的正当性方面,本书首先通过对非物质文化遗产不同保护路径的综合考察和分析,明确了知识产权保护路径在保护非物质文化遗产经济价值方面的重要地位。随着非物质文化遗产经济价值的日益凸显,非物质文化遗产知识产权保护路径的选择具有必然性与应然性。继而从法哲学的视角分析非物质文化遗产知识产权保护的正当性,得出非物质文化遗产所得惠益的公平分享是实现分配正义的必然要求,同时将非物质文化遗产纳入知识产权保护客体范围,将发展中国家的传统知识与发达国家的新知识置于同等的保护地位是实现社会正义的应然之义。接着,本书从经济学的产权激励理论、探矿理论和租金耗散理论探究了非物质文化遗产知识产权保护的正当性,提出将非物质文化遗产纳入知识产权保护制度,在知识产权激励的作用下,一方面,可以刺激权利主体为非物质文化遗产保护与传承投入更多的成本;另一方面,也可以激发非物质文化遗产权利主体保护和传承非物质文化遗产的积极性。正如探矿者对其冒险探索发现的矿藏享有权利,将非物质文化遗产纳入知识产权保护范围也可以使非物质文化遗产的创造者享有权利、获得利益。同时,赋予非物质文化遗产知识产权保护可以避免非物质文化遗产的竞相开发产生较大的社会成本耗散。然后,本书从人权保护的视角分析论证了非物质文化遗产知识产权保护的正当性,非物质文化遗产的保护与各民族或部落的文化权利、文化自决权、发展权以及健康权密切相关,赋予非物质文化遗产知识产权的保护制度,使各民族或部落对非物质文化遗产获得排他性的专用权,实现对非物质文化遗产的控制。另外,非物质文化遗产和知识产权的保护客体均为智力成果,具有保护客体的同质性和契合性以及共同的经济价值属性。虽然两者在创新性、公开性及保护期限方面存在差别,但这些差别仅仅是受制于现有规则制度的结果,不构成对非物质文化遗产可知识产权性的根本冲击。最后,本书提出非物质文化遗产知识产权保护具有国际制度依据。一方面,相关国际公约为非物质文化遗产知识产权保护预留了制度空间;另一方面,知识产权制度本身开放性的特点为非物质文化遗产知识产权保护提供了前提条件。综上所述,非物质文化遗产知识产权的保护具备理论依据和制度依据,具有正当性。

就非物质文化遗产国际知识产权保护的有效的谈判场所选择问题,本书提出在 FTA 框架内构建非物质文化遗产国际知识产权保护制度具有可行性。本书采取先驳后立的论证方式,首先提出在多哈回合谈判停滞的背景下,通过在 WTO 框架内修改 TRIPS 来保护非物质文化遗产短期内难以实现。其次提出在 WIPO 框架内构建非物质文化遗产保护制度并非唯一选择,WIPO 作为专门的知识产权谈判场所,缺乏谈判过程中利益交换的基础。既然在当前国际形势下,WTO 和 WIPO 均不是非物质文化遗产国际知识产权保护的有效谈判场所,那么本书尝试探究其他的有效谈判场所。本书分别从国际形势依据、理论依据和制度依据的角度分析论证 FTA 框架内构建非物质文化遗产保护制度的可行性。第一，FTA 框架内非物质文化遗产知识产权保护制度的构建顺应了当前国际知识产权保护制度由多边向双边体制转移的国际形势。发达国家在 FTA 体制内推行其 TRIPS-plus 标准给发展中国家带来更为沉重的负担。发展中国家将自身占相对优势地位的非物质文化遗产资源纳入 FTA 框架内进行保护，构建发展中国家的新型 TRIPS-plus 标准，可以达到"以其人之道，还治其人之身"的效果。第二，在 FTA 框架内构建非物质文化遗产国际知识产权保护制度是发展中国家联系权力的体现，同时也符合 TRIPS 的非歧视原则。第三，TRIPS 的最低保护标准为 FTA 框架内规制非物质文化遗产这一保护客体提供了制度依据。在理论论证的基础上，本书最后探究了 FTA 框架内非物质文化遗产知识产权保护的制度设计。通过对比分析 FTA 框架内有关非物质文化遗产保护条款的现状，提出非物质文化遗产知识产权保护模式的选择问题是 FTA 框架内构建非物质文化遗产保护条款的首要问题。在对比分析当前国际社会有关非物质文化遗产知识产权保护的实践后，本书提出在 FTA 框架内构建融合防御性保护措施与积极性赋权保护措施的综合保护模式，并从专利来源披露和传统知识资料库制度方面设置了防御性保护措施，以及从权利主体、权利客体、权利内容以及权利获得方式等层面设置了积极性赋权保护措施。最后提出我国在"一带一路"倡议背景下应当以南南合作为基础，在 FTA 谈判中积极将有关非物质文化遗产的保护条款纳入协定作为核心条款。在策略上对共建"一带一路"国家采取分类谈判的方法，将具有共同利益基础的国家纳入优先谈判范围，最终实现"一带一路"区域框架内非物质文化遗产国际知识产权保护的重要推进。

当前自由贸易协定成为引领全球新一轮国际知识产权规则重构

的主要平台,发达国家在自由贸易协定中持续推进知识产权规则的升级,这既给中国带来了挑战,也给中国参与知识产权全球治理带来了机遇。《知识产权强国建设纲要(2021—2035 年)》明确指出,未来中国应进一步参与并主导知识产权全球治理,打破发达国家在知识产权全球治理中的垄断话语权。当前,发展中国家关注的议题在国际谈判中逐渐被重视,尤其是作为发展中国家占据资源优势地位的非物质文化遗产资源,应当在新一轮知识产权国际规则重构中被关注和重视。本书基于当前多边体制框架内非物质文化遗产保护的谈判僵局,认为发展中国家与其等待多边体制框架内漫长的利益博弈,不如另辟蹊径,优先在其他国际体制或谈判场所做出推进,然后逐渐形成全球范围内的非物质文化遗产知识产权保护规则。本书系统论证了 FTA 体制内构建非物质文化遗产知识产权保护制度的可行性,并对具体的知识产权保护制度构建进行了初步探索。但具体的国际谈判充满了复杂性,即便 FTA 体制存在比多边体制更容易协商的特点,也仍然会面临挑战与难题。另外,虽然目前发展中国家对非物质文化遗产资源的保护给予了广泛关注,但相比于市场准入、贸易投资机会等在国际谈判中的地位,发展中国家对非物质文化遗产资源的重视程度还不够。

囿于笔者专业及篇幅,本书对发展中国家在具体实践中应当如何有效推进谈判问题没有进行多学科角度的研究。期望未来学术界能够结合政治学及经济学的相关理论和研究视角,在本书研究的基础上继续进行更为广泛和深入的探索,以求在法学制度研究的基础上,探究发展中国家在具体 FTA 谈判实践中有效推进非物质文化遗产保护的策略和方法。

刘晓

2024 年 1 月